比较哲学与比较文化论丛

第 9 辑 | 武汉大学哲学学院
武汉大学中西比较哲学研究中心 编

中国社会科学出版社

图书在版编目（CIP）数据

比较哲学与比较文化论丛. 第9辑/武汉大学哲学学院, 武汉大学中西比较哲学研究中心编. —北京: 中国社会科学出版社, 2016.9
ISBN 978 – 7 – 5161 – 8931 – 3

Ⅰ. ①比… Ⅱ. ①武… ②武… Ⅲ. ①比较哲学—文集②比较文化—文集 Ⅳ. ①B0 – 53②G04 – 53

中国版本图书馆 CIP 数据核字（2016）第 221708 号

出 版 人	赵剑英
责任编辑	凌金良
责任校对	季　静
责任印制	张雪娇

出　　版	中国社会科学出版社
社　　址	北京鼓楼西大街甲 158 号
邮　　编	100720
网　　址	http://www.csspw.cn
发 行 部	010 – 84083685
门 市 部	010 – 84029450
经　　销	新华书店及其他书店

印　　刷	北京金瀑印刷有限公司
装　　订	廊坊市广阳区广增装订厂
版　　次	2016 年 9 月第 1 版
印　　次	2016 年 9 月第 1 次印刷

开　　本	710×1000　1/16
印　　张	15.25
插　　页	2
字　　数	233 千字
定　　价	58.00 元

凡购买中国社会科学出版社图书, 如有质量问题请与本社营销中心联系调换
电话: 010 – 84083683
版权所有　侵权必究

编委会

主　编： 吴根友
副主编： 储昭华

编　委：
校外编委(以姓氏音序为序)：
　　安靖如　白彤东　贝淡宁　陈立新　邓晓芒
　　黄　勇　牟　博　倪培民　张祥龙

校内编委(以姓氏音序为序)：
　　程　炼　储昭华　丁四新　郭齐勇　郝长墀
　　何　萍　李维武　李佃来　彭富春　桑靖宇
　　苏德超　吴根友　徐水生　翟志宏　钟　年
　　朱志方　邹元江

目 录

比较哲学:是什么？不是什么？（代序）……………………… 储昭华(1)

特 稿

邓晓芒、杨效斯对谈录 ………………………… 邓晓芒 杨效斯(3)

许苏民教授《中西比较哲学研究史》评析专题

一幅壮丽的比较哲学史的画卷
  ——读许苏民《中西哲学比较研究史》…………………… 吴根友(53)
挺立文化自信　探寻会通之基
  ——许苏民教授论著《中西哲学比较研究史》评析……… 储昭华(61)
"心性之学"与中西哲学比较的新探索
  ——简评《中西哲学比较研究史》对现代新儒学的
  研究 ………………………………………………………… 刘乐恒(68)
明清之际中西哲学对话的核心议题、基本成就和主要特点
  ——读许苏民《中西哲学比较研究史》相关章节的
  感想和延伸讨论 ………………………………………… 沈　庭(77)
会通中西、契真融美
  ——读许苏民《中西哲学比较研究史》………………… 黄燕强(85)
走向"世界哲学"的历史意识及其理论主张
  ——《中西哲学比较研究史》探论 ……………………… 胡栋材(104)

历史乐章凭合奏,隔海神交岂偶然
——评许苏民教授《中西哲学比较研究史》"王夫之与
儒耶对话"节 ……………………………………… 王 博(123)

比较与对话:个案研究

关于庄子的"坐忘"——比较文化论之一 ……… 梅崎光生(131)
韩愈与佛教 …………………………………………… 文碧方(141)
黄宗羲、黄百家父子的仁说及其与耶教思想之比较 ……… 连 凡(161)
慧能的自心说及其与耶教思想之比较 ……………… 徐 弢(178)
利玛窦与智者大师儒化的比较 ……………………… 曹 彦(189)
道德相对性、道德相对主义和宽容 …………………… 李 勇(197)

学术新人

比较哲学:一个观察与评论 ……………………… 王强伟(213)

Table of Contents

Preface ·· Zhaohua chu(1)

Featured Articles

Dialogue between Xiaomang Deng and
    Xiaosi Yang ······························· Xiaomang Deng Xiaosi Yang(3)

Reviews on Sumin Xu's *History of Comparative Studies of Chinese and Western Philosophy*

A Magnificent Painting of the History of Comparative
    Philosophy ·· Genyou Wu(53)
Confidence in Indigenous Culture and the Foundation
    of Cross-Cultural Dialogue ······························ Zhaohua Chu(61)
"Learning of the Heart-mind and Nature" and a New Inquiry
    into Comparative Studies of Chinese and Western
    Philosophy ·· Leheng Liu(68)
The Central Issues, Fundamental Contributions and Main Features
    of the Dialogue between Chinese and Western Philosophy in Ming
    Qing Transitional Period ······························· Ting Shen(77)
A Faithful and Magnificent History Study of Comparative Philosophy
    between Chinese and Western Philosophy ········ Yanqiang Huang(85)

The Awareness of "History" in the Formation of "World Philosophy"
  and its Theoretical Appeal ·················· Dongcai Hu(104)
Review on the Section "Wang Fuzhi and the Philosophical Dialogue
  between Confucianism and Christianity" ··············· Bo Wang(123)

Case Studies: Comparison and Dialogue

Zhuangzi's "*Zuowang*" (Sit and then forget): a Comparative
  Culture Study ························ Mitsuo Umezaki(131)
Han Yu and Buddhism ······················ Bifang Wen(141)
Huang Zongxi and Huang Baijia's Theory of *Ren* (Benevolence)
  and its Contrast with Christianity ··············· Fan Lian(161)
Huineng's Thought on *Zixin* (Heart-Mind) and its Contrast with
  Christianity ·························· Tao Xu(178)
A Comparative Study of the Influence of Confucianism on Matteo
  Ricci and Master Chih-I ··················· Yan Cao(189)
Moral Relativity, Moral Relativism, and Tolerance ········ Yong Li(197)

Junior Researcher's Article

Comparative Philosophy: an Observation and a
  Review ··························· Qiangwei Wang(213)

比较哲学：是什么？不是什么？（代序）

储昭华

"何为比较哲学？它究竟研究什么？"作为论丛的编者，经常被同道或学生问到这样的问题。这一问，促使我思考这一问题，该如何做出最简要的回答。

也许，这样的提问方式就不对？沿着这一路径，将注定难以给出明确的界定或回答？对于哲学本身及其所涉及的问题，也许最好的回答只能是：通过阐释其不是什么，来描述其究竟是什么。

其实，对于中国学人来说，比较哲学并非什么新颖之物，不是哲学之树上的新枝嫩芽。当我们将传统的道术之学、经学、子学、理学或玄学等称为"哲学"之时，比较就已然发生、展开了。中国哲学（史）这门学科的诞生，在很大程度上就是以西方哲学格义的结果。作为重要的开创者和奠基人之一，胡适申言："我做这部中国哲学史的最大奢望，在于把各家哲学融汇贯通，要使它们各成有头绪条理的学说。我所用的比较参证的材料，便是西洋的哲学……故本书的主张，但以为我们若想贯通整理中国哲学史的史料，不可不借用别系的哲学，作一种解释演述的工具。"[①] 在这个意义上，有学者将中国哲学界定为中国智慧的西方式解读，反之，中国的西方哲学研究也是西方哲学的中国式解读。

---

① 胡适：《中国古代哲学史》，《胡适文存》第6册，北京大学出版社1998年版，第182页。

从王国维时代开始直到前些年，关于中国是否有真正的、严格西方意义上的哲学的论争一直不曾止息，其深层原因亦在于此。

相应地，尽管作为一种肉身化的体现，比较哲学在不同的研究体系和机构中可能被归属于或增设为哲学中的不同的二级学科，但其实它既不是某个具体学科，也不属于某个特定领域或分支。

说到比较，也不应是单纯的异同比较，或作为判教之依据，以此鉴别是"族类"还是"异己"；或为自身增添正当性或合理性；甚或通过比附而寻找某种自信或荣耀——大到从"异类"处寻到类似之物而平添自豪、自信，小到通过找到一系列所希冀的相似而感到荣耀，如眼下所谓王阳明与马云之比较等；更不应只是通过比较异同以卖弄、炫耀学识……

那么，比较哲学究竟应是什么呢？

按照《圣经》的说法，上帝创造万物之先，"要有光"。从认识论层面说，比较哲学研究意味着引入新的视域、方法，从而破除单纯囿于自身的种种局限，获得更深更新的认识。在这个意义上，比较乃是必不可少的认识之光、之镜，正如要更透彻地了解身体内的状况，有无病变，性质、程度如何，最有效的方法莫过于借助于 X 光或 CT 等现代光电探查手段一样。同样，要对传统的经学、子学等获得新的认识，发掘其潜在的理论意义，洞察其隐含的内在缺陷，亦必须引入新的认识之光。被称为"输入欧化之第一人"的严复说得明白："欲读中国古书，知其微言大义者，往往待西文通达之后而后能之。"[①] "读吾儒先之书，往往因西哲之启迪而吾说得以益明。"[②] 王国维进而断言："欲完全知此土之哲学，势不可不研究彼土之哲学。"[③] 近代学术之所以能有如此巨大的进展和突破，从宏观而言，当然应归因于时代的巨变——"三千年未有之变局"，就具体而言，则很大程度上得益于中西哲学与文化之

[①] 严复：《教授新法》，《〈严复集〉补编》，福建人民出版社2004年版，第73页。

[②] 严复：《〈老子〉评语·附录三》，《严复集》，第4册，中华书局1986年版，第1103页。

[③] 王国维：《奏定经学科大学文学科大学章程书后》，《王国维遗书》三，上海古籍出版社1983年版，第647页。

间的比较，对此，梁启超的总结和解释可谓确当："国故之学，曷为直至今日乃渐复活耶？盖由吾侪受外来学术之影响，采彼都治学方法以理吾物。于是乎昔人绝未注意之资料，映吾眼而忽莹；昔人认为不可理之系统，经吾手而忽整；乃至昔人不甚了解之语句，旋吾脑而忽畅；质言之，则吾侪所恃之利器，实'洋货'也。"①

比较的意义当然不止于认识，其更具有规范、导向作用。因为哲学不只是世界观和方法论，更应是具有批判和导向功能的价值论。批判什么、如何批判，向何引导、如何引导等，也必须通过引入新的、更合理的价值准则，才能做出有效的评判，并以其为灯塔和航标，指明前行的方向和路径。

既然是光，那么以比较而促进认识与评判就应是普遍适用的，既包括中西（外）哲学比较，也应包括中西哲学各自内部不同流派与思潮的比较，而不应被狭隘地理解为单纯的中西哲学之间的比较；且应该是相互的，按照胡适的设想，既指"借鉴和借助于现代西方哲学去研究这些久已被忽略了的本国的学派"，即"用现代哲学去重新解释中国古代哲学"，也应包括"用中国固有的哲学去解释现代哲学"②。

作为一种视域或方法，哲学之间的比较理应是动态的、开放的，实质上是一种相互碰撞和对话，其目的在于求得双方视界的扩展和融合，按照吴根友教授的构想，是通过比较与对话，实现相互会通融合，最终成就一种真正普遍而共通的世界哲学。

本辑的文章，正是主要围绕这一主题而展开的。许苏民教授的巨著《中西哲学比较研究史》全景式地再现了四百多年来中国哲学西渐与西方哲学东渐的整个历程，深入总结分析了其演变规律、启示意义和理论教训，从史的角度对何谓比较哲学的问题给出了全面深刻的回答。为此，本辑汇编了一组关于此书的专题书评文章。结合这些评论，相信读者对上述主题会有更进一步的认识。邓晓芒教授与杨效斯先生关于家哲学的对谈，当然也不是意在为哲学增加一个新的分支或话题，而是以比

---

① 梁启超：《先秦政治思想史》，东方出版社1996年版，第15页。
② 胡适：《先秦名学史》，《胡适文集》，第6册，北京大学出版社1998年版，第11页。

较的视域或方法对中西文明中家的地位、作用及其对人类文明与人的健全发展所应有的意义展开新的阐发和建构。"学术新人"栏目中，山东大学博士生王强伟先生的论文《比较哲学：一个观察与评论》，则通过对当今中西方关于比较哲学的几种有代表性理路的总结评析，而对该主题做出了新的阐释，有助于拓展人们的视野，激发新的思考。

特　稿

邓晓芒、杨效斯对谈录

邓晓芒　杨效斯

邓晓芒：1948年生，湖南长沙人，初中毕业后当过十年知青、五年民工和搬运工，1982年毕业于武汉大学哲学系外国哲学专业，获硕士学位，毕业后留校任教，现任华中科技大学哲学系教授。主攻西方哲学，特别是德国古典哲学，兼治马克思主义哲学、现代西方哲学、美学和文学批评，创立新实践论美学和新批判主义。代表作有《思辨的张力——黑格尔辩证法新探》、《康德哲学诸问题》、《灵之舞》、《人之镜》等，译著有康德《纯粹理性批判》、《实践理性批判》、《判断力批判》等。

杨效斯：旅美学者。1950年生于陕西，陕西师范大学文学学士，华南师范大学科学哲学与科学史硕士，美国约翰—霍普金斯大学哲学博士。曾任美国普渡大学卡尔迈特校区哲学教授、美国芝加哥大学东亚研究中心兼职研究员、美国芝加哥森林湖学院亚洲研究中心主任、中国华南师范大学客座教授、中国上海宋庆龄基金会特邀研究员等职。主要著作有《家哲学》、《三公三私伦理学》等。

2013年6月11日下午，应武汉大学国学院和哲学学院的邀请，邓晓芒先生和杨效斯先生围绕杨先生的近著《家哲学》，进行了一次学术对谈。此次对谈，由哲学学院吴根友院长主持，参加旁听的还有两院的部分老师和博士、硕士研究生。以下是对谈的文字记录。发表时有删节。

吴根友（以下简称"吴"）：今天很难得，本来一直想找机会让邓老师和杨老师对谈，正好杨老师14号要走（回美国），我们跟邓老师商量，邓老师也恰好今天有空进行谈话。此次对话从去年就应该开始，我想让你们两位在一起就中国哲学和西方哲学关于"家哲学"和中西文化的异和同这一主题，做一些讨论。

杨效斯（以下简称"杨"）：晓芒兄，我读了你那篇文章，也是关于"家"的。

邓晓芒（以下简称"邓"）：（关于）黑格尔的。

杨：《家哲学》这本书你能读多少啊？

邓：我大致上翻了一下，一个是目录琢磨了一下，再一个呢，选择我感兴趣的重点看了一些段落。家哲学呢，很不容易的，我觉得国内也好，国外的华人界也好，关于中西比较的、一般的都是要么回避，要么泛泛而谈的多。你这个里头还是有一些实证的考察，而且各方面都是，有个总体的把握。我最大的感受就是，像这样的书，如果用英文在美国出版，那是很好的，我觉得美国这样的西方文化太需要这个东西。但是，反过来我又说，用汉语在中国出版呢，就没有那样的效果。当然，什么效果呢，这里还有特殊的含义。因为我们是中国人，我有一个叫双重标准。就是说，着眼于现实生活的话，我的双重标准就是，你在美国就要用中国人的标准来衡量美国文化，衡量西方文化；那么，你在中国就要用西方的标准来衡量中国文化，这样对双方都有促进。如果说，仅仅用自己已有的东西去评价异质文化，那样效果不是很大。因为我们已有的就在那里，然后你站在中国文化的立场来评价异文化，很难通过这种评价把异文化里面我们需要的东西吸收过来。解释学里面有一个叫做"陌生化的理解"，就是说，你通过一种陌生化的对象来反观自己是最有效的。如果你把对方都同化，你从自己的观点出发，就是说人家缺什么，我们比人家强，这个……（似乎有些不好）。

当然，也可以做客观的研究，也不是说不可以，但是那个效果就要差。从现实的角度来说，从理论上来说，当然都可以。你排开这个立场，我们就事论事，客观地谈，我觉得都可以的，但是你这么说呢，还是有立场的。因为你的标题就叫"西方人的盲点"，还是有立场的。所以，我很同情中国在海外的华人，用中国人的眼光去揭示西方人的盲点。我是很同情的。在很多论战和讨论中间，我都表达了我的这种看法，包括对杜维明，我说你在美国是属于边缘化的东西，但是又很有需要。任何文化都有它的片面性，西方文化也有。那么取另外一种文化来补自己之短，这是一种文化发展进步的一个必要的环节。所以我看了以后，就有这么一个感觉，我说要是这个东西用英文在美国发表的话，那可能会引起轰动。

我有个朋友叫李敏儒，不知道你们认不认识，他在俄亥俄州州立大学，他就是搞这个的。他多年以来给美国人上的一门课就叫做《孝》，就是讲孝道。孝道这门课一开始就要美国学生练毛笔字。练毛笔字之前要净手，要打坐，要默守，有一套程序，非常受欢迎。李敏儒你可能见过，他经常到武大来，他是武大中文系过去的。

吴：我没见过。

邓：他当时在武大中文系教书，和易中天是同事，那时候我们都住在湖边，后来他到美国去了，在俄亥俄州州立大学教书。他多年开这个课，非常受欢迎，他对西方学生说，要学中国文化，就要到中国来。他带过三届本科生，每一届都有一二十个到中国来参观中国的"孝"文化的故乡。但是中国的孝文化已经失传了，所以我深感这种东西在西方是缺乏的。在中国的当前也是失传的，我们现在在某种意义上已经西化了。所以中国也是需要的。但是，我觉得你要追索失传的原因，恐怕不是那么简单的。就是因为我们不知道了，所以我们把它拿过来，再诵读诵读，再做点仪式，在学校里面从小抓起读一读，就能够抓得起来，我觉得没那么简单。因为它是源于一个整个社会的变迁，它不是某种观念的失传。现在不可能失传，什么观念在信息化的时代，不可能像以前那样埋在土里面就没有了。

我翻了一下（你的书），后来没有仔细看。从我的这个标准来看，我觉得你这里头讲的还是比较全面，但也还是落掉了一些东西。比如说家文化，你讲中国传统的家文化里面，我就没有看到爱情的地位。你讲到了母子、亲情、朋友、兄弟、姐妹，但是没有爱情。现代人觉得一个家庭里面如果没有爱情，那是无法接受的，现在大家都普遍认为家庭应该有爱情。虽然有的说是假的，但毕竟还是有个观念在里头。你怎么给它定位？还有一些具体的问题，比如说宗教，中国人为什么没有？西方人的宗教哪来的？你这里头很多地方都讲到了西方的宗教，由于有宗教，所以西方有个人主义等。我就觉得这宗教好像是悬空的。为什么有了宗教就有了个人主义？我历来的解释是，西方有了个人主义所以就有了宗教，中国之所以没有宗教是因为中国没有个人主义。我是反过来解释的。你那样解释也可以，但是你要说明这个是哪来的？西方的宗教怎么出现的？它的历史的发展，它的沿革，它的起因。总之，我觉得你里面讲了很多，你也涉及很多历史，但是历史感不强。好像你着眼于把中国的很多很多的现象作了一个归纳，然后作了一个比较。但是这个现象的来龙去脉，它怎么发生？或者是它的起源，比如说西方宗教的起源，从古希腊到希伯来文化到中世纪。这个基督教的起源不光是从希伯来的文化就马上过来了，它是有希腊文化掺在里头。在希腊文化里面苏格拉底、柏拉图开始就有了基督教精髓的东西。后来基督教把它吸收过来，改造犹太教。那么从古希腊的柏拉图开始，西方为什么会产生这样的宗教？这个要分析。我觉得至少你要交代一下西方的政治、经济情况。

然后，你说西方对于家文化是一个盲视或者弱视，我也不太赞同。因为在苏格拉底那个时代，希腊是很重视家庭的。苏格拉底之死有两个重要的罪名，一个就是不信城邦的神，自立新神；另一个就是腐蚀青少年，腐蚀青少年主要就是叫他们不要孝敬父母，主要是这个，所以把他处死。这说明他们很重视家庭。那么后来为什么又把苏格拉底平反了呢？这又是个转机啊，西方人开始不太重视家庭。然后柏拉图的理想国，他的共产主义，表明家庭完全解体。于是才有后来的基督教文明、新柏拉图主义，包括斯多葛派。这些东西我觉得都要追溯过来，然后你才能说明对西方的宗教文化为什么起了那么大的作用。当然你什么都靠在上面去说也可以。但是这个东西本身还没有立足，然后你就说它对家文化好像是盲点或者弱视。其实这个东西一直在底层，我倒是觉得他们超越了家文化，它有很多，特别是基督教对家庭的看法，那解构是非常厉害的，但它毕竟还有。基督教《圣经》里面也还说家庭、父母、子女、父子、母女。虽然它说你要懂道行，但它还是讲要相亲相爱。爱你的邻人，爱你的父母，这些东西都还在，并不是说不在了。但它有了一个更高的层次，不是更高的吧，只是说有了另外一个层次。就是说，在这个之外还有一个上帝，那个东西属于终极的东西，在现实生活中，你按照日常行动都可以，你服从家庭，服从世俗的政权，服从上级权力。基督教认为这个东西都是可以的，而且都是应该的。你可以服从。但是死了以后，你有个归宿。所以，跟死了以后比较起来，这些东西都不算什么。但是我们生活在世俗当中，你不会每天想死了以后怎样，我们还在过世俗生活。在这方面基督教还是保留了一些东西，不能说完全是盲视。

所以你像今天我们到美国去（我没去过美国），你们在美国生活，可能更了解美国人很重视家庭。特别是新教徒，天主教徒可能有另外一些，我不大了解。但是，说基督教它不太重视家庭，我觉得好像有点说不过去。再一个是中国的东西很多，有一些全称判断，郭（齐勇）老师经常讲的，对中国文化不要做全称判断。我翻了一下你的书，里面有很多全称判断。包括"文化"、"武化"，西方也有文化，中国也有武化。中国武化得很厉害，特别是那些动乱时期，有一些还是可以再斟酌。这个家文化呢，西方其实也有一些讨论这个问题的，像恩格斯那个时候就有《家庭、国家与私有制的起源》谈论这个问题。后来还有，不断地有，与恩格斯讨论的，跟他商榷、争论的，有很多这样的一些论著，恐怕都应该参考一下。再就是，现代、后现代主义，像德国有一位哈贝马斯的弟子，他现在很火。他就是主张家文化的，他跟你的差不多，就是认为西方文化缺这个东西，长期以来地缺。我也没有看，但是我在参加博士论文答辩的时候，有个博士做这个东西，我稍微有点了解。当然，我不大同意他的说法，他还引用黑格尔的一些东西，我不大同意他的，但是我觉得这是一个动向。西方的现代、后现代，有一些已经注意到这个问题，如果能够贯通起来谈，可能更好一些。基本上就是比较了一下，好像还可以继续加工。大致上一个印象吧，一些浮光掠影的感想，不一定对，可能有很多误解。

　　杨：行，老兄评论了，我就做个回应。老实说，定这个副标题的时候也是费了一番踌躇的。因为这是一个不能再大的全称判断了。但是我的题目的正标题不是家，而是家哲学，家哲学是他们的盲点，意思就是说西方的哲学里面缺少这个东西，它没有一个关于家的哲学。那么现在的问题，就是晓芒兄你刚说的，也是对的，我觉得也是，原则上我也同意这个事情。在一个文化里面，应该用一个异文化，树立一面镜子，然后你才能看清自己。但我觉得现在，不管是在西方参照中国，还是在中国映照西方，指导我写这部书的一个预设、一个前提，是我有这样一个判断，我把它叫做一种"信息结构的不对称"。像我在导言里面的第一句，就讲这个事。抱歉！我得要引用一下那两句话，意思就是说，近代以来，西方人对东亚人是批评的多、学习的少；我们对西方就刚好相反，学习的多、批评的少。所以，这就造成近代以来，我觉得有一个基本的趋势，就是这个学"贯"中西啊，一般是贯在东方就是以它的缺点、糟粕为主，贯到西方就是以它的求取救国的真理等好东西为主。那么这就造成一个什么局面呢？因为每一个思想家到最后做判断时，实际上都要依赖一种美学意义上的均衡感。但是在大的、东西方都使用的这样一种"信息结构不对称"的背景之下，恐怕两边都会出现一个共同的问题，就是很容易导致人们在这个均衡感的背景上，得出这样一个印象：西方没有什么战略性的缺陷，东方没有什么了不得的长处。

　　但从哲学原理上，我始终坚信这样一条：就是兴一利必有一弊。你在某些方面是有优点的东西，换个角度看，它就是要让你付出代价的东西。所以西方人必然有他们的长处，而且很明显我们中国人是没有的。但是它长处的背后那个短处，那个代价的一面，我们听得很少。同时，我们这边也是，五四以来，实际上是五四以前，在我看来就是三个人，至少我是列出这三个人，一个谭嗣同，一个鲁迅，一个李泽厚。我觉得他们有基本的共同点，就用一句话来概括，就是指出我们中国这也不行，那也不行。谭嗣同的意思是，两百多个皇帝都是大盗，荀子以后的学问都是乡愿。这是一竿子打翻一船人，是一个不留，全部杀光。鲁迅也是这样子，他固然有那个让人把历史包袱放下，让你轻装上阵，怎么样组织救国，怎么样组织军队，这是必要的。但总体来讲，你看了他的东西以后，你会有这样的一个印象，就是他讲的中国这也不好、那也不好；跟胡适正面地说中国百不如人，没什么太大的区别。然后，我觉得李泽厚基本上也强化了这样一个思想，我现在对这个很有保留，就是用那四个字概括：西体中用。实际上，用毛泽东那句很有指导意义的话说，指导我们思想的理论基础是马克思列宁主义。这就是说，东方以前的那些智慧，基本上不存在于指导我们思想的理论基础了。我觉得李泽厚是一个比较优秀的马克思主义者，在我看来，我认为他是自觉的、彻头彻尾的，而且是比较深刻的马克思主义者。我是这样看的。但他的"西体中用"也是这样的，就是说好像中国没有什么了不得的长处，西方没有什么了不得的短处。

邓：你在美国见过他（李泽厚）吗？

杨：见过，在广州的时候也聊过。

邓：他现在还是马克思主义者。

杨：他现在基本上没变，他那个吃饭哲学啊，后面那几本书，基本上都是……

邓：马体中用。

杨：是，大体上都是这样。他那几卷书我都买了，包括《走自己的路》那几卷访谈录。我觉得，你说得不错，我同意晓芒兄的看法，我这本书的读者和听众，应该是在非东亚地带。他们那些地方家文化才不行，什么齐家、孝悌都不懂，的确是这样的。而且，你说得不错的，你在那边要讲这些孝悌，父子之道、夫妻之道，很 popular。但是，我这个只是一个入手点，我的书真正要达到的目的，也是我在西方待了二十多年的目的，就是希望对于他们的思维框架进行理论化和观念化、概念化，以及哲学化的模式能够有所察觉、有所概括。所以，在我这本书里面，最核心的东西，是我对西方哲学史自古至今的、一个支配他们，从苏格拉底一直到维特根斯坦这些人的一个统一的模式，我把它概括出来了。我觉得他们的功劳，是这个模式做出来的，然后代价也是从那来的。这个模式，我现在主要把它说成 19 世纪社会科学出现以后"个人与社会"和"社会与个人"这个模式。

那么，这个模式最早的时候应该是源自城邦与公民、教会与信徒，在马基雅维利就变成男人和国家、契约和签约人。马克思还有资本和劳动力，这里有一些变种，包括弗洛伊德的爱欲与文明，大体上都是它的变种。就是说，对于西方人来讲，这两个概念，本身是不需要定义的，没有人试图给他们定义，但是这两个概念可以定义一切东西，就像我们要定义地球上的某一个地点，那就要靠南极、北极和东经、北纬来定义这么一个落点。所以，实际上就是，如果说有人能够证明我这个概括是不准确的，不能够反映他们自始至终的思维模式的稳定延续，那我这本书就失败了。

然后，家跟这个有什么关系呢？就有这样一种关系，就是这样一种模式一旦建立以后，它有很强的还原能力。这种还原能力到什么程度呢，就是可以把"家"翻译成 social institution，就是社会制度，或者是社会组合、社会安排、社会机构等；或者是把它翻译成用个人语言来表达的东西，比如说两个成年人的契约。那么，我就发现，至少在美国社会和加拿大社会，以致我到欧洲也注意到类似的情况，就是他们一般分析他们的具体家庭问题的时候，他们都必须用这两套语言来分析、来诊断、来开处方、来解决，而解决的问题也大体上不是社会的，就是个人的。比如说，社会的就是立法，建立社会机构，然后建立一套新的社会风气或价值或标准等；而个人的话，那就是劝你 change your mind，就是改变你的心，换一个选择。他们分析问题和解决问题的办法，一定是靠着这两头的。当然，社会这边实际上是国家，强调的是国家，个人这边是公民，就是十八岁以后成人了，你有了独立、自主、理性以后，这些你才算数，你没有这个资格的时候，你连权利也没有。所以，我把这个模式称为"两极模式"。

这个"两极模式"，我认为是"成也萧何，败也萧何"。它对于西方思想的控制到达什么程度呢，说句夸张的话，就是苏格拉底、柏拉图、亚里士多德建立了一套体系，我认为就是用这两极构成了一个思维牢笼，以至于后来所有的思想家，凡是谈到人，几乎都在这个框框里面，都在这个牢笼里面，很舒服地待着。只要他是受了希腊的影响，只要他是受了希伯来的影响，他就多多少少会很舒服地待在这个很宽敞的牢笼里面。为什么希伯来也是这样呢，因为希伯来也跟希腊一样，希腊是渔猎部落，希伯来是游牧部落，就是 tribe，这个东西对于他们考虑人的最基本的单位，实际上是安全单位，从这个安全单位又引申出存在单位，这个 tribe 非常核心。希腊和希伯来在 tribe 上是共享的。

邓：希腊人原来也是游牧民族，在大希腊半岛，后来成了海盗。

杨：对，相对来说，后来海盗、渔猎，这种东西多一些，始终还是没有被农业化。这个意思就是说，他们有一个团体，并且这个团体是要有一定的组织的。这个组织不是靠亲情，而是靠某种，比如说在犹太人那里就是靠与上帝之约，实际上是象征一个团体之约，在城邦就是靠武士的互相配合，实际上也是一纸契约，如《理想国》里面，柏拉图讲的保护大家安全的意思。所以，在这种意义上，我把它叫做"中距离的单位"。

这个"中距离的单位"在西方人自己是不可能认出来的，因为它只有靠这两个把它限制住的两端，才能辨认得出来。但是对下不承认家是一个单位，对上不承认天下是一个单位。而我们中国人呢，就是我这本书里隐喻的，我的第二本书已经结稿，马上要出版，就是我把代表中华文明的核心观念，就定在一个观念上，我把它叫做"《大学》四维"，就是身、家、国、天下。那么，我们的家庭是一个非常明确的单位，天下大公也是一个单位，所以这两端都很清楚了，那么夹在中间的这一点也跟着清楚了。所以，只有中国人才可能看出它实际上是一个中等距离的单位，我现在把它叫做"中领域"。家庭是小域，国族宗教团体是中领域，天下、人类或世界是大领域。以东方的"大学"思维对西方的社会个人，这样一个对东西方文明的总体的一种衡量。我不知道晓芒兄注意到没有，就是我在自序里面有个大小的对比。

邓：这个很有意思，可以琢磨琢磨。

杨：这实际上是梁漱溟先生在《中国文化要义》里面讲的三条，后来我给他加了一点，但是主要的启发是从他的表格来的。所以，应该说这个家哲学主要还不是关于家，我的用意主要在于给西方文明一个概括，我希望既能解释它们的特长，也能反映它们的盲点。我所谓家哲学是它的盲点，是说社会和个人这两极太强大，翻译能力、还原能力都太强大。强大到什么程度呢？国际或者是天下，它一定说成国际社会，这就是两极语言的结构。家庭呢，把它说成社会机构或者两人之间的契约。这样的话，我们就不需要一种独立的家庭语言了，也不需要一种独立的天下语言了，个人社会语言就够了，这个两极就够，这个分析的工具、语言的设立和哲学化的框架就都够。所以我在这里面，主要是指出了这一点。当然，你可以看出来，就是我首先要说明，就是这个两极模式从宗教那里是怎么来的。我这本书的第一章就是谈这个。

我的感觉就是，犹太教为了把团体组织起来，他们必须要求人牺牲对小家庭单位的效忠，最典型的反映就是，上帝和亚当、夏娃的那个约，还有杀子祭神，就是你要能通过这个考验，就是说你连你的儿子都可以付出，就是说父子之间、父慈子孝的感情不能超过两个人分别对于民族保护神的、对民族团体团结的效力，你不能超过它。这就反映出一种中领域为首这样的东西。而且，这个的确有一定的道理，因为犹太人如果不团结为一个民族的话，很容易被各个击破、完全干掉。摩西把他们引出埃及的过程，就是组织成一个民族的过程，而组织民族的过程其实就是用宗教把它统一起来。所以，在这个意义上谈中领域化，城邦也是中领域化。后来的西方人，基本上没有脱离开两极，精神上、社会组织上和任何最重要的单位上，都是在这两极模式里面做文章。

因此，我的第一章就是谈亚当、夏娃。我说明了一个道理，就是如果不是以教会或教会团体为核心，不是以信徒对于上帝那样一种关系为核心的话，假如上帝和亚当、夏娃也拿到家的上下文来分析的话，那么犹太教和基督教一些最基本的前提，都没办法成立。他们的原罪，他们的最后审判，他们的末世学，上帝作为最后审判的法官等，全都不成立。因此，在这个意思上，你可以看出来，犹太教和基督教里面有那么多直言不讳的、警惕戒备的，甚至排除家庭威胁的，这是很有道理的。它就跟我们的文化与宗教不能两全一样，你现在是国家危急的时候，民族生死存亡的时候，你不能顾家了，你就必须为国。可是，我又觉得，因为西方始终没有天下大治，罗马帝国有两百年的和平时期，但是罗马帝国始终是军事的过程，始终有罗马军团在里面统治，就是我所谓的"武化"。如果你征服都停止了，这个国家也就完了，它在马上是霸道，但并没有一个好像下马以后的王道，它一旦停止征服，就立刻四分五裂。因为他没有一套东西能够维持，就是说康斯坦丁大帝的桌面上不存在这样一种世俗化的、能够把老百姓通过俗世生活——也就是排除掉宗教冲突的，这样的一种选择来立为官方的意识形态。现在看来，康斯坦丁大帝选择基督教，很大程度上是出于政治考虑，因为一神相当于罗马皇帝的一帝。所以，我在美国教了好多年的犹太教、基督教，我查了大量的材料，发现对宗教影响最大的，首先是政治。（西方人一般都是这样说）康斯坦丁大帝把它列为国教，以后基督教就开始兴起；近代以来，真正把基督教推到坟墓里的，并不是我们现在所知道的文艺复兴、宗教改革、启蒙运动、工业革命，不是这些。真正摧毁了犹太基督教的是，现在整个欧美都进入了一个迅速的非宗教化过程，以至于到现在为止欧美的绝大多数精英已经实现了非宗教化。原因是什么呢？是三大政治革命。

　　第一就是美国革命，因为政权宗教分离以后，使得教会永远不可能再直接掌握政权。但是，最大的可以说是致命的威胁是拿破仑征服欧洲，他彻底地把罗马教会的政治和经济实力全部打垮。所以，后来我们这些做马克思主义的，就觉得拿破仑的革命是打掉了封建主义的生产关系。但实际上，至少在西方人看来，他们所谓的现代化并非封建主义到资本主义的进步，现代化对于西方人来说就是非宗教化。这个过程中，拿破仑的功劳是最大的。他几乎把原来西方的那个由罗马教廷支配的欧洲最大的经济实体和政治实体，全部打垮。因此，拿破仑才是近代欧洲之父。并且，主要就是说，他是后天主教控制欧洲之父。当然，还有东欧革命，那就几乎把东正教窒息了几十年。所以，在这个意义上，你刚才说宗教怎么来，怎么去，我觉得首先是政治上的。第二就是，要是有时间看的话，你可能感觉出来，我觉得宗教在欧洲的必要，它是一种替代的家庭，它是一种替代的归属，尤其是它能够在你的父母之家不可靠之后，就是已经散了，或者说，我已经家败了，家道中落。那怎么办呢？它最关键的就是给了你一个上帝和神家，圣父给了一个无条件的承诺，你永远不会被赶出去的，这个家永远认你。虽然这只是一个很粗疏的精神家园，但它是一个可以给人稳定感和永久感的家园。所以，在很大程度上，美国社会就是这样。凡是那种很稳定的地方，美国不是没有战争吗？一两百年家和家人都和中国一样，亲戚、朋友都在周围慢慢地长大，那种家庭很安全，小孩长大就很幸福，出什么事都有亲戚朋友资助。这种地方呢，去教堂的动力就越来越少。相反，什么灾难一来，"9·11"之后，或者什么地震呀，人们立刻又想起教堂，又要去了。在这个时候，我就深感美国教会牧师们的那句话，特别管用，实际上他就指出了人们皈依基督教的一个前提，就是说"this world is nothing to offer but troubles"，意思就是说，我们生活的世界除了麻烦以外，什么也提供不了。但是，问题是他们现在被两大洋隔着，宇宙中间最宽的护城河，没有人进攻它。所以，他们长年的繁荣、和平使得他们完全看不到这个世界只能提供麻烦。因此，现在在很大程度上是美国的和平、稳定、繁荣，使得他们没有寻找一种替代的精神归宿，替代的精神家园。在这个意义上，实际上现在在美国，参加教会最积极的，往往是单身汉，是被离弃的人，是自己的家庭不正常，或者说有些本身就不对自己的人间家庭指望太高的人。

我必须要承认的是，在教会里面人与人之间就是要好得多，就是要非常真诚，非常善意，而且毫无自私自利之心地帮忙，你在那个地方可以找到，很多中国人去，马上就被教会吸引了。其实，他们是很实用的，就是说，这是一帮好人，我要和好人在一起，至于是不是非常真诚地皈依基督教，那再另说。但是，这个地方是好人的单位，光这一点就很有说服力。可是，我要从根本上讲，宗教的起和落，一个是跟政治对它的兴还是衰有关系。儒家也是这样，政治扶起来的，政治又把它弄下去。还有就是精神家园，就是你自己的世俗家庭不可靠，你的精神家园和你的父母之家不整合在一起，教会一定对你有吸引力。所以，为什么我们过去连"入教"这两个字都省了，就是在家和出家，出家就是入教，随便你入什么教。但是，对他们来说，就是世俗家还是神家，是生父之家还是圣父之家，是小写的兄弟姐妹，还是大写的兄弟姐妹，大写的兄弟姐妹都是教堂里的，大写的父亲就是神父。所以他们那个地方，包括西方人的名字，都是从《圣经》里面取的，什么 Mark、John、Seller、Rebecca 等。他们实际上是在以家庭的身份和名称使用这些东西，全部地把家庭文化教会化、神学化、神家化。你到那以后可以看出来的，就是几乎所有家庭的这套文化里，几乎都是分享的，先是被教会用的都是大写的，然后才被世俗的家所用。而且，假如两者之间发生矛盾，一般来说，社会给你的 message 是鼓励你以教会为先，因为它是大家，是 community。他们也讲大家，但是那个"大家"不是我们的天下一家，而是叫 community 的这个家，这个 community 就是教会的家。所以，在这个意义上，我其实选择写"家哲学"，就不光是要做一个例证，你看，它这个两极模式就把它翻译没了，另外一个我也想要解释教会是怎么来的。

所以，我就打个比方，这个教会呢，实际上现在在欧美也是这样，就是变成一个像医院、救火队、修车铺一样的单位了。不能没有，但是你最好别用，因为除非你家坏了才去那里，谁一天希望自己家里老是着火啊、生病啊？可是你不能没有，因为总有人生病，总有人的车要坏。所以，我觉得教会就和过去的和尚庙有点类似，他已经不是主流了。因为我教了这么多年以后，我每一届都要做调查研究，我明显地感觉到，就是学生都会很坦率地承认，说以前这个对于他们来说是一个 belief system（信仰系统），现在对他们来说就是一个 cultural heritage（文化遗产）。他们每年就过两个节，即复活节和圣诞节，实际上是把它们当作文化节来过，而不是宗教的仪式去过。就我刚才记得的你提到的 concern 来说，也就是说我这里面，如果说我的中文本子对国内读者有什么用的话，我就是想衬托出这样一个东西。一个就是刚才我说的，我们对于西方当然是急用先学，急用就是人家有用的、好的东西，科学技术等。但你不能老是急用先学，你不急了别的地方也得学。我的意思就是，我们现在需要把这个信息结构加以平衡。首先就是要指出西方的一些弱点，这些弱点经常就是它的优点的另一面；那么，我觉得，它的"个人—社会"的中领域极其强大，它就很大程度上吸取了，或者说抹去了本来有可能分配给家庭的资源，或者分配给天下的资源，所以它的天下和家庭都是不够的。

实际上，我现在打算写的，就是《天下大治——politics 的盲点》。为什么叫"politics 的盲点"呢？它那个城邦，就是政治啊，翻译是不对的,应该叫"城邦术"。城邦术的盲点就是城邦的特点,是一个国家,它叫"唯国家者",或叫"唯中领域者"。然后,我说得刻薄一点呢,它是一个偏治一地、偏居一隅的地方。你只有天下才是全治,你"全"了以后才能全治。所以,天下全治是国家偏治的最高层次。我对西方感到最为痛切的一点就是,西方人总是力图支配全世界,同时却总想只是搞好自己的国家,它又要支配全世界,但它真正想要搞好的又只是自己的国家。这个中间的差距,从哲学层次上,就是有意强化而不是要弥补这一距离。所以,在这一意思上,"个人—社会"这一两极模式,的确把西方的中距离的文化、中领域的文化搞得有声有色、非常优秀。我的感觉是,我们中国人可能学一两百年都不一定学得会,就是它们在社会中间怎么样对待陌生人,怎么样地实行规则、讲究礼貌,这样一套语言,就是让你在中距离中感到很舒服、很愉快、很幸福、很安全、很稳定,西方的确是有一套的。我们中华民族,为了天下一统,为了防止各国分裂,削藩灭国,削藩灭国最大的副产品就是,把我们中领域的价值、修养、文化和训练的机会,全部取消。结果就是我们上有天子,下有家族,中间是空的。这样的话,我们既没有什么立法的意愿,也没有什么守法的习惯,你既然没有这样一个中领域的话,你就不会在这中领域中,通过各个成员之间的比较,然后对自己有一个 identity,这个 identity 就是个人。所以,为什么我们没有个人,因为我们没有团体,没有团体和没有个人是对称的,因为你只有家里的成员,家里的成员都是情感上的,你中间的是没有情感的,而是讲理性。所以,在这一点上,我在本书中也提出了一个批评,就是不讲家就不会讲情理。对中国人来说,情理是最重要的,要合情、要合理,合情合理的"合情"是在前面,"动之以情,晓之以理",你不动之以情,你就很难晓之以理。

所以,在这个意义上,我们中国人的教育是德智并重、情理并进,但因为西方只强调中间的陌生人之间,所以他们就给人一些非常表面的,比如"hello, how are you?"这些润滑剂,中领域的相互关系处得很好。可是,他们就没办法讲情,研究这个领域使我发现德国人特别是这样。我不知道你到德国去了多少趟,反正我觉得德国人和盎格鲁-撒克逊人相比，讲情更差，应该说整个西方人讲情就不够。但是美国人好一点，还比较热情，尤其是你融入他们的圈子后，他们可以对你很热情，德国人只讲理性不讲情感，那实在是太可怕了。所以，我这里面也希望家庭文化，它能够把情理的正面作用显现出来。因为，我们家里都是要讲情的，这是正当的，这没什么好说的，家庭生活这是人们最基本的生活，当作目的的生活。在这里面讲情，有什么错呀。只有你把全部生活的归宿仅仅放在社会生活里，你的讲情是对最终讲理的，用牟宗三的话讲，就是一个坎陷，一个曲折，你又何苦呢，直接进到理性你就完了？所以，什么纯粹理性、实践理性，问题是康德自己也没有什么，医生老是说你五年后就要死了，他吓得要死，说这医生都不负责任的，老先生吓得老是觉得他快要死掉。他总以为一辈子活不长，所以必须非常规律地来保持他的生命，结果还得蛮长的。但是，他没结婚跟他身体不好有关，而健康的身体和健康的心理也有关。所以，晓芒兄，抱歉了，我对康德的印象不是很好。相反，我对黑格尔还好一点，因为黑格尔四十岁还结婚了，还娶了二十岁一样的、好像女儿似的老婆。

邓：还有个私生子。

杨：而且娶了老婆对他的生活改善很大，很受感动啊，就跟亚里士多德一样的。大哲学家娶老婆的很少，这是唯一的两个例外，我认真研究了一下，绝大多数的哲学家是没有家庭的，根本不知道女人是怎么回事。所以，在这个意思上，如果说本书有什么 message 给国内的话，主要就是我先抛一块砖，两极模式你们看看合适不合适，不合适的话我们重新概括。晓芒兄，你的概括我也看到过一个，我不知道你有多认真，你讲的是：神、人和自然，然后跟"天人合一"来对照。但是，我可以告诉你，我做这个概括是比较谨慎的，就是很长时间从各个角度来印证，否则的话，我不敢这样写。就是西方人的盲点，我的意思不是说西方人的盲点就是家，"家"谁也不可能盲的，但是家的哲学，把家作为一个哲学上面可以跟个人和社会相并列的、相匹敌的，用不着定义的，类似像南极、北极那样的东西，这样的东西西方人从来没有过。他们没有一个真正的"家"思想家和"家"哲学家。他们没有一个是以提出了一种像样的"家思想"成名的思想家或者哲学家，这个我可以很负责任地讲出来。

然后，他们没有家庭学，他们把所有研究人的学科叫"社会科学"。但是几乎所有的这些社会科学里面涉及社会和家的程度是一样的。但是它们没人考虑：它们为什么不叫家庭科学呢？而且为什么不立一门家庭学呢？这个我都有研究，我都有回答，而且我觉得这个回答还比较可靠。他们有一个一贯的传统，从柏拉图经过摩尔一直到马克思，就是说家庭对于他们来说是可以被还原成一个男人拥有的一笔私有财产，就是家不多于一笔私有财产。所以，柏拉图强调共产主义的前提就是：家就是一笔私有财产。你放弃了私有财产，你把这笔私有财产国有化了，你这个家也就没了。但是，我后来感觉就是，这一种家庭文化极为浅薄，对家的认识非常片面。我们中国人都知道吧？对不对？我们家里可以上无片瓦、下无立锥之地，但是我们两口子，死也死在一起，对不对？有我一口就有你半口，它并不是一个财产的概念，而是一种相依为命的血肉相融、共同生存的概念。

邓：家族的概念。

杨：对，同时，我在这里面还提出了一套、最耽误我时间的家存在的概念。为什么我要提出"家存在"的概念？因为我觉得我们中国人天生就对 Being、对来世前生就不那么操心。我就觉得这回答起来很简单，我这里面已经列出来了。我们的前世就是我们的父母，我们的来生就是我们的子女，在这个世界里面我们就把来世和前生解决了。所以，我们祭祖、孝敬父母实际上也是在很大程度上对我们自己的一种关怀。因为它是我们的前世啊，我们子孙后代，子孙千秋万代都要照顾，那也是对自己的一种放大的个人的、私的照料。实际上，就是把家和个人中间的这个区别软化啦，家本身就变成一种存在的单位。在这个意思上，实化了就是你刚才说的个人和宗教。我的看法是，西方人真正个体化就是这个教会灵魂的概念，就是说你死和生，你的前世和来生，你就是孤零零的一个人，你这个灵魂啊，跟你爹娘的灵魂啊，是一点关系都没有。所以，我只对此生有关系，那我无所谓。生前和死后的话，反正都是一个人，就是一个灵魂。我上天堂，你们哪怕全家下地狱，我也帮不了忙，对不对？但是，对中国人来说，就是没这个道理，你一人得道，鸡犬都得升天，一人获罪，全家九族都得灭掉。他的道德单位、存在单位，都是典型的以家为单位。所以，中国人是以家看存在，所以他的存在的安全感就很强，他存在的这样一种单位意识就很浓。

所以，让我最后下决心的，我可以把它称为一种"家哲学"，因为有一套独特的存在论。我自己斗胆在这里说，是把儒家的某些潜在的思想发展出来，我觉得这里面的很多东西跟儒家的东西都是有一种精神上吻合的地方。当然了，很多前面的人也没这么讲，我现在也不声明，这就是儒家的，这就是我讲的，错了我负责，对吧？可是我要说明的就是什么呢？就是家这个东西是我们东方文明的一个长处，你也可以说，鲁迅讲了很多坏的地方。兴一利就要有一弊，你不能光讲弊的一面，对吧？五四以后，"儒"和"家"都倒下了，但是有人关心"儒"，珍惜"儒"，没人可怜"家"。到20世纪50年代的时候，熊十力先生还讲过这样一句话，叫：家是万恶之源。傅斯年、李大钊、熊十力都不约而同地说过这三句话，这三个人就代表我们现代人仅有的三派：马克思主义、自由主义和新儒家——都不要家了，那家是不是只能败亡呢？所以现在中国人的道德水准下降，我们没有诚信，没有多少善良啊，仁心啊，我就给一句话的总结：家教、家礼腐败，所以人心就不懂得感恩。你不慈孝，你怎么感恩呐？你不感恩的话，你怎么能操心别人的感受呢？所以说，儒和家这两个东西，在我看来是生死攸关，家没有了，儒肯定不成。在我这意思上就是：家为儒之体，儒为家之魂，你把家败掉了，那就只能变成儒学了。儒学是我们在书里面讲讲。所以对我来说，其实儒家最重要的基础是家儒，什么叫"家儒"啊？无外乎就是那几道，五道就可以了：夫妻之道——你说得不错，夫妻之道应该是为首的。我这里面有讲，就是四大因缘之首吧。

邓：但是你没讲爱情。

杨：呃，对，没讲爱情。

邓：我觉得这是一大缺憾。

杨：是的。我罗里吧嗦讲了这么多啊，我实际上用意还是比较深的，我这十几年什么也没干，就是写这一本书，用了15年的时间。老实说，除了这一本书以外，我什么都丢光了。但是，你要说所有这些问题啊，我不是即兴的，我都是经过反复考虑的。因此，你会发现，我花了 15 年写它，要认真读，你花一年半时间读的话，我觉得不会很冤枉。也就是说，我给诸位同学一个警告：你想读这书可以，你想读完它没有一两年的时间，你就别做梦了，难着呢。那现在呢，当然了，我关心的就是我对西方文明的概括，这个两极模式是不是成立？如果这个模式成立，那么这里面很大一批东西就都成立。譬如说，我提出来的一些概念，像"成人中心主义"，我认为西方整个文明，自始至终贯穿一个"成人中心主义"。幼儿，算是个动物，只是个欲望，他是非理性的，非自主的，非自足的。但是在我看来，或者在我们东方思想看来，幼儿是最重要的时期，三岁看老嘛。

邓：西方人也这样看。西方人的幼儿不光是个动物，他是个潜在的人。

杨：对，但是，问题就是他崇尚的那些标准，都是要 18 岁以后才能达得到。自由、自足、理性，你可以为你自己去想，替你自己做决定，做出自己的选择，这个都不需要 autonomous，就是康德的这个所谓自主——autonomy。Autonomy 必须要具备一定的年龄。自主性，自主你才能对你自己的行为负责，你在这之前都是你爹娘要分担尽责的。所以，我在第二章里面就说，亚当、夏娃的错，你上帝是要分担责任的，你没教好，你是管教无方，你还判人家什么罪？你自己根本就是被告冒充法官，你最后审判的法庭就是不合法的。在这意思上，我这里还提出一个原理，就是每一个人身上都有两种性质，可以说这是一种定义人性的一个角度吧。这两种性质是，第一是个人独立性，第二是家庭依赖性。这个跟以前那个"两极模式"——一个人有个人性、有社会性，是不一样的。我说的有个人独立性和家庭依赖性就是，你哪怕是一个怀在肚子里的孩子，他踢了一脚，他不是根据他妈妈的意思。但是，你就是生出来以后，你爹娘都死亡了，你还是会有一种家庭依赖性。这种家庭依赖性，如果你的生理上的家庭满足不了的话，那它必须有一些东西来满足。教会经常就是这样，就是说它以圣父的、以神父的、以教会里的兄弟姐妹的，以这样的一种最高最完美最幸福的，就是以一种 home

或德文 Familie 来满足。就是这种无家可归或者有家可归，在这个意思上，教会在很大程度上就如费尔巴哈所谓的"投射"的基督教精神，那是不行的。因为他们本身就没有一套家文化，也没有家哲学，也不可能对基督教做出家哲学的分析。

但我是打算在"天下"这本书以后，就写一个关于家文化怎么能够跟政治一起来确定宗教的命运。我是有这样一个计划的。你可以看出来，这里面是有一个思想体系的，《家哲学》只是第一本书，我的第二本书我管它叫《三公三私伦理学——单一公私观的盲点》。"单一公私观"是亚里士多德的单一公私观，就是社会之公、个人之私，国家之公、公民之私；三公三私就是家人的小公小私和全家的小公，我是可以舍己为家，我也可以损害全家的利益来为我个人服务。这都是有公利、私利的区别，同时有中公中私的区别，还有大公大私的区别。西方人的道德，几乎全都是这样的，他们除了或者是社会的，就是中距离的中公这方面的道德。比如说 justice（正义），一般都是分配正义，这是对内的。或者是个人的，比如美德，或如康德说的个人的立法能力。这都是中间的两极，但是对家庭和天下来说，又都不一样，家是自然形成的，只适用于孔子的那一套哲学，就是"正名"说。你是个爹你就得像爹，你是个儿子就得像儿子，至于怎么才算是像爹像儿子，各个文化都可以不一样。但是，你必须是爹像爹，儿子像儿子，这样家就像家了，这中间有很大的灵活性。

所以，在我看来，东亚的家文化才是真正具有普适价值的。实际上这也解释了，为什么西方人从古到今，他们唯一对另外一个完全异质化的文明觉得望而生畏。而对于东亚文明，让他们感到最赶不上的几个素质，几乎都是从"家"里出来的，或者说是从"儒"和"家"的这套东西出来的。什么东西呢？第一是勤奋地工作，东亚人的工作态度都非常地勤奋。你知道从哪来的吗？一般都是小孩看见妈妈在自己的家里面、奶奶在自己的家里面，从早不停地一直干到晚。我在本书中作了一个对照，就是圣父是一面，人母是另一面，我们中国人是更尊重人母即亲生母亲的养育恩情，这对我们来说更重要，西方人是圣父的威望或威信对他们来说更重要。第二就是重视教育，第三就是重视节约，第四就是重视家庭。这些几乎都是从家庭文化或儒家文化来的。当然我这里面还蕴含一个思想，恐怕不太可能让你注意到。就是我认为他们用这个 civilization 来等同于文明，在我看来是有偏颇的。凭什么城市化就等于文明？非城市化就不是啦？对不对？中华文明、埃及文明都是农业文明，农村就没有文化啦？这是鬼话。对不对？我最喜欢那首诗，陶渊明的"结庐在人境，而无车马喧……采菊东篱下，悠然见南山……"，这都是在农村呐。相反，宋代张俞是这么讲城里的："昨日入城市，归来泪满襟。遍身罗绮者，不是养蚕人。"城里就是奸商待的地方，所以在这个意义上，我现在想要发明一个字，叫：agrilization，即农业文明。用不着城市化嘛。西方用 civilized，吃饭的时候没有 manner，举止不文雅的时候，please be civilized，意思就是你要城市化一下，城市化一下你就知道怎么拿刀叉了。That kid is not civilized enough，他就不够城市化，不够文明化。我就很头大，什么城市化，我们农民一辈子就怎么了？有什么不文明的地方？比你们那些烧杀抢掠要文明多了，都是自食其力的，对不对？

所以，在这个意义上，用城市化来定义文明，也是他们的一个偏见。这是基于西方文明的实践，这是不错的。但中华文明也有自己的实践，我们的士农工商也有我们的道理，对不对？你在一定的情况下是可以讲明这一道理的。所以，你可以看得出来，我的整个思想系统，就是要把迄今为止，东方人和西方人都来不及，或者是不愿意，或者是顾不上说的，西方文明带有全面性、战略性的一些缺陷，我把它拿出来，至少我是作为一个假说把它提出来。这个砖抛出来了，后面的玉就跟上嘛。但要紧的是，提出对方的战略性缺陷，这个时候就像你刚才说的，我们拿来对照中国的镜子，就不是一面照妖镜了，就是一面比较准确、客观的镜子。它能够照出中国的糟粕来，也能够照出我们到现在为止，因为完全丧尽民族文化自信心，把一些好的东西也都说成坏的，或者说同一个东西，这个东西既是利，也是弊，一面是利，另一面就是弊。可是我们这个时候就讲，这个东西的弊的一面怎么怎么样，好像就是全部。其实，它付出那么多的代价，它换来的也有利的一面，这却讲得很少。

所以，一句话，我就是要打抱不平。如果你要说，好，现在我们把这个信息结构搞均衡了，然后每个人再依靠这样一个信息结构建立那样一种均衡感，然后你再判断，然后是你过分了，你这个地方照顾不周，那就可以，假如依据目前存在的这样一种信息结构建立起来的这样一种美学均衡感，是不牢的。所以，现在我想要修改这样一个现存的信息结构，然后我们才能重新建立美学的这样一个东西。

邓：我还是抓住刚才那个吧，就是爱情的问题。西方其实有家哲学，他们的家哲学首先是爱情哲学。西方的爱情哲学是非常发达的。甚至它从男女之爱扩展开来到家庭之爱，乃至对上帝之爱，都是有很多人做这个研究，就是爱情在西方宗教观上面所起的作用。所以，"爱"这个词不光是男女相互的关系，而他们的爱情哲学里面包含家哲学，怎么看待家庭和父母兄弟姐妹？你刚才讲西方的盲点不是家，而是家哲学。我觉得还是有点问题。当然中国人可能专门有个家哲学，像儒家。儒家、道家都用家来衡量国家，但是你这样说西方人的盲点就等于说西方人没有儒家。等于是这么回事。因为西方人关于"家"有一整套的观念。从苏格拉底、柏拉图开始就讨论爱情的问题，也讨论人为什么要有家？当然为什么要有家，最后跟中国人是一样的，就是要传宗接代，要繁殖繁衍，要把自己传下去。这个是一样的，那是他们的起点。

中国在家哲学里面恰好缺了这一块。中国人有爱情，像梁山伯祝英台啊，许仙白娘子啊。很多传说都说明中国人是有爱情的，但是在家哲学里面没有位置。《孔雀东南飞》，你必须要牺牲掉她。所以，中国的爱情多半体现在青楼文化里面，跟妓女有爱情，夫妻没有爱情。所以，中国家哲学是一种特定的家哲学。不能说这就是全部家哲学，它缺了一块很重要的东西。当然，它缺的原因显然跟中国人和西方人对人的理解是不一样的。

中国人对人的理解，就像你刚才讲的，我承认，基本上是一个团体与家族的概念。个人是家族链条中的一环，西方人是个体阶段。上帝创造了一个亚当一个夏娃，这是两个成人。如果他们不犯罪的话永远就是两个成人。没有孩子，然而他们犯了罪被赶出伊甸园，女人要生孩子，人都要死，判定了她的命运，然后才有孩子的问题。但小孩子是人的希望，甚至是人类的希望。因为人类就是靠小孩子一代一代传下来的，所以对这一环，他们还是挺重视的。但是这个重视，跟宗教上的以成人为本当然是不一样的。所以，西方人更看重的是小孩子到成人的过渡期、青春期这一段，是他们非常看重的，包括卢梭的《爱弥儿》，少年儿童教育，教育思想，当你要成人的时候，你就知道成人是怎么回事。在这个节骨眼上是最富有哲学意义的。当人成人以后要成为什么样的人，这个他们也是非常关心的。要成为一个对社会有用的人，我那篇文章里面也讲了家庭的目的就是要培养对社会有用的人，我们中国人缺乏社会这个概念，一般都是大家，小家培养出来的人是为大家、为国家服务的。但是没有社会，没有市民社会这个层次。这就使西方的宗教意识提升了一个层次。以前它就是那种拟人化的，血系啊、煞神啊，神其实就是一个完美的人嘛，就是这样世俗化的。

从苏格拉底到柏拉图开始就有一种叫做"理性宗教"，就是真正的神就是智慧，智慧是无形无象的，你不能说它像个什么东西，它是高高在上的。这样一种思想，后来新柏拉图主义和斯多葛派形成了一种"逻各斯"的上帝观。"逻各斯"提出来本身就是一种神圣性，后来形成一种"逻各斯"的上帝观，融入基督教《福音书》里面去，才开始有了基督教的精神。这精神是犹太教所没有的，所以犹太教也局限于它的民族，直到今天。而基督教有了这么一个东西，它就可以在世界上走得非常顺畅，它就没有世俗的阻碍。犹太教还有世俗的阻碍，它有宗族、有民族、有地域，基督教是没有这些阻碍的，它就成了一种纯精神性的宗教。这是很多宗教学者都承认的，也就是从启示宗教开始，基督教变成一种纯精神宗教，它跟世俗的东西脱离关系，不受任何世俗的限制。相反，世俗需要它来做"君权神授"，要它来奠定。所谓上帝的公平正义、最后的审判，这些东西都寄托在上帝那里。它是通过这种精神的方式来干预世俗生活，所以我更强调的是，宗教的文化心理层面，就是西方为什么会有这样的宗教。

当然，你可以从政治方面说是哪个皇帝，如康斯坦丁大帝把它确定为国教，这些都是可以解释的，政治的因素、经济的因素也可以，比如，市场经济需要一个宗教。但是，我更关注的是心理因素，即文化心理。西方人有一个心理需要，当他在商品经济中，首先跟家庭脱离开来，私有经济嘛，恩格斯讲的，个体家庭。个体家庭才算是我们今天意义上的家庭，以前都是世族、公社，那叫家族、世族，那个不叫家庭。家庭就是有了个体家庭，家长才有他的财产。你刚才讲得很对，家庭与私有制在他那里实际上是同一的。那么有了这样一种个体家庭以后，就带来了一系列的心理问题。如他的归宿何在，这个家就是他们两口子建立的一个家，而且到处做生意，到处跑，不一定就在某一处地方。你这里头也讲了，雅典人，或者是希腊人，他不是一个地域概念，他是一个人的概念，我是在雅典，但是我不一定住在雅典，我在别的地方做生意，我还是叫雅典人。这个失落感需要有一个精神上的家庭，他们物质上的家他已经回不去了，或者说他已经淡忘了，他已经不适应了，那么他需要有一个精神上的家园。精神上的家园有一个什么好处呢，就是说他把人的层次从一种生物的、血缘的，或者是物质的，或者是财产，或者世俗的等级，提升到了一个纯粹的层次，纯精神的层次，正如你刚才讲到的灵魂。灵魂的概念最早是阿那克萨戈拉和苏格拉底把它确立起来的，但那个时候还比较含糊，真正地能够作为每个人的人格来理解的是斯多葛派。斯多葛派认为，每个人都有灵魂，所以每个人都有人格，用这个灵魂和人格打动了一切世俗的身份，不管你有财产还是没有财产，不管你是奴隶还是主人，不管你是皇帝还是罪犯，灵魂是一样的。所以，罗马皇帝马可·奥勒留也是个斯多葛派。他身为皇帝，读艾比泰德的著作，艾比泰德是个奴隶，他佩服得五体投地，他的皇帝观念里面已经没有等级概念了。

我觉得，这个东西在很长一段时间之内也是局限于一种精神上的认可，比如说基督教的整个一千年。人人平等只是在精神上，只是在理论上，我们在上帝面前人人平等，死后我们人人平等，世俗生活中间是不平等的。但是他有了精神上的这个平等概念以后，随着社会的发展、经济的发展，这个东西就逐渐地支配世俗生活了。所以后来有文艺复兴，有启蒙运动，有近代的一系列的思想发展。所以我想，西方的宗教史最开始的起源到后来的发展，到现在的宗教的解体也好，衰落也好，中间有一个过程。我不觉得现在西方的宗教衰落了或解体了，我觉得他是泛化了，泛宗教了。很多人也许说，我从来不进教堂，你要问他信什么，他笑一笑：家里有个基督徒，好像我也就是基督徒了，而他是不信的。虽然是不信的，但他的整个生活、整个一套观念是建立在信的基础上的。比如说公正的观念，根深蒂固。你要问公正的观念为什么那么根深蒂固，它就是建立在上帝的最后审判、上帝的公正之上。有个绝对公正的观念在那里，有一种精神尺度在那里。它不是现实生活，现实生活肯定是不公正的，但他要求公正，因为上帝认为人都是公平的。所以在这一方面，我觉得是不是把基督教的来龙去脉理一理，可能更好一点。再一个，中国的方面，刚才我讲了没有爱情的地位，还有一个就是说，我觉得你还有一点理想化，包括西方的妇女地位和中国的妇女地位。中国的妇女地位我觉得是太不理想。你没有提到三纲五常、三从四德，怎么不提这个东西，我觉得很奇怪。

杨：因为我觉得它们挡不住三个字：是主流，是大体，叫女主内。只要什么地方家庭文化发达，一定是女的地位实际很高。我这个话怎么讲呢？就是包括现在一些比较偏僻一点的地方，儿媳妇是一个最重要的人物，对她有各种各样的要求。你可以说是压制或者欺凌，但实际上她是这个家里面的中枢。这个老两口将来生活会怎样？是不是受到后代的照料和尊重？实际上取决于这个儿媳妇。这个丈夫是不是娶到一个旺夫的妻子，也是取决于她，还有教子。所以三代人生活的轴心是在儿媳妇的手里。你可以说，她从一面讲呢是处处受气，什么都是她的责任，反正任何东西不好她都要挨批评，婆婆也一直是打啊，丈夫也对老婆不好。但实际上她掌握着这个家里面的开关，她的一举一动，她的思想和决策的话在引导家里的运作。所以在中国人的家里面，现在很多人都知道，其实老两口跟女儿女婿住在一起反而还比较容易，你假如是跟儿子媳妇在一起，恐怕你老两口反而不行。

所以呢，我的这个反面论题就是：如果一个社会的相对的资源分布是集中在中领域的话，那男人一定是老大。为什么呢？资源主要集中在中领域，而中领域是男人活动的天地，他能控制这些资源，这地方一定是阳盛阴衰的。相反，如果中领域萎缩，除了天子以外就是家庭、家族。最后，我想一般都是老奶奶，像贾母这样的形象，那在家里不管她的儿子是部长还是什么的，回到家里都要子孝母，就是把家庭权力全部引到女权的地方。所以，我觉得有的时候，我们强调三从四德，是因为女权已经太过厉害，把丈夫搞得毫无发言权。你把这个东西要考虑到，人要喊自由的时候，有的就是他自由太少。但是，中国人原来都不喊自由，我觉得是自由太多了。

邓：恐怕不是这样。（众笑）

杨：我的印象就是这样。因为到现在为止，我们中国人都不大适应讲究纪律、讲究法治、讲究规则的中距离团体生活。原因是什么呢，就是我们自由散漫，无组织，无纪律，随心所欲惯了。这个文化，农民时代的全是这副德性。现在要适应这种团体的，有纪律的，讲规矩的，大家参与制定规则，然后人人要遵守这个规则，我们还没学会。所以，这个自由在很大程度上就是能够实现自己的意志，能够实现在家里面，那家里面中国就是爷爷、奶奶很宠孩子的。所以，过去所谓那些志士仁人啊，什么康有为、梁启超啊，都是大家族里面出来的。他有时候是不可一世的，什么必可取而代矣，什么大丈夫……你说如果不是从小就一贯地能够实现自己的意志，他哪来的这么大的气魄，对不对？这种声音在旧时，实际上这样的人很多。现在我们家庭文化弄掉以后，你看看都是啥呢？就是成批的"中不溜"，没有一种好像康有为那样豪气的，我恨不得我就是孔子再世，梁启超就是家里宠出来的。"宠"是什么意思，就是让孩子实现他的自由意志。

邓：恐怕不是这样。"宠"出来的孩子都是没出息的，（众笑）真的有出息的不是宠出来的。以前是打出来的，现在也还是逼出来的。

杨：我说的是强调一个侧面，我觉得是被忽视了的那个侧面。其实，你刚刚说的这些我都同意。

邓：五四以后，当然"三从四德"已经靠边站了，所以我们现在大量的家庭都是"妻管严"，包括我在内。（众笑）但是"妻管严"有这个……

杨：刀子嘴，豆腐心，对不对？

邓："妻管严"其实是个好现象，说明男人承认女人在家庭里的地位。这个在封建时代是不可想象的。当然，封建时代也有"妻管严"，但那是个别现象，像皇帝里面的"妻管严"，我知道的隋文帝杨广，他的皇后管得很严。管得很严有好处啊，因为可以免得他分心啊，专心处理政事啊。后来他的皇后死了以后，他就放纵声色，把自己的身体搞垮了。这也是一个特例。但是，不管他讲不讲"三从四德"，基本上就是"夫权"。这个东西"夫权制"社会都是如此，但是中国例外。中国的女人特别没有地位，你也是农村出来的，我们那个时代下农村的时候，农村还基本上保留了农村的那种模式，女人吃饭是不上桌的。至于女人能够控制家庭经济，因为她要操作，所以她利用一点小心计，利用她手上的一点权力，她也确立了自己的地位。所以，多年的媳妇熬成婆，熬成婆以后她就可以支配下一代。但是，尽管你是个"婆"，你在"公"面前，还是得服服帖帖的，你之所以有婆的地位，还是因为你对公侍候得好。所以，这个地位，我想在家哲学里，还是应该阐释清楚，这是一个很重要的内容。你不把这个问题说清楚，或者是你用现在的中国家庭来放在家哲学里面，恐怕不大合适，还是要看看，我们刚刚过去了的家庭情况。所以，我讲这个家哲学，要说它是西方人、西方哲学的盲点呢。（停顿片刻）当然，你要那样说也可以，但是我觉得不能说西方就没有中国的这种家哲学。或者说，西方有另外一套家哲学，这样会比较好一点。你（这个书）给人的感觉，好像就是西方不重视家。就没看到有个家。（呵呵）这个，当然你也不是完全这样。但给人有种误解，（停顿）是不是，这方面还可以考虑考虑？

杨：对。不过我也还有几句话可以做点回应吧。比如说，西方人有没有家哲学的问题。其实，就跟西方人问中国人有没有个人一样。我们中国人也有个人，但确实很难说中国有个人主义。对吧？有个人而没有个人主义，这是有可能的；有家而没有家哲学，这也可能。那么，关于夫妻的这个爱情，晓芒兄，你是对的。他们没有家哲学，但他们有爱情哲学。他们有婚姻哲学，甚至还有性的哲学。可是我在这里面感到什么呢，就是你刚说的那样，就是亚当、夏娃是成人，是给定两个成人，然后他们中的这些东西都重要了。性，是吧？婚姻，爱情，是吧？

邓：还有儿童。

杨：还有古希腊……（停顿）所以我觉得这个呢，最后让我下决心，把它称为一种家哲学。因为它有一套独特的存在论，并且我这套存在论呢，（呵呵）我自己斗胆在这里说，是把儒家某些潜在的思想，把它发展出来。因为我觉得我这里很多东西，跟儒家的东西，有一种精神上吻合的地方。当然，很多地方，前面也没人这么讲过，现在我也不声明这是儒家的。这是我讲的，错了我负责，对吧？可是我要说明的是什么呢？就是家这个东西……叫爱欲与文明。

吴：弗洛伊德，弗洛伊德之后的马尔库塞。

杨：意思是，这个 Eros 啊，唐力权不是常用这个概念吗？是对的。它是一个很重要的概念。

吴：唐力权是常使用这个概念。

杨：可是问题在哪里呢？我这里面讲的，他漏掉了。所以他对男人两性这个成人的爱情啊，讲得不少。但是，我那个时候也曾对"爱"做专门的研究。后来我找了一套很典型的，可以说是最全面系统的研究爱的这么一套书，大概有五卷本。是普林斯顿的一个哲学教授写的，就是叫 *The Nature of Love*，《爱的性质》。这里面呢，他列举了好几种爱。包括性爱、情爱（爱情），但是它就是没有我们所谓亲情的这个爱。所以"亲情"在英文里是没法翻译的，亲亲啊、亲情啊，都是这样。我们用 Dear 来翻译这个亲爱是不对的。这个 Dear 是中距离的亲密关系。因为我们讲的亲爱，就是亲密无间的意思，就是抱起来可以亲的，比如对小孩之类的。因此中国有一大批亲情啊亲爱啊，他们都不讲这个东西，或者是比较粗疏的。我主要是补他们这个漏洞。所以你指出的这个，他们已经讲的东西，我就不再批评了。因为人家已经在那儿了。所以我这里也是有选择性地讲一讲。你这个评论是公道的，我这里面没有说他们的爱情。

邓：我刚才一开始就提出这个问题。就是，站在中西方不同的立场上来看待同一个问题，可以采取不同的态度。你刚才讲的，是为了保持一个平衡，这个我能理解。因为你本来就是中国人到了西方，对这个现象感到不平衡。但是，我倒是长期有一个想法。我觉得这个平衡呐，应该说在美国，拼命地宣扬你这一套；在中国，拼命地宣扬我这一套。这就平衡了。呵呵。（众笑）你在我们这里搞平衡，我觉得没有什么必要啊！

杨：没有，没有……晓芒，我刚才那番话，其实已经回答这个问题了。但是你这个说法我暂时还是有保留。（邓笑）什么道理呢？因为我是觉得啊，你的那个意思我是同意的。就是说，给他们（西方人）多讲讲家，尤其是他们讲得很少的这一部分。是吧？就是中国的这个齐家之道、安家之学啊。这个的确是有道理，但是这里面，只是一个手段。我的目的，是要让西方人有一种文化上谦卑的心态。不要让他们觉得他们那么好，那么完美，什么都有。他从头到尾，可以对人生中间，可以涉及的每一方面的一个部分，他们始终没有看到。这一点，在某种意义上，实际上会打击他们的文化傲慢心。而这种傲慢心，实际上在很大程度上影响了西方人对自己的反思，也影响了这种文明在接触外来文明时，本来应该有一种平和的心态，而不是居高临下的俯视的心态。这是第一。第二，我觉得，就是我刚才说的，我认为我们五四以来，这个家，一直就是踩在泥巴里，平反冤假错案，平反到抗日战争，国民党的那个贡献，还没有往前推。对家，我们每个人可能都知道，是吧？字缝里面看出"吃人"二字，是吧？还有巴金说的那个家。实际上我们每个人都离不开那个家。

所以家的坏的一面，一直在讲；家的好的一面，讲得太少。少到什么程度呢？少到培育了这个家文化、依靠着这个家文化的儒家，无处安身，无处立足。而且，连它的这个正面的价值都反映不出来。所以我这里面有一个意思，就是东亚人的一些素质是家文化培养出来的，而家文化是由什么东西护持出来的呢？是由儒家文化。所以，我们现在肯定家，既有它利的一面，也有它弊的一面。而我们从清末到现在，讲弊的一面多，讲利的一面少。那我们这个家文化，受到一种不公平、不公正的对待，而今天儒家的一些功劳，已经完全看不见了。所以在这个意思上，不讲家，就没办法讲儒；至少我们每个人都知道，我们每天下班以后，都要回到家里。这个家，你就是再怨恨，再怎么样，你也还是离不开它。你还是有一份家庭依赖性，需要有家人来满足。我们只能改善它。就是说，家庭依赖性是我们的本性。这一点西方人没有认识到，我们现在需要指出。而这个是我们哲学上的成就,而这个成就,西方人不够,我们对西方人的指教也就不够。

所以,我们对西方人要有所指教,就要在这个地方立起来。如果我们把自己的家放弃了,家教、家风、家学、家传正在迅速地流失,我们有什么资格、有什么脸面,还要给西方人传我们的"家学"啊?是不是?我现在有个不太成熟的想法,即是儒家文化,好像应该分成三层。最高一层,就是学而优则仕,那是治国的。这个,等到我讲那个天下大治时再说。中间一部分,就是学而不那么优,就是说学了 anyway 不那么士。这个士不是那个"仕",就是做教书先生,做秀才,做儒家学问,传承学问的这样一批人,就是学术界、教育界、思想界的这批。那么现在,这样一批儒生,都很发达。在我看来呢,最下面一层和最上面一层,都不够发达。最下面一层,就是家儒。什么是家儒?就是原来儒家教给我们的这样一套父子之道、夫妻之道、兄弟之道、安家之学、治家之道,就是宋明理学家讲的洒扫庭除这套家礼、家规。每个家可能都不一样。但是以前东亚文明的这套基本素质,就是从这里面来的。这套东西,必须恢复。

而这套东西,是我们东亚文明据以显示我们文明兴盛的最基础的最基本的东西。但是要肯定这套东西,你得肯定儒家。只有儒家在,我们东亚的家文化才在。同样,只有我们家文化发达了以后,我们才会感觉到儒家学问的价值。所以在这个意思上,我这本书,在国内也是有用的。第一,要强化家,要重视家。第二,在这个基础上,我们先不说这对儒学会怎么样。光是我们强化家,教给我们安家之学的儒家之道,它的作用就够了。因为世上每一个人都是父母所生,你将来很可能要结婚生子,那这一套最基本的东西,什么人来教给你啊?你怎么可能有这样一套正名之学?齐家之学?所谓父父子子、夫夫妻妻这套东西。我觉得在我的调查里面,全世界独一的,就是东亚有这套东西。这是人类最宝贵的一套财富。而在我看来,拉丁美洲、阿拉伯世界、非洲世界、东欧和西欧全部都需要老老实实、认认真真地引进、学习。就像我们在向西方人学这套公共的、市民社会的东西一样,他们需要长期地、坚持不懈地学这些东西。这样,这个社会,这个人类的生活,才会比较合理。

在这个意思上,这可不是信口开河。所以晓芒兄,你的感觉是对的。我就是,我仍然要坚持这一点,但主要的对象是西方人。但是我拿回来给中国人看,也有它的意义。一个意义就是什么呢?我还想提醒我们思想界需要注意的事情,就是我们是不是在相当长的一段时间没有太注意西方文明带来总体性的、战略性的缺陷,或者说他们优点所覆盖的缺陷的那一面、弊的那一面,是不是?所以不太注意我们对西方的这样一种辨认,是利弊失衡的。相反,我们对自己的辨认,也有些利弊失衡。也就是说,东方的这个身份,这个 identity,是弊多利少。而西方则相反,这个优长的方面远远胜过它的多元性的方面。这个我是作为战略性的判断,希望能够引起一些调整。这个也是,如果我的判断错误,我整个这套思想体系就这样不成立。但是,假如我的这个判断是对的话,那么这就意味着我们整个思想界都有着相对于五四以来的趋势的调整。还是我刚才所说的话,要补足这两头。

这个时候,我们完全可以先从西方的那些弱点来辨认,然后反过来再看我们在他们弱点的地方是否做得还可以。其中有几个弱点。他们重个人,但是轻忽家,重视国家,轻忽天下。他们重视了上帝,但是轻忽了自然,因为自然是上帝创造的,是上帝创造的、送给人的一笔财富,他们可以为所欲为。他们重视了城市化的文明,忽视了农村也是有、可以有文明的。而东方呢,你没有农村、农业文明的概念的话,完全不能理解中国几千年的文明和文化。所以这四大弱点是战略性的弱点,这个东西我是在西方首先感觉到他们是有这种问题,而现在,我觉得我们国内思想界,对这些东西的确认和以前理解它们都是在整个中西比较这个框架下,这样一些缺陷能够起什么影响,发生什么作用,在多大程度上能够使它在调节整个系统上有一种变化,我觉得是不够的。所以在这个意思上,就连晓芒兄你在内,是吧,我都希望它对你有一些影响。

德国哲学,那我也是很神往的,尤其是维特根斯坦、海德格尔,甚至弗雷格,我都是很喜欢的。而且,我学了六年德语。我在霍普金斯大学,外语要求很高,要求把波普尔的一篇科学哲学论文翻译成英文。但这仍然不排斥说,德国人照样是一批柏拉图的脚注者,照样舒服地待在我所谓的牢笼里，做一个囚徒，他们并没有超出什么。上没有进入天下，下没有进入家庭，人性的所有东西，不是社会性，就是个人性，不是国家的，就是公民的。黑格尔就是典型的强调国家的人，康德就是在道德领域强调个人的人，同时他是俗世化的，实际上也羞羞答答，在伦理学里面还让神学占一些领地，一只脚踩在基督教传统里。所以，在这个意思上，我想我个人在德国哲学上的学养不如你老兄。但我更注意什么呢，打个比方吧，我不是从武汉这个地方来看长江，我可能更重视重庆以上那一段长江，或者再加上南京以下，这是它的源头和最终的流，这个我比较重视。后来看来看去，好像这些人都是受希腊影响很大，受柏拉图影响很大，受希腊神话影响很大。

那么在我的心目中，我给你坦率地讲，其实所谓德国古典哲学，我觉得连这个名字都有问题。德国哲学、传统哲学、经典哲学，它的形成是在美国建国后，美国是最年轻的一个大国，我怎么可以叫它古典哲学呢？是不是？在我个人心目中，影响比较大的德国人，恐怕还是尼采、马克思、海德格尔、维特根斯坦、弗雷格这些人。我觉得他们后来就是，不像黑格尔那样做一个精神上的拿破仑。康德受英法那边影响，英国经验主义啊，法国笛卡尔二元论，而把它们综合起来。就是说德国人总要与英法人较劲。海德格尔哲学就是反笛卡尔主义。海德格尔哲学在我看来（我不同意某些人的说法），用一个字就可以概括，反笛卡尔主义。他就是一辈子讨厌法国人。所以，这个就是我自己在这一方面的感觉和想法。因为也是教书嘛，我是最近这四五年来教宗教，之前也是不断地教哲学。所以我的看法是，宗教确实是我们比较弱的地方，所以这就是我这些年一直教宗教的目的。我这次来武大也是教 *Bible*，他们那几个孩子都在那里（指向听众席）。我是觉得，如果不了解犹太—基督教系统的话，那么西方的主干，它的正统就不了解。哲学是反叛，是反动。正统你都不了解，这个反动你怎么了解？但是，我觉得我这个两极模式的概括，是适用于两边的，是从两边吸取了"建筑材料"。所以在这个方面，晓芒兄，我还是那句话，核心的东西就是关于信息背景的均衡和我这个两极模式，如果这两个东西依然成立的话，那我的书还是有点意义的。

邓：我再提一点吧，就是你刚才讲的儒家的这三个层次。当然你最看重的是第三个层次——底层。是吧？

杨：因为中国过去百分之八九十的人不识字，那么他们怎么受儒家的影响呢？显然他们不可能读经，是吧？他们受影响就只是"家儒"这个层次。

邓：我比较同意"家儒"这个观念。但是我还是认为你过分地偏重了第二个层次和第一个层次的作用。我觉得，第一个层次和第二个层次，实际上它的基础就在第三个层次。而不是上面提倡儒家或是打倒孔家店，就对下面产生什么样的决定性的影响。当然会有影响，但那个影响不是决定性的。

杨：对，肯定是下面往上走。

邓：孔子的思想、儒家的思想本身是有它的基础的。就从已经形成的这个农业文明的基础之上产生出来这个东西，当然它概括了以后，它发生作用，把它定型了。但是几千年来，一直到五四，这个东西还是有它的农业自然经济基础。这个基础不变，它的意义是打不倒的。打倒孔家店，最后怎么样？最后还是要恢复、回归传统。鲁迅写了一本小说《在酒楼上》，就是写他自己当时那个狂热，结果这个热潮过去以后，没办法，到乡下去教《三字经》。乡下还是自然经济，没变嘛。所以尽管五四那样一大批人在学术界、思想界产生那样大的影响，但是底层是风平浪静的，基本上风平浪静。到1949年以后，包括学苏联，包括农村的宗族社会、族权解体，这些东西造成很大的影响，但底层的观念并没有真正的改变。因为1949年以后，很长时期内仍然是自然经济，只不过生产关系有了一个变化，从以前的小农变成了农奴。那么，改革开放以来，西方的东西大量涌进来，这才是对中国第三个层次解构的最重要的力量。整个都变了。城市化，你那么批评城市化，但城市化是中国发展的方向。农村人、年轻人都走了，剩下老弱病残妇孺留守，文化已经没有了。这些人到了城里面，他的家庭问题没办法解决，他就是临时夫妻、露水夫妻。但是尽管如此，他的观念中间还是那样，觉得这是不正常的。我们在城里面要房子、要安居，还是要恢复原来的那样一种家庭关系才好。

杨：这里面，我感觉就是上两层的作用。就是什么呢？现在我们的精英，包括政治精英和学术精英都不在乎家庭文化的破坏。农民是个问题，称之为农民问题，农村也是问题。你假如价值观变一下的话，他们就是一种很正常的，再从生态方面来说，可以持久的生活方式，是什么问题啊。不重视家了以后，这个观念上面，要是价值观上面变了以后，定这个独生子女政策的时候他就没有这样顾虑。我们现在独生子女的自我中心观，很大的原因就是他从小缺少了一个不要钱的训练伙伴，兄弟姐妹嘛。就训练他，一定要想到别人，要照顾到别人。但是没有，因为制定这个政策的人就不担心这个事情。所以，所有人学了家哲学，知道了家的重要性之后，就是人本性上也有家庭性。这个家庭性是需要满足的，你不能以正常的方式满足，就一定要以扭曲的方式满足。你如果不给他一种孝悌的在家的训练，那他出来以后，他在大学宿舍快要打架了。是吧，不能怪这些孩子，谁让你不给他在家的这种训练。你在家里，从小与兄弟姐妹长大，将来他们的婚姻自然就会很好。为什么？他从小就这样谈判、冲突惯了，所以现在婚姻不好，也是跟他从小受的训练不够有关系。

邓：现在主要是跟他的性欲没办法解决有关系。他只好就去找妓院，因为他在城里没办法解决。他连个家都没有，只能住集体宿舍。但是我们又不能说这些农民工，现在已经不存在"三农"问题了。现在存在的是农民工问题。你不能说现在农民工都回去，你现在反对城市化，要农村化，把城市变成农村，行吗？好像不行，知识分子、学界再怎么鼓吹，还要看对象究竟有没有接受的条件。现在中国社会的现实发展到这一步，我们是不是还得想点另外的办法？其实老百姓的观念并没有变，现在你找出租车司机或是街上随便找哪个人一问，你跟他谈家庭，完全还是传统的。绝大部分都是传统的。其实并没有因为知识界的抨击，它底下就解体，因为它几千年就是那样过来的。然后，虽然他的生活环境有所改变，他的观念还没有来得及变。所以，我觉得要怪知识界没有鼓吹儒家的家文化，这倒不一定，而且已经有很多人在宣扬中国传统文化，但效果甚微。如果真的那么样的符合现实需要，怎么会效果甚微？

杨：那我觉得是（因为）儒家形象不好，理论基础不够。

邓：你拼命在维护儒家形象，那为什么会不好呢？现在讲中国传统文化的比讲西方文化的（像我这样的）要多得多。

杨：不是。因为我们都知道右派，对不对？小时候我的父亲也是右派，我就觉得右派是坏蛋。但等到1979年给他们平反了，才知道这些都是有独立思考能力的人。你不给他正式平反，傻乎乎的，绝大多数人就是觉得你有问题。现在儒家和家文化没有正式的平反，所以它就是名不正，则言不顺。现在那些搞儒家的人，我看顶多打个防守反击就不错了（笑，众笑），哪里有一点点主动进攻的余地啊。是不是？人家把你骂一顿，说封建专制，什么落后生产方式余孽，什么神权、族权、父权。

邓：不过家哲学真的要面对中国非常现实的问题。传统家庭的解体，然后核心家庭，就是小夫妻两个，至多再加一个孩子。这样一个家庭里面，就是你这个家哲学对中国现实的现代化过程中如何由传统的大家庭到现在的核心家庭，究竟对我们现代社会，或是城市化、工业化的社会带来什么？

杨：那就已经不是回应晓芒兄了。我也有一个想法，这个想法就已经和家哲学没有太大的关联。跟天下大治有关系，我的意思是什么呢？就我个人理解，中国人凡是谈到现代化，其实是在谈另外两个字，叫强国。我们的强国、我们的现代化跟非工业化一点关系都没有，我们就是在谈强国。所以，家庭文化在强国这一必需的事情面前确实需要退居二线，这是没办法的。因此，在这个意思上，我仍然肯定鲁迅、胡适，他们那个时候批判传统，把它弄掉，要轻装上阵，你这样的话才能强国，才能建军、建党、搞国家。然后，中华民族才谈得到所谓生死存亡，原来所谓就是救亡。救亡是第一位的，但是我有一个观点，强国是一个过渡性的东西，强国是一个手段，而不是最终目的。我觉得到什么时候就可以把这个一切以强国为中心，让国家、家庭和天下都为之让路呢？我觉得就是到什么时候，到强国的任务完成了，世界第一了，比如世界最强国了，或世界最强国之一了。这时候，你的生存，你的民族危亡已经不至于遭到外面的压迫、威胁，就是完全有救亡保种的问题在，没有了，这时候，强国的优先性就可以停止了。为什么呢？我们每天仍然要过家庭生活，是不是？这个时候就可以相对来说把一些百分比的资源还给家庭，不要什么东西都是为了国家，就是为了国兴家。这是有盼头的，而且时间不会太短。

还有一条，最终来讲，我仍然相信，当年中国人走过的路很可能在世界范围内还要再重新走一遍。这就是我写第三本书的要旨。天下还是要大治，天下还是要一统的，天下还是要为公的，天下还是要太平的，就这四条与天下有关的东西。这个时候，西方人的技术手段已经使我们完全达到这一点，条件上完全可以了。二十四小时，你可以到达世界上的任何一个地方。原先从北京到边疆要走一个月，现在我们这个世界比那时要好管得多，可是西方的政治文化里头，除了为国家主义外再也没有其他东西。因此，家庭学是西方人的盲点，我还有天下大治、城邦术的盲点，也要把它学出来。到那个时候，世界上把一个世界作为一个整体来管理的唯一有实践经验、有理论系统的就是中华文明。这是我讲的第二个西方人的弱点，而这也是中华民族的强点。那么在这种情况下呢，我觉得，当年秦汉以后的路子，实际上很可能会重走一遍。当然，是不是"秦王扫六合、虎势何雄哉"，那就是另外一回事了。大概没有这个必要，因为现在经济信息全球化，连中美这样的冤家恐怕不一定需要打仗。所以，目前整个世界面临这样一个现状，就是我们的文化活动、经济活动，我们这样的一种人际交往活动已经全球化。但是我们的秩序和治理，至少是从西方文明的全部资源里汇总来看的，它确实缺少这样一种资源。而我们中华文明呢，倒是有的。

原先我们的地理概念是活动的，但那没关系。就像梁启超之前讲过的一样，天下的概念并不在于什么呢？就是把所有的人都搜罗过来，而是把你能纳进来，这就够了。所以那个时候它仍然是货真价实的天下文化。它是以削藩弱国、以取消中间这样一种地方独大，重新分裂，七国之乱，它把这样一个机制要彻底取消。当然，我觉得那个时候取消的可能有些过分了。就是给我们的所谓 community 文化，我们这个团体文化，或是晓芒兄你刚才提到的市民社会文化，基本上没有太多的生存余地。他就是怕你捣乱、怕你搞独立、怕你把它推翻。莫谈国事全是这样，中距离的文化，它有计划把你取消，让人民都没有这样的修养。所以上有天子，下有农民，它就是这样一种天下太平的文化。当然，这最大的弱点是什么呢？如果真有一个胡马过阴山，你们一点战斗力也没有，完全被人家干掉，所以那是一个家天下的坏处。所以在这个意思上，到那个时候真的天下实行以后，我觉得家文化仍然有，就像当年。儒家的专长就是这样，就是在天下太平了以后，让人民服从法律这样一种外铄的手法还不如家庭的内在的自律。你自律多好，它用不着惩罚你，它感动你就行。所以从威胁、威吓变成威信和威望，那就是从霸道变成王道。这套东西肯定还能有用。

邓：我觉得你这个设想好像很渺茫，而且太远，是我们未来几百年、几千年无法预料到的。但是有一种迹象，特别在欧洲，有一种很使儒家伤心的迹象——家庭的解体。我有朋友在法国，他女儿毕业了，我就问过他你女儿结婚了没有，他就说原先谈的朋友吹了，现在再谈没有呢？他说现在也谈不上在谈还是没有，反正有一个同居的。他后来发现，他转述他女儿的话，她发现稍微看得上、像个样子的男的就是同性恋。（众笑）同性恋是大趋势了，现在合法化。为什么，现在没有办法合法化？这个在西欧是这样的，而且中国似乎也在感染这种病毒。（我们姑且把它叫做病毒）但是从大趋势来看，好像没有一种家文化，好像您说的种子都被根除了。而且我们现在向他们学习、向他们接轨，因为他们是在生活非常无忧无虑的情况下，就丧失了。因为西方爱情至上嘛，好就可以，不好就散，对于家庭他不考虑。可西方人口减少，将来你所设想的这个东西呢，除非我们中国人坚持我们的家文化，将来他们的人口减少，我们把他们覆盖了，有这个希望。

杨：所以，在这个意义上，因为儒家的特点就是这样的，它就是把家庭修炼这套东西老是往外推，道德上是这样，政治上也是这样，所以它天下一家。周天子就是这样子。但是问题是我现在觉得我们打五四以来，中国封建专制这四个字就基本上使它一团漆黑了。但是我现在不打算采取这个态度，我现在觉得要用一种全新的价值立场、中立的立场来看我们中华民族全部的政治史。然后重新在一种不带预设的前提下看，它那些东西实际上就是在不断的碰撞中吸收经验教训，慢慢把它引到这条路上来的。也就是说，它是有它的历史合理性和逻辑合理性。像这样的结论，我目前不打算把它排除。而且我觉得很需要去研究。我们现在研究的就是，中国皇家是依赖以天下为私家这样一套恶劣的、专制的、腐朽的，看重这样一种东西，好像忆苦思甜一样。我现在不打算这样做，中国的史学界、思想界完全有必要把五四预设为一团漆黑、一塌糊涂，把这个预设先扔掉，然后再来看。这就是这样一种文明，这就是两千年的历史。这个历史中间有哪些东西是合理的，有哪些东西是我们要正面承认的。我现在甚至不把皇家的预先认为是消极的。

邓：我认为你的方法恐怕有点问题。就是说对历史事件，我们抽象地说它哪些是合理的，甚至哪些在逻辑上是合理的。我们都要把它看作当时历史条件下的产物。那么它是当时历史条件下的产物，它是合理的。但是它是不是在今天的历史条件下还合理，就要另当别论。比如说邓小平，我认为他最大的功劳是确立了任期制。第一把手要有任期。但你也许根据你的观点，会认为这是最大的败笔。从此以后，皇权的延续性就被打断了。就是说，皇权已经中断，又没有新的东西来代替它。

杨：晓芒兄，我可以这样说，邓小平实行的任期制，包括我在内，觉得这是兴的一利。但是假如你要问他，有没有一弊的话，那问题可能就没有那么简单了。因为我在西方看到的，比如美国这一个政治体制，它最大的问题可能是它的延续性和它的预见性极差、极低。一个总统是绝不可能栽一棵第九年才挂果子的树，他一定要三年就得结果，因为他三年就要选连任了。而八年以后才结果的树就是下一任总统的，他不会干这种蠢事。所以他们的投资和他们政治家、领导人与学术精英的远见是跟他们的任期绑在一起的。中国人呢，我觉得邓小平更了不起的一点，就是确定任期这点，它实际有一个很长期的政治路线，你所有这些人要加入这个班子的话，都要认同这样一点。

邓：这点我倒不认为是他的功劳，而是属于他的败笔之内。

杨：但是在我看来，现在虽然有了任期制，却不会使我们的政策或者是国家的目标都那么短暂。

邓：对，对稳定来说它还是有好处的。

杨：它还能够不像美国那样，美国或是西方的话，我不知道你们注意没有，英文或其他语言里头它对爷爷和孙子都没有专名的，它用一个短语，爷爷就是伟大的爸爸 grand father，孙子就是伟大的儿子 grand son。用短语来，这表明什么呢？我可以用一个词概括，叫"现在这里"。民主制或它们整个一套体制的话，是 here and now，I want at now and I want at here。至于以后的话，who cares？至少我没有办法管。在这个地方，我们就想到中国皇权，在清朝时，我那时看到慈禧派的一大群人访洋考察，他们到日本的第一个报告就让人印象很深。它意思就是，日本的普及小学教育模式应用在中间，百年以后会提高中国人的素质。他讲的是百年之后，他们的预期是清朝还会延续百年。假如你这个人就是任期，只管八年的话，they don't even farther to talk about。知道吧，所以在这个意思上，中华文明它现在还有这样一种本能，既有任期制，又不会短见到几年一摇摆，我一旦上台后全部作废，然后重新来一套。这叫折腾。可以说美国在与中国的竞争之间为什么不行？就是折腾得太厉害，太短见。

邓：但他们经得起折腾啊。中国人就一点折腾也经不起。

杨：你也别说他经得起折腾，现在已经折腾得开始走下坡路了。

邓：毕竟还是比我们强多啦，我们有点大起大落。

杨：应该说，至少从国外观察的角度来看，中国现在有一大好处是超过西方的，是什么呢？它有一个既有效率又极为统一的，并且几十年的规划、坚定不移的这样一个政权。这是西方人现在最怕的，而且也是中国被认为最成功的一个东西。这话不是我说的，是他们那边的精英讲的。你们能不能认同，我现在都……

邓：他们效率是体现在某些方面，但是在其他的方面是极无效率的。要去办任何事情，都给你拖个几个月、几年，甚至十几年。极无效率。

吴：我再插一句话，你刚才在讲天下这样一个观念时，我有一个想法。当今欧盟要把整个社会统一在欧盟的组织下，它开始不是一个政治的统一体，或是一个金融的统一体，各国家金融权利慢慢地归到欧盟。就是说欧洲的这样一个分裂的国家走向一个欧盟的统一体，这样一个趋势。未来我们能不能做一个事，就是把天下的观念，我们能不能设想，就是未来的世界。我们可以设想一下，庞大的中国、强大的美国，再加一个欧盟，能不能在这个基础上再加一个非洲（还有澳大利亚），能不能成为一个世界同盟，像我们古代周王朝、周天子这样一个形象？

也就是说，今后也就这几大板块。在这几大板块，要不要进一步融合的情况下，中华文明"天下大治"的这套文化，会不会被认真地加以考虑。我觉得这一点几乎是板上钉钉的事。因为在整个文明史上，只有中华文明搞过这么一套东西。而且，这套东西还是建立在他们的地理知识错误的基础之上。所以在我的心目中，中华文明犯了最伟大的一个"错误"，这个"错误"是最有生产力、最了不起的一个错误，就是啥呢？就是我们所说的"天下"观念，它在认认真真地发展一套去掉国家，然后搞一个"天下"这个东西。它是在反复地搞，每一个朝代都会弄这么一个东西，对不对？所以我们不是一年两年，像康德那样提出一个什么概念。我们这个东西，西方根本上不具备，它们没有任何这方面的实践。可是，中国不是的。中国是到什么程度呢？到近代，到陈独秀这一代的人，还是这样一个情况。

陈独秀到二十岁的时候，他还懊悔万分，他说："我到二十岁的时候，才只知有天下，不知有国家。"也就是说，中国的知识精英，到了20世纪上半叶的时候，都还不知道国家是怎么回事。那我们当然不懂得什么强国了，不懂得什么法治了。所以我们还在一个复归"中领域"文化的过程之中，但是在我看来，这是一个先南辕再北辙的过程。就是先物极，物极然后再反。达到了一个什么目的呢？就是成为最强国，到中国强大到了变成一个规则制定者，而不是规则服从者；也就是说，将来到了世界上的规则，中国可以参与谈判，可以进行修改，然后我们拿出一套"天下""大公"的道德伦理学。你一个国家、一个民族、一个宗教、一个地区，必须承认，还有跟你并列的国家、民族和宗教。你必须尊重它们，必须平等相待。也就是说，你们是怎么样的，它们也就是怎么样的。这套东西，西方是完全不存在的。他们没有一套

"天下一家"的观念,他们就是这样,只有我们,只有我教,你们其他都是异教,都是要下地狱的。只有我们这里是上帝给我们应许的土地,以色列原先搞过,现在也是这么搞的。西班牙、美国也是这样。这一套东西是不行的。中华民族上台以后,就要主持这个公道。这个公道,背后就是中国一两百年以来倒霉的根源。

邓:我理解的"天下"好像跟你理解的不太一样。我觉得中国人的"天下"观念,虽然讲到三代以前"天下为公"那个东西。但是自那以来的"天下",都是群雄逐鹿的结果。统一天下、一统天下,都是靠武力,赢者才算。胜者为王,代表天道。你现在提出的天下,也不是中国传统的"天下"。当然,你讲的可能限定在三代以前。

杨:我实际上对秦汉这个"天下"更重视。

邓:我觉得"天下"是打出来的,打天下,得天下。所以你用这个天下来统一、来做主。

杨:会吓坏一批人。

邓:那是,这也是不可能的。这个,人家会说你傲慢,你老说人家傲慢,人家其实也不一定那么傲慢。比如说,人家从来都有彻底否定他们文化精神的传统。从卢梭到马克思到尼采,全盘否定他们自己的文化。他们知道自己文化的缺点,反而对东方文化的东西感到神秘,有向往。而中国人,在五四以前,基本的倾向里没有这个东西,基本上都是我中华地大物博之类的。现在你要把这个"天下"树立起来,首先必须有以"我"为中心的这个概念,天下观其实就是中国观,中央帝国这样一个观念,然后你要有武力。除了这个以外,你要讲天下一统、和和气气,大家互相尊重,那就是必须要有契约。像康德在《永久和平》里面讲的,必须要有一个国际条约,在这个国际条约里面,都要受约束。每一个有自我约束,而不是每一个成员都以为自己可以当霸主。

杨:你这个扯得远了一点。我感觉你前面说的是对的。各个国家、民族之间要有契约,要守规矩。

邓:对。

杨:但是你要保持人们守规矩的背后,需要有维持守规矩的暴力。这个暴力,所谓联合国维和部队,类似这样一个东西。也就是说,有了威胁，然后威信才管用。

邓：这是次要的，主要的是你定的规则原则上是对每个成员都有利的。

杨：是。

邓：每个成员都有最大可能的利益，然后在这个前提下，你的暴力才是正义的，光凭暴力那是不行的。

杨：这个话，也可以这么说。现在西方有大量的这套"中领域"文化，这是可以拿来用的。

邓：对。

杨：也就是说，我经常在美国讲课，比如说我在伊利诺伊州，为什么伊利诺伊州不可能对威斯康星州宣战，或者说和印第安纳州打架呢？因为它是两个State，State的话就相当于它们是两个国家。但是这两个国家为什么打不起来呢？因为government，也就是权威在那儿。军队，即暴力的使用权在它那里。所以今后，我感觉像联合国，是应该有军队的。

邓：不是（这样的）。

杨：然而，是不是像搞"秦王扫六合、虎视何雄哉"这套，是有商量余地的。

邓：美国怎么是靠暴力维持的呢？你在美国那么多年，难道不知道美国是靠什么把联邦联合起来的？就是靠军队吗？

杨：它南北内战不就是这样吗？

邓：那只是一次。现在可不是靠军队，它还是靠利益。很多人希望加入美国，还要看美国批不批准。菲律宾希望加入美国，美国不要它。（众笑）

杨：但是也有这种情况。就是叫Republic of California，就是它们本地是有独立运动的。但是它们从来是票数很少，可是我的意思是，西方人在一个地方，这个地方就是我们的community。我们这个community要有很强的自主性，你联邦政府不能过分地干预我们，它这个愿望是非常强烈的。但是在南北战争之后，联邦政府设立了无数个这样的机制、机构，使得这些个地方州没有多大的权力，搞军队独立。各个州没有军队。

吴：（美国的）州没有军队。

杨：它们有国民警卫队，但国民警卫队是受联邦政府节制的。所以它们也有独大的问题，比如州政府如果不向联邦交税了，也有这样的问题。它们发生冲突了，通过削藩之类进行控制。

邓：中国也是靠暴力。但是美国的立国原则不是靠暴力，它不是靠军力武装。

杨：总之，我感觉是恐怕今后有不靠暴力来统一天下的可能性。但是现在看起来，就像你刚才所说的一样。我到荷兰去，荷兰的海关就是这样。一种是欧盟的 passport 持有者，另外一种就是 others。它们的海关已经完全没有荷兰本身的 identity，所以它这个小地方的本身的身份都在淡化，然后大的地方也慢慢变成这样。到我们就是东亚人，就是东亚护照。然后非东亚，那就是 others。这完全有可能，而且用不着几千几百年之后，说不定啊……（众笑）

你像这个自贸区协定，进展挺快的。而且中国有了发言权以后，像我们这些国学院的老兄，你们为什么要加强努力呢，就是一到中国到世界上有比较大的发言权了，你能拿出什么东西来安天下，对不对？我觉得我们现在就要做出两套东西来。第一个就是天下各族之间的道德，我们需要把它推行出来；第二个就是家庭这个东西，我们能够拿出来。

邓：中国也拿出来了一些东西。像当年周恩来搞"和平共处五项基本原则"，后来又搞兄弟党，像朝鲜、越南都是我们的兄弟，后来又到非洲去发展出好多兄弟。这都是我们中国的，是中国传统文化的反映。

杨：晓芒兄。你还别说，我觉得非洲人的问题、非裔美国人的问题，就在于他们缺乏像样的家庭观，使得他们竞争力不强，就是他们的家庭文化太薄弱了。在这个意义上说，我们这个家儒，首先应该恢复，让我们中国人来受益。然后来教化他们这些人。

吴：我还问你一个问题。从未来的世界范围看，以爱情为基础的家庭价值观有多大的普适性？

邓：我觉得以爱情为核心的家庭观，它的未来发展方向是取消家庭。没有家庭，只有爱情。生儿育女另当别论。你喜欢生儿育女你就生，你不喜欢可以不生。然后有同性恋都可以，这是趋势。

杨：晓芒兄可能感觉到我这书里面的偏向。那种纵向性的家庭，就是父母一起养孩子，兄弟姐妹一起长大，这是最基本的东西。实际上中国有一个特点，就是不太重视横向性的夫妻的情爱、性爱，很强调纵向性的东西。但是我觉得，中国的家文化里面，它也不是不考虑横向。举一个例子，就是所谓的梁山伯祝英台，如平常的男女青年恋爱，它为什么讲哥哥妹妹呢，对不对？情哥哥，情妹妹，是不是？那就很明显地在哥哥和妹妹这样一个关系里面，已经孕育了一大批能增进婚姻的素质。在座的各位，我给你们传点经啊……（众笑）假如你找的女朋友，她有一个大两岁的哥哥，那你就白捡了便宜。为什么呢？因为她这个哥哥已经无偿地把她培养大，以及将来怎么做妻子。假如她没有这么一个哥哥的话，好了，那她所有的这些磨炼，这些"学费"，都得你来出。就这个意思。所以说哥哥妹妹，它很有可能就是为贤妻和良夫准备的。（众笑）

邓：现在这个不适用了。

杨：我知道。都是独生子女了。独生子女不但把"悌"道给坏了，也把夫妻之道给弄杂了。

邓：但是有一个替代方案。那就是找有初恋的，不要找那个从来没有初恋的。（众笑）这是替代方案。

吴：也就是说，以爱情为基础的婚姻，它应该强调男女之间的两性平等。但是存在一种成年人的中心主义。

杨：对。

吴：但是我们可以设想一下，未来的家庭，它的合理状态是什么样的。我希望从你们俩那里了解一些看法。

杨：很简单。就是孔子原来讲的那些话，其中有几条是必须要求三代同堂，所以我现在仍要求三代同堂。就是说，不喜于前的，勿施于后。也就是说，你不喜欢你爹娘怎么样，那你首先不要以你作为爹娘的身份对你孩子这样做。而且，我觉得为什么东方的家庭结构里面，不太容易出现专制家长呢？就是这个道理。你现在的父亲是家长，但退休的前父亲还在，因为你要孝，所以做什么事情都要有所请示。"老爷子，这个事该怎么做？我们这么做行不行？"这就是西方所谓的制衡机制。中国的政治也是这样。政治也是有家族性的，有第一代、第二代和第三代。

因此我觉得中国这个家族文化，你不能说它就是一个缺点。我认为它是优点。就中国的老百姓而言，爹娘去世了，那他的精神空间就缺失了一半。空荡荡的，鼓不起来了。西方式的家庭根本不可能实现这种孝。西方的家长就是 husband 和 father。Father 的话就是家里的 law，就是这个道理。西方的家庭文化从来就没有丰满过，没有像样过的。所以我现在的态度就是，在世界上判断家庭文化的高低，只能以东亚为准根据于东亚。其他地方，只是残缺不全的程度不同而已。拿来当标准，forgive me。（众笑）但是反过来说，强调中距离文化，我们中国是不行的。我们必须拿西方的公民社会的一套去参照。也就是说，我们在这方面跟人家差远了。我们得承认这个事。我们的"天下"和"家庭"强，他们的"社会"和"个人"强。这是板上钉钉的事，一两百年内是改变不了的。我现在要做的事，是说明中国不是什么都差，什么都不行。我们也有这么两条呢！（众笑）你也可以说，我是在国外待久了，有失落感之类的。不错，但是我说得有理，你就得认这个账。

吴：好好。邓老师再谈一下。

邓：我觉得始终有一个方法上的问题。我们看待文化，如果以读书人或者知识分子的眼光，把它掰开来，说这个文化有哪些优点，那个文化有哪些缺点。我觉得这种方法不太好，我也不是说这种方法不可以用，因为我们五四以来就是这么做的。我觉得这种方法至少不太好，因为它完全不是站在理解对方的基础上，而总是站在一种表面的效用立场上。总是仅仅进行这些优劣的比较，我觉得层次还是不够，应该进行一种模式和历史的比较。我们应该了解彼此的模式，我们是这个模式，已经进行了几千年，人家是那种模式，两者不可能对调。我们要做的是了解这种模式的由来，然后在我们的模式出现问题的时候，看看人家的模式里面有没有可供借鉴的东西。有就参考别人的模式，可能我们的模式慢慢会有一些变化，以适应时代。所以说，我主张两种方法，第一个是历史的方法，就是要弄清它怎么就会有那么多人相信基督教，我们中国人怎么就会没有那种虔诚的信仰。这个东西都有它的渊源，我们都要了解清楚。第二看我们有哪些改变，西方人有哪些改变。我们缺的是什么，把这个东西厘清，即这个模式的转换。我们现在已经开始转了，西方也开始转了。西方开始向东方转，我们东方也开始向西方转。这个里头有一种历史的必然性，不要说历史都是偶然的。

杨：是。晓芒兄，你知道吗？我总觉得你受黑格尔的"毒"的影响太深了。（众笑）"凡是现实的就是合理的。"凡是历史上存在过的都承认是合理的。

邓：不，我不承认，我没有承认。

杨：基督教自己都是在它们最强大的时候，自己发起了一系列现代化的运动，精神自由和心灵自由的运动。它自己要扔掉的，你怪谁去。显然，它自己原来是蒙昧，现在便要启蒙。对吧？他们这个东西还要拿过来……

邓：他们没有拿过来，是我们自己去捡过来的。

杨：是。我觉得这是愚蠢透顶了。

邓：怎么是愚蠢透顶？他们不要的，给我们就没用吗？他们是经历了，我们还没有过。我们现在遇到的问题，你刚才讲了很多，你的那些理想都被化解了，单独子女的问题，家庭解体的问题，专制的问题，宪政的问题，"七不讲"的问题，等等。你的这些理想都被化解了。被什么化解了？不是被我化解了，是被现实化解了。你要考虑这个问题。我们现在不要先摆出价值评价。你的方法的问题就是，先做价值评价。

杨：我跟你的区别就是什么呢，就是你觉得现实是没有办法的，我觉得现实，打个比方说，我们最终是要往北走，但车子先要往南边开一段。这个没办法。（众笑）你要搞天下和家庭，你先得强国。你强国最后是为了不用来强国。

邓：我不认为要强国。

杨：在我看来，我们是被迫要强国。强国要到适可而止了。止到什么地步呢？就是到了老子天下第一了。我是最强国了，我还用强吗？不用。现在我们到了这个地步吗？还没到。还有多远了？不远了。

邓：那天下第一后面还有第二呢？（众笑）它还要跟你争，是吧？永无宁日。

杨：现在美国就担心，中国就说，你不用担心，安心当你的第一吧。我还在等，你知道吧……所以说，我这个说的还真不一定是不现实的。你所说的凡是现实的就是合理的。

邓：我没有说现实就是合理的。我跟这个意思是不一样的。我要讲的是你要理解现实是怎么样的，至于它合不合理，再说。中华文明五千年，你说它是合理的，我承认。但我不做价值评价。对于西方的，它究竟是好还是坏，中国的是好还是坏，我都不做价值评价。我只从现实的要求出发，来看问题。我们现在需要什么，我们现在能怎么样。知识分子们老是想提一套理想国，我觉得这个太理想化了。尤其对中国的问题，不能那么理想化。

但是不能只看到当前，要看到将来，从目前到将来有一种必然性。比如说城市化，比如说自然经济解体。你不能说这些农民不该进城，他们要追求自己的幸福，人家都盖了房子，我为什么不去挣点钱盖房子。我也要去打工，这就是自然经济解体了。你所设想的那些三世同堂、四世同堂都不存在了。现在都是独生子女，都是丁克家庭，都是临时夫妻。同性恋等，将来怎么办？你要考虑这个问题。在儒家看来，这个简直没办法救了。你还想救，那你是特例。但就一般来说，讲儒家的都回避这个东西。怎么对待现实这个问题，大家都在回避，都躲在理想国之中，怀念几千年前的那样一种理想。

杨：不是，我觉得问题很简单。这也不是知识分子设想的方案。就是我们年轻的时候啊，那个时候的人们就很讲诚信啊。什么善良、慈悲、道德、仁义。

邓：那个时候自然经济还没有解体。

杨：不是。我是说那个时候，我们传统文化留下来的道德宏律还在，现在都遗失了。我们错了以后再回来，不就完了嘛！现在城市化不行了，那就再……美国人以前也是这样，先都到城里去，再回到乡村。

邓：农民工在城里面赚了钱，立了足。说不定他会想回去的。在农村搞一套别墅，他成了大款。这样的人多了，可能会有一种回潮。但这种回潮跟以前是一种完全不同的基础了。因为他是到城里面去赚的钱，到乡下去享受。它跟原来的自然经济就完全不同了。所以我觉得你的"家哲学"作为一个未来的理想来设定的话，那可能性是值得商量的。我觉得你可以再写一本书，就是"爱情哲学、家哲学以及家"。我为什么一开始就点出你没有谈爱情呢？爱情是西方文化的根。特洛伊战争就是爱情。

杨：你也可以说它是财产关系。

邓：你也可以这么说。但他们都认，为了一个海伦，死了那么多人，打了十年。值不值得？他们认，他们觉得值得。

杨：那是荣誉问题。

邓：荣誉。爱情的荣誉嘛！为了美人，那是很光彩的事情。所以黑格尔说，希腊人那是"美的宗教"。所以我觉得你这个比较，可以把爱情哲学和家哲学进行对比。

杨：这倒是。

邓：作为一个问题好好研究一下，这个可能会更深一点。当然，这个你也有讲，但不够深到骨髓。弗洛伊德就讲性心理学，那么多人都认同。因为他说到了西方人的骨子里头。但是你把弗洛伊德的东西拿到中国，那不行。中国人不讲爱情。这就有点扯远了。我觉得你这个还可以再展开。从我的角度来看，《家哲学》还是蛮好的。可以继续做。有些地方还可以修补，但要抓住最主要的，那就是家哲学和爱情哲学的比较。西方也可以理出一个大传统，中国也可以。我认可你那个判断，就是西方文化在目前而言，全球最大的敌手就是中国文化。不光是儒家，什么道家、佛家都在内。

杨：对。还有法家之类的。

邓：它唯一消化不了的，就是中华文化。以色列人在全球跑，就是在中国找到了落脚点。因为中国人没有宗教信仰，他谁都可以信，也可以不信。

杨：世界上所有地方的人都同化不了以色列人，除了中国。

（众笑）

吴：怎么样，今天就到此为止。

邓、杨：好，好。

（本对话发表时有删节。录音、文字整理与校对：黄燕强、胡栋材）

许苏民教授《中西比较哲学研究史》评析专题

一幅壮丽的比较哲学史的画卷

——读许苏民《中西哲学比较研究史》

吴根友[①]

20 世纪的中国哲学研究一开始就是在比较哲学的视野里展开的，因为作为学科建制下的哲学学科或曰知识门类是来自西方的知识分类传统，中国人要做哲学研究，一开始就要理解何为哲学，并将与西方意义上的哲学知识门类相似的知识与思想纳入这套话语系统之中。但将比较哲学上升为一种自觉的学术研究活动，则是晚近的事情。仅就中国学术界的哲学研究现状而言，目前还没有一本会通中西哲学比较研究历史的著作，如有，从许苏民的《中西哲学比较研究史》开始。该书分上下两册，印刷字数近 130 万字，上卷在章或节中提及的哲学家、学者、文学家共 31 人，下卷在章或节中涉及的哲学家、学者有28 人，两卷近 60 人，此外两卷中附带提到的学人还有十几位之多。其中有些学者的材料是直接从拉丁文、英文中提炼出来的，如门肯（Johann Burkhardi Menckenii）的《中国哲学史》是拉丁文，诺斯罗普（F. S. C. Northrop）的比较哲学研究的材料是英文，这些材料都是第一次以比较集中而相对完整的思想形态呈现在汉语世界面前。这当然要感谢该课题的翻译团队，但就全书的整体构架、写作与修改而言，主要是凭一人之力完成了如此卷帙浩繁的巨著，填补了当代中国哲学

---

① 吴根友，武汉大学哲学学院教授。

研究的一个空白，居功甚伟，令人敬佩！

一 从比较哲学史的角度阐明了中国哲学对于世界的贡献

许著从比较哲学史的角度，阐述了中国哲学对于世界的贡献。具体说来，至少可以从如下四个方面来考察这一问题。

第一，以生动而丰富的哲学思想史材料证明，18世纪以降欧洲的启蒙思想运动中，中国传统的优秀思想精神参与其中，莱布尼茨、沃尔夫、伏尔泰、狄德罗、卢梭、康德、谢林、黑格尔等人的思想体系中，都有不同程度的中国思想因素。中国思想的因素在18世纪的莱布尼茨、沃尔夫、伏尔泰等人的思想体系中，主要是作为正面的思想因素而起到了反对中世纪基督教神学的进步作用，而在卢梭、康德、谢林、黑格尔等人的思想体系中所起的作用，则显得要复杂得多。卢梭主要是以否定的方式表现出中国传统思想，尤其是道家重视自然的思想对他的影响，康德对于中国儒家道德哲学的吸收与改造显得极其隐晦，黑格尔在他对中国哲学与思想充满着矛盾的心态与陈述之中，深深地受到了老子哲学、《周易》哲学精神的启发。中华优秀的精神传统实际上参与了世界范围内的现代文化的建设活动，然而其价值却被严重低估，甚至在18世纪的德国康德哲学里，在19世纪的德国黑格尔、赫尔德等人的思想中受到了严重的侮辱与诋毁。

第二，通过深入地发掘明清时期中国思想家的材料，揭示了当时先进的中国知识界人士尽其所能吸收耶稣会士传来的西方科学与哲学的知识，以丰富中国固有的精神传统，展示了晚明时期中国传统社会在精神上的开放性。同时，通过当时进步知识人士对西方文化态度的揭示，显示了当时中国哲人所具有的民族文化自信，对于西方哲学存在的不足敢于提出尖锐的批评。如通过比较哲学的途径，反省、总结了现代文化，尤其是德国古典哲学之缺失，对康德、黑格尔、费希特哲学与德国军国主义的内在深刻联系，做了比较深入的分析（见"诺斯罗普"一节），并对康德、费希特、黑格尔三人哲学的负面因素进行了深刻批判,作者写道:"与赫尔德终其一生的阳光气质不同,康德、费希特、黑格尔在经历了他们早期精神上的阳光明媚时期以后,就有逐渐变得阴郁而沉闷,宛若北欧寒冬彤云密布的天空,而阴郁的气质下隐藏着的则是恩格斯所说的19世纪德国人的'被压抑的利己主义',这就使得他的哲学更多地具有为马克思所批判的中世纪'人的依赖关系'和'权威主义原则'的印记。而其中深藏着的'被压抑的利己主义',正犹如地下沸腾的岩浆,一旦喷发,就会化作黑格尔所谓'踏着千百万尸首前进'的迷狂。生活在阳光明媚的东方大地、性格开朗而温和的中华民族,是不应该崇拜这种阴郁而冷酷的哲学的。"①

作者在这里已经不是在作哲学史的叙述了,而仿佛是在写一首抒情诗,既用浓烈的感情表达了对中华民族哲学精神的肯定,同时也批判、反省了德国民族在19世纪所表现出的缺陷。尤其后面一点是现当代中国的德国古典哲学研究专家们相对忽视的一个面向。

第三,通过对18世纪以降欧洲哲学家对于中国哲学的肯定与批评的双重论述,以顽强的思想史材料证明中国哲学是哲学,中国自古就有哲学这种性质的知识或学问,有力地回应了当前西方哲学界和中国哲学界的一些似是而非的论调:中国哲学不是哲学、中国没有哲学而只有思想、哲学只是古希腊独有的产物等种种错误的哲学观。而且通过发掘的大量史料,对于现代欧洲、美国学者一系列比较哲学研究成果的整理、分析与批判,一方面显示了欧美哲学家、学者对于中国哲学认识的深化;另一方面也通过这些现代欧美学者的眼光,进一步发现了中国哲学与中国文化的优点与缺点。

第四,通过对现代中国哲学家、学者对于中西哲学特点认识成果的总结,对中西哲学的共通性及中国哲学的自身特质,做出更加明确的理论阐述,深化了当代中国人对于哲学与中国哲学的认识,同时也将有助于世界上其他民族的学人对于世界历史条件下的"哲学"学科有一个新的认识。该书通过丰富而有说服力的思想史材料,通过比较哲学史的

---

① 《中西哲学比较研究史》上卷,南京大学出版社2014年版,第511页。

途径确立了中国哲学与中国文化的自身特点、优点，当然也更清晰地揭示了中国古代哲学、中国古典文化自身的不足之处。

从哲学史观的角度看，该书暗中采用了萧萐父先生"泛化的哲学史"观，将历史学家、文学家、科学技术史的学者，以及一些哲学教授的哲学思想观点，均纳入了哲学比较的历史过程之中，其中对法国文学家罗曼·罗兰的哲学思考，历史学家汤因比的文化哲学观，中国科技史专家李约瑟，中国科学家、官员徐光启等人的一些思想，统统纳入中西哲学比较的历史视野，显示了该书开阔的学术视野与思想视野。

二 通过比较哲学史的途径阐述当代中国哲学的问题

从哲学思想创作的角度看，许著在相当大的程度上也可以看作作者对现当代中国哲学家与中国人提出的时代哲学问题的一种理论性的回答，因而可以视为作者"即比较哲学史研究而讲当代中国哲学"的精神祈向。具体来说，可以从如下三个方面得到印证。

第一，对于现代中国哲学史上的古今、中西之争，可爱与可信的问题，从哲学比较的角度给予了新的回答。如关于"可信"与"可爱"的关系问题，作者借诺斯罗普的观点给予了回答："诺斯罗普告诉人们，德国古典哲学的学理失误证明，一种可以信赖的、较少危害的哲学必须具有科学知识和科学方法的基础，绝不能把科学与人文人为地加以割裂，绝不能只追求'可爱'，绝不能把道德和信仰的实践意志凌驾于经验事实和实验科学理论的唤醒作用之上，也绝不能以所谓'必须的实践需求'为基础把所有的哲学都化约为道德哲学。而应像英美经验论一样把道德建立在'可信'的基础上，像中国哲学一样把'格物致知'作为'诚意正心、修身齐家、治国平天下'的必要前提。也就是说，一种健全的人文哲学理论，必须含摄真善美并且对三者之关系作出合理的论说。"[①]

---

① 《中西哲学比较研究史》上卷，第508页。

在该书的下卷，作者通过对谢无量在《中国哲学史》，以及在中西哲学比较方面所做出的开创性的贡献给予了高度肯定之外，也对"可爱"与"可信"的问题进行了阐述。他认为，谢无量对于孔子的"智仁勇"三者关系的阐述，或许能为解决王国维的"可爱"与"可信"的矛盾提供妙解。谢氏认为："以今世心理学言，心之作用，有知情意三种，而仁者之存心，必不偏于知，不偏于情，不偏于意，孔子尝论智仁勇三达德，正可当心理学上之知情意（情主仁，意主勇），然知勇之二德，又无非自仁之一德之全体而分之者也。孔子备此三德，而后能仁。弟子之中，于三德往往有所偏，不能无憾，此孔子所以不以仁轻许之也。"许氏认为，"或许，只有以'仁'——普遍的人类之爱（我们今天所理解的仁）——来统摄王国维所说的'可爱'与'可信'的两大派哲学，人类的文明才可能有光明的前景"①。

第二，对于当代中国哲学史研究中的"亲亲互隐"问题，从哲学比较的角度给出了新的回应，表明作者是赞同"亲亲互隐"这一儒家式的道德与伦理命题。作者指出，康德的崇拜者强调"为了维护道德，互相揭发乃是更为'高尚的道德境界'"的观点，"正是典型的德国哲学观念的中国翻版。对于康德哲学的盲目崇拜使某些研究者忽视了一个基本的事实，——纳粹时期之所以有那么多的德国人充当线民和告密者而不愧不怍，很大程度上就是这种所谓'高尚的道德境界'使然；——不仅如此，对德国哲学的盲目崇拜也使某些研究者在康德的灵光面前丧失了反思精神，忘记了问一句：这种强迫人做违背人性的事的所谓'道德境界'真是那么高尚吗？"②作者还引用了美国电影《闻香识女人》的例子，说明朋友之间的保密，正与亲人之间的"互隐"类似，都是合理的。而在反法西斯战争中被炸瞎双眼的史法兰上校来到学校为守密的学生辩护，恰恰是对儒家"亲亲互隐"的伦理原则作了一个意义绝妙的现代西方的注解。③

---

① 《中西哲学比较研究史》上卷，第972页。
② 同上书，第510页。
③ 同上。

第三，作者花费相当多的笔墨回答了中国哲学中系动词"是"的问题，并以丰富而有力的语言学与思想史材料证明，中国哲学同样有"是"，可以表达 Being to be 等来自古希腊的哲学问题。作者对邦文尼斯特、谢和耐、海德格尔等一批西方语言学家、汉学家、哲学家否定汉语中有系动词"是"，以及汉语不适宜从事哲学思考的观点，进行了认真的回应与批驳，证明古代汉语既有大量的类似古希腊及印欧语系中的"是"，而且也有"求是"的哲学传统。从文字、语言的角度，作者引用了当代中国文字、语言学者的研究成果，认为"是"字本身就包含直、法则的意思。而"求是"的哲学精神，自孔子讲"阙疑"、墨子"论三表"、荀子"解蔽"、王充"疾虚妄"，到戴震明辨"真理"与"意见"的不同，无一不是"求是"的表现。《汉书》称河间献王"修学好古，实事求是"，唐代颜师古注"实事求是"云："务得事实，每求真是也。"这些典型材料均表明，中国古典哲学亦有丰富的"求是"传统。而汉晋以降的中国古代汉语以"是"作为系动词的例子，更是不胜枚举，董仲舒论人性时说："曰性善者是见其阳，谓恶者是见其阴"。王充批评灾异谴告说道："是有为，非自然。"《坛经》："身是菩提树，心是明镜台。"陆九渊说："宇宙便是吾心，吾心便是宇宙。"王阳明的四句教："无善无恶是心之体，有善有恶是意之动，知善知恶是良知，为善去恶是格物。"[①] 这些生动而丰富的思想史材料表明，中国古代绝对不缺乏作为系动词"是"的实际用法，只是很多西方学者不熟悉这些语言学材料与思想史材料而已。否认汉语中有系动词"是"，以及认为汉语不适宜从事哲学思考，这些观点都与19世纪以来"欧洲中心主义"的思想倾向有关。"欧洲中心主义"的幽灵一直在欧美的文化上空徘徊，一些欧美学者不知觉地受这种思想的影响，他们对于本来就不熟悉的中国文化敢于妄下断言，可以理解。但尤其可笑的是，一些留学欧美的中国学人，对于自己民族的文化也无意了解，跟着一些欧美学者的观点跑，而且还自以为是，实在是可悲可叹。这正印证了王阳明的一句诗："抛却自家无尽藏，沿街持钵效贫儿。"（王阳明《咏良知示

[①]《中西哲学比较研究史》上卷，第597—600页。

诸生》四首之一）许著在此问题上义正词严地予以回应与批驳，恰是通过比较哲学的途径，为中国哲学在世界哲学的舞台上争取本来就属于自己的位置，做出了独特的贡献。

三　中西哲学比较的地图及其细节丰富

从比喻的意义上说，许著为我们提供了一幅中西哲学比较的地图，按图索骥，我们大体上能够知道中西哲学比较的基本路向。但作为一本具有拓荒性质的鸿篇巨制，该书也存在一些不足之处，需要后来者加入中西比较哲学研究的行列，以完成其未竟之事业。

其一，由于该书是通史的体例，不可能对众多的哲学家、学者、文学家的中西比较哲学与比较文化的论述做深入系统的研究。因此，接下来的工作就是需要有更多对此领域有兴趣的后来者，选择一些自己感兴趣的大家进行个案研究，深入发掘他们的比较哲学思想，进而丰富该书的论述。

其二，由于时间与个人精力的缘故，许著对于当代中国的比较哲学研究的成绩还没有来得及给予足够的关注，像冯契、萧萐父、张世英、李泽厚、王树人等一批哲学家、学者的比较哲学研究的成果还没有纳入这本著作的视野之中。这一点不能苛求，因为所有人的阅读都是有限度的。

其三，该书对中西哲学比较研究的客观思想史的叙述是极其成功的，但对于哲学比较研究的得失评价工作，略显不足。很多地方只有画龙点睛式的评点，来不及做比较深细的讨论、辨析。这当然与著作的篇幅限度有关，而且也可能与作者的交稿时间有关。

其四，该书的书名是中西哲学比较研究，对中印、中日、中国与伊斯兰等的哲学思想比较研究当然就不可能纳入其中。如果有更多的学者致力于比较哲学与比较文化的研究，则更大范围的中外哲学的比较研究史，将是更为宏伟、壮丽的比较思想史研究的画卷。

其五，从全书的结构来看，如果能用一定的篇幅来对全书做一次总结，对于中西哲学比较的得失从理论上做进一步的提炼性的说明，则全书就真正达到了萧萐父先生提出的"由史出论，史论结合"的理想境界了。

挺立文化自信 探寻会通之基

——许苏民教授论著《中西哲学比较研究史》评析

储昭华[①]

随着全球化的不断深化发展,在西方哲学与文化愈益深刻地影响中国文化的同时,中国文化也开始高视阔步走向西方。伴随着双方之间的碰撞和对话,相互融合会通已是大势所趋。作为这一历史趋势与时代潮流的反映,比较哲学与比较文化研究日益兴盛,俨然已成为当今显学之一。从各种不同角度、层面、不同学科领域所展开的关于中西文化比较研究的论著海量涌现,呈波澜壮阔之势。在这当中,如何寻其根本,从构成整个思想文化之基础与本源的哲学层面,全面、系统地总结中西哲学的比较、对话与会通历程,分析其发展规律、理论经验与教训,以促进中国哲学与中国文化的世界化,为中西文化的会通找到理论根基,并提供方法论上的指导,无疑是一个既重要也迫切的理论课题。很多学者都意识到这一任务的意义。但要破解这一巨大的难题,不仅需要进行艰辛的资料收集和缜密辨析,需有深厚的中西哲学学养,更需要理论勇气与卓识。所以,虽然人们一直在翘首以盼,但真正突破性的成果却总只是在人们的期待之中。

应该正是基于对这一历史趋势的深刻认识和一个杰出学者所特有的强烈的使命感与问题意识,许苏民教授在借鉴、汲取前人既有成果的基

[①] 储昭华,武汉大学哲学学院教授。

础上，积多年心血与慧识，推出了其百余万言的《中西哲学比较研究史》一书（许苏民：《中西哲学比较研究史》，上下卷，南京大学出版社2014年版）。该书的问世，在很大程度上成功破解了上述理论难题，正如有关鉴定专家所高度评价的那样，该成果"填补了国内外学术界至今未有一本涵盖中西、跨越400年中西哲学比较研究史的空白"。对这一主题而言，该著作无疑具有里程碑的意义，值得有志于此的学界同道们认真研读、评析和借鉴。

一

因见识与时间所限，难以在此短文内，尽举该著的诸多成就和创获，只能就个人研读该著的突出印象与感触，谈点浅见。

首先，该著无疑是迄今为止关于中西哲学比较研究历程的最系统全面的全景式描述、总结，相信这是每一位读者研读之后都会得出的最鲜明的印象。该著时间上纵览400余年，分上、下两卷，分别从中学西渐与西学中渐两个向度，全面展示了从1600年直到当今中西哲学的比较、对话与融通的整个历程，其视野之广阔、辨析之精深、资料之宏富令人叹为观止，使得该著不仅卓然超出类似的论著，也显著超越作者此前的类似专著，真正成为关于这一主题研究的集大成者。今后相当长的一段时间内，无论谁从事这一方面的研究，该著都注定是必经之"重镇"，必攀之高峰。而对于有志超越者来说，则该著既是一个丰富的宝库，也是一个不得不面对的巨大挑战。

其次，集中对中西哲学比较研究史及其发展规律、理论教训进行总结剖析。这在关于鸦片战争之后以至现代的中西哲学比较研究历程的考察中体现得尤为突出。

从17世纪到现代的中西文化的比较、交流与会通，经历了一个内容不断拓展也不断深化的演进过程。无论是就中国文化与哲学对西方的影响而言，还是西方文化与哲学向中土的输入和影响来说，不仅在不同的历史时期，其主题与方式迥然不同，而且在同一时期，也有着各种不同的路径和方式，其内容极其丰富多样，呈现出复杂的形态。大体来说，前期以宗教、政治、伦理、科学、文化习俗等为重，与哲学有关的主要是"天"、"理"与上帝概念的比较问题，西学的方法论问题、人性论、政治哲学与道德哲学等问题。所以，直到很晚时期，所谓"中西"实际上指的是文化概念，被统称为中学与西学。到鸦片战争之后，随着西方文化的更大规模的传入和中国人开始走出去、睁开眼睛看世界，中西比较的内容在急剧拓展的同时，更显著深化，西方哲学的一些核心理念和内容才开始为思想家们所认识和译介。因此，关于中西文化与哲学比较的资料既丰富又芜杂，其中关于中西宗教、政治、社会习俗异同之比较往往居多。真正属于中西哲学比较的资料深藏于不同层次、不同领域的浩瀚文献海洋之中，既难以收集齐全，更难以辨析、疏理，从中总结出逻辑脉络。大概也正由于此，关于中西比较史的考察研究以宽泛的文化比较为多。关于各个学科或领域的比较也往往是内容广度有余，集中不足。关于中西哲学比较研究历程的总结之难尤为突出。

许著在借鉴前人既有成果基础上，从浩繁的史料中认真进行分疏、辨析，探赜索隐，针对不同时期各个哲学家所探索的主题集中对中西哲学比较研究的发展演进历程及其规律进行了深入系统的发掘、总结。关于西方哲学对明清之际中国哲学的影响问题，该著着重就这一时期哲学家们关于"天"与上帝概念的比较，对西学方法论、人性论与历史哲学等的借鉴来加以总结、评析。而针对鸦片战争之后西方哲学传入与影响显著深化的思想实际，许著则将研究的重心进一步集中于对中西哲学本体论、认识论等哲学核心问题的比较考察上。从严复关于老子"玄"的概念与西方哲学"是"（to be）的互释，到王国维关于中国哲学中"理"的概念的本体论、认识论含义的阐发，该著以此为契机，认真探究发掘出中国哲学本身所固有且渊远流长的本体论、认识论与逻辑学传统。这不仅从历史角度、以充分的理据对中国究竟有无哲学、中国哲学的合法性问题给出了更令人信服的回答，更为中国哲学走向世界，与西方哲学进行有效对话与融通找到了更深层的理论基础。

最后，通过对400多年中西哲学比较研究历程的回顾、总结和反思，更充分地揭示出比较研究的意义，为中国哲学与中国文化的未来发展指明了前行的方向。

究竟为什么要对中西哲学进行对比考察？中西哲学家们既有各自具体的目的，更有普遍的共通的旨向，那就是借他山之石以攻玉，以另一种传统为镜鉴，更好地认识自身，发掘其中的意义，促进自身传统的创造性转化。对于中国哲人来说，这一意向更为强烈而鲜明，即如作者所总结的那样，"通过中西哲学比较研究建立其文化自信"、"寻找传统哲学和文化与现代化的历史接合点"，进而"通过比较哲学研究而自创新说"。这也正是作者对如此浩繁的中西比较哲学研究史进行系统全面的回顾、总结的深层用意所在。该著不仅始终以此为宗旨阐释、解析哲学家关于中西哲学的比较研究及其演进规律，更自觉地按照这一准则发掘、评判其中各种思想的意义与局限。

中国哲学不仅有着与西方同样悠久的历史传统，而且其理论构成中不只是道德哲学、历史哲学，也同样包含着自己的本体论、认识论、逻辑学等各个层面的内容。与西方哲学相比，中国哲学非但毫不逊色，其精华反而有助于克服英美经验论与德国唯心论两大价值体系的弊端，从而有助于重建更为健全的现代理性。这是许著着力发掘的一个重要主题，也是其大力弘扬的一个核心理念，意在为中国哲学的合法性辩护，为中国哲学争得其应有的平等地位，由此更充分地确定起中国哲学与文化的自尊、自信与自强，为中国哲学以平等的主体地位参与包括西方哲学在内的各民族哲学的积极的对话，进而为整个中国文化真正走向现代化、真正融入世界奠定深层基础。

但还不止于此。对许著来说，之所以如此殚思竭虑地总结中西哲学的比较交流历程及其内在规律，最终旨向在于为中西哲学的真正会通辨明方向，探索切实可行的路径。王国维当年提出的"可爱者不可信，可信者不可爱"的困惑，其实正是整个人类所一直面临的真、善、美各自包含的内在矛盾及相互之间的矛盾的集中体现。许著认为，中西哲学比较历程的发展，为我们破解这一根本矛盾提供了深刻的启示，那就是"必须以中国哲学的'尊生齐物'之旨为最高原则，融会赫尔德所说的人类在追求人道的历程中所创造的一切合乎人性、适乎人情、体现着人与人之间善意、同情和挚爱的思想成果，扬弃自康德以来英美经验论与大陆理性派在价值观上的根本对立,来建构反映时代精神之精华的现代人文精神哲学体系"[①]。这一宏大抱负和远见卓识更充分地凸显出其比较哲学研究的深远意义,同时也证明,成功的比较哲学研究,必然会对整个哲学的发展具有重要的启示指导意义。

二

关于任何问题的探索都总是一个永无止境的不断超越的过程,更何况是关于中西哲学比较、会通这样一个如此博大而复杂的主题的探索事业。相信在不久的将来,许著将以修订再版的方式展开新的自我超越历程,届时,如果对下述问题适当考虑,是否会使之更臻完善?

其一,在近现代中西哲学与文化比较过程中,有一个相当普遍的现象,那就是随着潮流的转换,很多思想家往往前后期思想有很大的变化,甚至发生根本的转变,前后期简直判若两人。在这方面,最典型的莫过于严复,梁启超亦以多变而著称。或曰,这种变化主要体现在政治、文化立场等方面,对于纯粹哲学思想来说,这一问题并不突出,而具有相当的恒定性。但也不尽然。的确,在关于本体论等哲学的核心主题上,变化并不明显。但在政治哲学、道德哲学等层面的转变,则可谓显著。既然近代以前中西哲学比较的哲学概念中,伦理学、政治哲学等被归为哲学应有之义,则近现代这方面思想的变化便不宜过分被淡化。如果基本撇开其思想的变化历程,那么关于这一时期某些哲学家的中西哲学比较研究的考察,便只有共时性的维度,而缺失了本应有的历时性维度。因此,对其思想实质及其得失的总结评价就难免有失全面。更值得注意的是,这种前后期的巨大变化不是偶然的个案,而具有相当的普遍性。它提示我们,其背后是否应该有着某种内在的原因,值得我们认真总结分析?就严复来说,其前期由比较而激发出对中国传统价值体系的批判,后期回归中国传统,则也是源于比较;同样,梁启超思想的频

---

① 许苏民:《中西哲学比较研究史》,南京大学出版社2014年版,第655页。

繁转变，固然受到当时中国政治形势复杂多变的影响，同时是否也与其比较方法上的缺陷有关？其中是否可能蕴含着某些理论教训，值得我们深入反思和吸取？

其二，在近现代特别是现代中西文化的比较与交流历程中，有一个重要的中介、转换角色的存在与重要影响不容忽视，那就是东邻日本及所谓东学。其地位与作用问题不能不予以应有的重视。

众所周知，现代汉语中的很多名词都是由日本转介过来，并最终确定下来，融入现代汉语之中的。在这当中，当然也包括哲学领域。现代汉语中的"哲学"一词，虽源于西方，却是由日本转译过来的。而"Logic"一词，严复译为"名学"，最终是日本人的"逻辑学"译法反成为定名。诸如此类，还有很多。而语言乃是思想的载体。语词的转译绝不只是单纯的语法修辞问题，其背后必然蕴含着特定的阐释和价值取向。如果说，本体论与逻辑学具有较强的普遍共通性的话，那么，关于政治哲学、伦理学等价值领域的转译，就更多地既蕴含着先行译介者的特有阐释，又汇入了再次转译者的新的阐发和转化意向，因而是双重解释和转化的结果——其中可能有进一步的发展，也可能隐含着某种误读和扭曲。正如桑兵教授所指出的那样："通过东学引进西学，进而建立新学，是近代中国人在以观念和知识转型为中心的精神世界变化进程中所走过的一段重要路径。"在这方面，梁启超的比较哲学研究尤其具有代表性。在此过程中，梁启超既通过明治日本思想界的大量成果吸收西方近代精神，又受明治日本思想界对于西方思想的选择与接受样式的显著影响，当然还有基于中国文化和个人学识的再选择与再创造。许著对此虽有关注和论及，但如果有更具体的梳理和交代，可能有助于读者对某些问题获得更清晰的认识。

其三，许著在每一节之首，都对每位哲学家的比较哲学研究的成就、理论贡献特别是创新、发展之处，以及其局限性乃至失误之处有着非常确当而精辟的总结与评析，使读者可以非常直观地对其地位与影响获得准确而简明的认识。在每一章的开篇，也对该时期比较研究发展的基本线索、特征与突破有相当全面的概述。但稍嫌遗憾的是，在整个著作结束之处，即对跨越400多年的中西哲学比较、对话与会通历程做了如此系统、全面的总结之后，却戛然而止，最终却未能有对整个历程的整体性总结和反思，以及本可在此基础上所展开的关于中国哲学未来发展与中西哲学会通趋势的整体的前瞻性思考，似乎不仅有让读者不够尽兴之遗憾，也因此让这一巨著的更深层的重要意义未能更充分地彰显出来。

还有某些具体内容，可否考虑在再版中有所补充？如在现代中国哲学家中，马一浮等也似应予以应有的重视。如能加以补充，是否可以使整个图景更臻全面完整？除此之外，虽然整个论著校对堪称精细，但似还有个别不当或错误之处，如许著第614页的标题"一、中学西渐的历史分期"中的"中学西渐"，似应为"西学中渐（或东渐）"之误等，再版时宜注意予以订正。

"心性之学"与中西哲学比较的新探索
——简评《中西哲学比较研究史》对现代新儒学的研究

刘乐恒[①]

许苏民教授积数十年的学养与功力,主编并出版了《中西哲学比较研究史》上下两册,上卷综述中国哲学对于近代西方(特别是近代欧洲)哲学与汉学的影响;下卷则由西返中,呈现出中国近代以来的哲学史实际上是一部中西哲学的比较互动史。此书可谓皇皇巨制——内容波澜壮阔,观点公平不偏,选材丰富用心,文献翔实有据,评论中肯到位。笔者认为,此书不仅可作大部头的工具书、检索书、史料书、哲学史来读,而且还蕴含着对中国哲学、世界哲学未来发展方向的思考、预见、期待。因此,除了"史学"的维度之外,我们还应看出此书所蕴含的"哲学"的维度。

对于这两册分量厚重的著作,我们可以从不同的角度进行精读、研探、思考、辨析、评价。而就笔者来说,则侧重于对现代新儒学的研究,现代新儒学在中国现代哲学中有重要的思想位置,值得重视。[②] 同时,现代新儒家将"心性之学"视作中国哲学区别于西方哲学最明显

[①] 刘乐恒,武汉大学哲学学院副教授。

[②] 关于现代新儒学的代表人物,当代学界有不同的界定。根据笔者拙见,现代新儒学可以区分为三系,即心性—思辨系,以熊十力、牟宗三为代表;心性—人文系,以马一浮、唐君毅为代表;政治—思想系,以梁漱溟、徐复观为代表。参见刘乐恒《马一浮六艺论新诠》,上海古籍出版社2015年版,第328—334页。

的特质,并进而将"心性之学"视作中国哲学的核心精神。① 在此基础上,现代新儒家自觉地继承与阐扬这种精神。而《中西哲学比较研究史》下册梳理现代新儒家的部分,也揭出了这一点。例如此书梳理梁漱溟的哲学思想,强调他以"直觉"、"无对"、"向内"为特色的新儒家仁学;梳理熊十力的哲学思想,阐明他的"见体"(即明见心性本体)之学,并且将这一节的题目定为"中国哲学比西人独为知本";梳理唐君毅的哲学思想,论述他通过其"超越心性论"来比较与会通中西哲学;梳理牟宗三的哲学思想,展示他立足"自由无限心"而考察中西哲学,并将这一节的题目定为"不了解心性之学即不了解中国文化";等等。这都能够体现出许苏民教授在梳理和讨论现代新儒家时,颇能抓住重点,明确核心,揭示出现代新儒家主要的问题意识与思想取向就在"心性之学",体现出作者的深厚学识与精准判断。在本文中,笔者围绕此书的相关概述与讨论,做出三方面的简评。

一

许著充分揭示出从梁漱溟、熊十力,到唐君毅、牟宗三,现代新儒学对中国哲学传统中的"心性之学"的理解与把握,经历了一个从不成熟到成熟的过程。

在梳理梁漱溟新儒学思想的一节中,此书系统讨论了梁氏早年以"意欲"为核心的文化哲学,以"直觉"与"理智"的关系为线索的中西文化观,同时还对其晚年以"向内"、"向外"、"有对"、"无对"为基础的东西文化观作出分析。通过上述的梳理、分析、评价,许著肯定了梁氏的中西、东西文化观具有合理的因素,同时也总结了梁漱溟通过西方生命哲学诠释儒家仁学的开创性意义;但同时,此书也客观公允

---

① 由牟宗三、徐复观、唐君毅、张君劢联署的《中国文化与世界》(俗称《新儒家宣言》)说:"此心性之学,最为世之研究中国之学术文化者,所忽略所误解的。而实则此心性之学,正为中国学术思想之核心,亦是中国思想中之所以有天人合德之说之真正理由所在。"参见唐君毅《说中华民族之花果飘零》,台北:三民书局2005年版,第139页。

地对梁氏的这种文化哲学（特别是其早期的文化哲学思想）作出批评。例如，此书在分析梁氏早年通过"意欲"、"生命冲动"来解释儒家的生生思想的时候，未能充分理解到儒家生生哲学作为先验的道德伦理的性质，从而流于比附。又如，此书又指出其早年《东西文化及其哲学》一书将中国文化界定为一种"理智运用直觉"的文化，指出这里面的理智是无私、静观、清醒的，但是全书通篇却又批评理智本身就是计较、算账之事，需要全然否定，从而导致了概念上的混乱。除了"理智"之说外，"直觉"之说也是如此。据此，许著指出梁氏对"理智"与"直觉"的运用之所以造成混乱，是因为他混淆了概念的不同层次与不同指涉。此书指出："直觉是人类在实践中认识世界和在精神体验中把握世界的一种方法，而梁漱溟在讲西洋生活是'直觉运用理性'时，却把直觉等同于生命冲动的意欲，在讲中国人的生活是'理智运用直觉'时，又把直觉等同于伦理情感和道德规范。""梁漱溟对'理智'概念的运用也含混不清，有科学认知意义上的理智，有道德实践意义上的理智，有玄学思辨意义上的理智，梁漱溟在他的'三方生活之真解释'中并没有区分清楚。"[1] 这种分析无疑是客观准确的，由此也体现出梁氏早期运用概念的不成熟，缺乏基本的概念明晰性，而这同时也体现出他未能对于"心性"、"仁体"有更为深入合理的体认与理解。正如马一浮所批评的，"梁漱溟先生以向前、向后、调和三种态度分别东西文化，不过安排形迹，非根本之谈"[2]。

相对于梁漱溟，熊十力在哲学与心性之学的体认上，要较梁漱溟深入系统。熊氏明确地将"本心"、"本体"视作哲学、天地、人生的大本大源，认为哲学要达至"明心"、"见体"方是真正的哲学。凭着他对于佛教唯识学的精密训练，对于心性之维的深切体知，对于中西哲学对比的敏感，熊十力展开了他对西方哲学的批判，以及对中国哲学中的心性本体之学的弘扬。把握熊氏哲学的精神与核心之后，许著便分别从

---

[1] 许苏民：《中西哲学比较研究史》下卷，南京大学出版社2014年版，第1002页。
[2] 乌以风辑录：《问学私记》，《马一浮全集》第1册，浙江古籍出版社2013年版，第738页。

三个层面，概述他对西方哲学中的本体论、宇宙论的衡判，对西方哲学中的方法论的正讹，对西方哲学中的人生哲学的匡谬。通过这些梳理与概述，许著指出，熊十力在中西哲学概念的运用上已经趋于合理与精准，避免混乱与比附；许著同时也赞扬了熊氏虽然立足心性之学，批判西方哲学，但熊氏同时亦认识到中国哲学在"析类精确"上之不足，而这不足则理应在借鉴与摄纳西方哲学，以作弥补与促进之功，因此熊十力的哲学思想中又蕴含着开放性。当然，许著也同时指出熊氏对于西方哲学、西方宗教（特别是基督宗教）等学问，尚缺乏深入系统的研究，这一局限阻碍了他通过心性之学会通中西哲学的进一步努力。[1]

梁漱溟、熊十力是第一代新儒家，第二代新儒家最重要的人物则莫过于唐君毅、牟宗三。相对于其前辈，第二代新儒家对于西方哲学的理解，对于哲学概念的界定，皆趋成熟。在这一背景下，唐君毅与牟宗三对"心性之学"作出准确的界说，对中西对比与会通工作也作出系统的推动。许著的相关研究也体现出这一点。比如，在分析唐君毅晚年"心通九境"的哲学系统时，许著充分肯定了唐氏通过心性之维阐述儒家的天德流行境，并概述了这一阐述是通过借鉴、反思、超化德国古典哲学、欧洲理性主义的基础上完成的。因此，唐氏的哲学是一种反思性的理性主义，通过这种反思性的理性之主，他最终证成其独特的"超越心性论"。许著并揭示出，这种超越心性论已经达致情理交融，既"可爱"又"可信"的境界。以超越心性论为基石，唐君毅真正达到会通中西哲学，并超化了以中国哲学比附西方哲学的局限，防止了中国哲学沦为西洋哲学的附庸。[2] 除唐君毅外，许著对牟宗三的心性哲学也作出简要的勾画。此书将牟氏之心性论系统概括为"道德的形上学"。围绕牟氏道德的形上学，许著讨论了牟宗三的三个各自独立而又相互融通的哲学命题：两层存有论、自由无限心、德福一致的圆善之境。许著其后指出："综上所述，牟宗三的中西哲学比较研究具有独特的哲学原创性和浓厚的儒家道德情怀。在时代大潮中，牟宗三在中西哲学比较上更

---

[1] 参见许苏民《中西哲学比较研究史》下卷，第1033、1037页。
[2] 相关论述参见许苏民《中西哲学比较研究史》下卷，第1156—1161页。

为成熟和开放,作出了超过其先辈的贡献。""牟宗三虽然承认中西诸家哲学具有特殊的教相,但更肯认了普遍真理。真理要通过个体生命来表现,又同时为个体生命所限制。中西哲学以普遍性言会通,以特殊性言限制。通过形上道德的自由无限心的辩证发展,由超越分解而辩证综合,从而进至圆善之门。"① 这种评价可谓推崇备至,同时又可概见牟氏心性之论析理精密,时人罕出其右。

综上可见,许著自分析梁漱溟"意欲"、"直觉"之说为始,进而梳理熊十力"明心"、"见体"之论,再至辨明唐君毅"心灵九境"与牟宗三"道德形上学"的心性哲学,可谓逐渐呈现出现代新儒学家对于心性之维的理解与阐发,曾经经历过一个从不成熟、不完备而不断演进至成熟、完备的过程。

二

许著对现代新儒学的研究,其另一殊胜之处,则在于其充分展示出现代新儒家对于心性之学的界定与阐发,是通过借鉴、对比西方哲学各派而实现出来的。因此,现代新儒家对"心性"的思辨史、诠释史,就体现出"中西哲学比较史"的特质。

在讨论梁漱溟的文化哲学时,许著便着重介绍了梁氏对柏格森生命哲学与直觉主义的"引进"与"改造"。书中指出,梁氏早年借助柏格森"生命冲动"之说,以论儒家的"生生之德",此事不免流于比附。另外,许著重点辨析梁漱溟对柏氏直觉主义的改造之事。其云:在《东西文化及其哲学》一书中,引进和改造柏格森的直觉主义是梁漱溟形成其儒化生命哲学的关键环节。"但是,——与柏格森不同——梁漱溟又用儒家思想巧妙地改造了柏格森的直觉概念,使之不再是超道德的、艺术的、宗教的直觉,而成为一种分辨善恶的敏感,即道德的直

---

① 许苏民:《中西哲学比较研究史》下卷,第1176页。

觉。"① 尽管如前文所言，梁氏通过柏格森的生命哲学、直觉主义来界说儒家的仁德、良知，尚有比附之嫌，但其中也蕴含了他在中西哲学比较上的努力、勇气，兼及其中所展示的理趣。许著指出他将柏格森的直觉之说转换与改造成道德的直觉，便揭示出这一点。

在讨论熊十力的"见体"之学时，许著则着重考察了熊十力对柏格森与康德二哲的借鉴、批判与超化。对于柏格森，熊氏显然消除了梁漱溟早期所常有的比附与戏论。许著总结认为，熊氏的"生命哲学"与柏格森有相近之处，但其"生命哲学"强调的是本心、本体的生生之德，此生生之德是本体之空寂与本体之刚健的内在统一，人们要悟得这个境界，就需要通过切实的修证功夫，先要化除习心、习气，然后才能显出本心、本体的空寂与刚健。而柏格森的"生命冲动"之说则尚在习心、习气之中流转不已，而非本心、本体的生生之德。许著的这一概述，呈现出熊十力较之梁漱溟能更进一步，即在深入理解心性之学的基础上，把握儒家生生之德与柏格森生命哲学的同与异。在熊十力对康德哲学的借鉴与评判上，许著则着墨更多。书中展示出熊十力对康德哲学在本体观念、自由意志、道德本质等问题上的观点加以肯定与批判，并指出熊氏之所以肯定康德的这些思想，是因为康德并不像其他的西方哲学家一样，通过理智推求本心、本体；同时，他之所以又要批判康德，则是因为康德被西方的哲学宗教之局限所牵引与限制，此事阻碍了康德进一步体证出本心、本体的真实意蕴。许著于熊十力对康德哲学的肯定与批判的部分，呈现得比较清晰具体；此中，我们约略可见熊氏对后来牟宗三的哲思之深远影响。

唐君毅、牟宗三对西方哲学的吸纳、批评、超化的工作则更为系统深入。两位哲学家在中西哲学的比较与会通上，已经达到了一个新的高度。两人对德国古典哲学都有很深的研探，唐君毅尤倾心于黑格尔，牟宗三多专注于康德。这是学界的共识，毋庸赘言。不过，这里要说的是，许著在梳理上述内容之余，点出了唐、牟同时通过其"超越心性论"或"道德形上学"，对德国古典哲学乃至近代西方哲学做出批判与

---

① 许苏民：《中西哲学比较研究史》下卷，第996—997页。

超越。例如，在论述唐君毅"心通九境"的心性论系统时，许著指出，唐君毅认为康德的依照理性自定规律的道德，如果缺乏情感的滋润，那么它就容易堕入流俗的道德，往而不返。因此，儒家兼容情理的心性之学可谓更胜康德。又如，许著论述牟宗三的道德形上学的时候，总结了牟宗三对海德格尔的批评，指出牟氏认为海德格尔通过现象学的方法研究人的存在（存有）这一做法是不相应的，所以是无本之论，不能体认心性，尚未通至儒家道德形上学的境界。[①] 此书的上述提示，皆能切中肯綮，先立其大，揭示出唐、牟的心性哲学在中西哲学比较上的探索与贡献所在。

三

当然，《中西哲学比较研究史》一书在现代新儒家的研究上，尚有商榷与讨论的空间。不过，这样的两册巨帙，其讨论内容已经横跨数百年中西哲学史，可是撰著者竟然能有条不紊，自如胜任，可见其学养之深厚，识见之宏阔，此则更不待赘言者。至于每一章、每一节选取什么内容，不选取什么内容，从何种角度切入，不从何种角度切入，这应该是见仁见智之事。不过，如果仁智并陈、仁智互见，则或可将相关问题与细节辨析得更为清楚。故笔者不揣冒昧，略陈管见。

首先，许著对于现代新儒家的研究，侧重于论述他们以"心性之学"为基础，作中西对比与会通之事。因此，书中理应对"心性之学"在东西哲学中国的性质、层位、意义，有一个清晰明确的界说，让我们对此有一个大体的理解。同时，现代新儒学诸家对"心性"都有各自的理解与表述。例如，唐君毅是通过道德实践的"当然性"与心境之间的"感通性"两方面以阐发其"超越心性论"的。又如，牟宗三则是通过"道德的形上学"（阐发道德分别通于主观境、客观境、绝对的存在境而进至形上境）以阐发其心性之学的。而唐、牟的前辈熊十

[①] 参见许苏民《中西哲学比较研究史》下卷，第1156、1171页。

力则又有自身的阐发角度与表述方式。如果能够先梳理好中国哲学中的"心性"一维，以及现代新儒学各家对"心性之学"的理解与切入方式，则更能将相关研究引向深入。

其次，在研究的人物与内容上，许苏民教授的大著容有调整的空间。例如，现代新儒家的另外两位重要人物马一浮、徐复观，此书未曾收录。马一浮与熊十力、梁漱溟被称作现代新儒家早期的"三圣"，马一浮对心性之学的揭示与阐明也别具一格，同时他有自己独特的中西哲学观。另外，马一浮与谢无量相互欣赏，交流频繁。许著独辟一节论述谢无量的中西哲学观，似乎对马一浮亦不应遗弃。至于徐复观，他的学术贡献虽然侧重于思想史的领域，而且徐氏也并不同意形而上学的进路，但是他也有独特深入的中西哲学观，许著似可对此做出系统概述。在研究的内容上，许著也有可以再作斟酌之处。这里比较突出的方面是许著对于唐君毅的研究，选取的文本似乎可以更合理一些。例如，代表唐君毅的早、中、晚期哲学思想的著作应该分别是《道德自我之建立》、《文化意识与道德理性》、《生命存在与心灵境界》三书。许著选择了《生命存在与心灵境界》，但没有顾及前两书。这三种著作既展示出唐氏的哲学思想，同时也集中体现出他的中西哲学观。另外，除了德国古典哲学中的康德、黑格尔哲学之外，怀特海的过程哲学也对唐、牟的哲学取向构成深远的影响。上述内容，都是可以再作调整的地方。

最后，许著的个别观点似可再作斟酌。例如，书中对宋明理学的评价不高，而且可能有些绝对。在评述梁漱溟的思想时，著者指出："笔者也认为中国文化比西方文化和印度文化更有人情味，更富于艺术的精神，但却不能像梁漱溟这样来论证，像他这样以宋儒严酷的'天理'和佛教的'归寂'来论证，可能是适得其反。"用"严酷"来形容宋儒的"天理"，显然是不相应的理解。在评述唐君毅思想时，著者亦指出：他以宋明理学为近代思想固然可议，但他推崇以王夫之为代表的明清之际哲学精神则独具慧眼。"唐君毅似乎没有注意到，晚明王夫之已有其新格物论和新致知论，因此，返朱熹之本不如返船山之本。"[①] 从

[①] 许苏民：《中西哲学比较研究史》下卷，第 1002、1147、1154 页。

这些评价中我们约略可见，著者对宋明理学特别是程朱理学采取了否定的态度，同时认为王夫之因为有新格物致知论，所以"返朱熹之本不如返船山之本"。这实际上没有理解到宋明理学侧重于"性理"的层面，它强调了道德的当然性与主体性，这种对道德主体性的强调，是可以与现代性有内在相通之处的，而并不仅仅是对近代性启蒙进程的阻碍。另外，宋明理学强调"性理"，而王夫之的思想则强调"事理"，这可能是两个不同层面的思想取向，以此彼此轩轾，都可能有问题。唐君毅曾经特别强调这一区分。著者如能考察及此，则可能对宋明理学有更为公允的评价。

明清之际中西哲学对话的核心议题、基本成就和主要特点

——读许苏民《中西哲学比较研究史》相关章节的感想和延伸讨论

沈 庭[①]

许苏民先生近著《中西哲学比较研究史》（以下简称"许著"，南京大学出版社2014年版）分上下两卷，洋洋洒洒近130万字，涵盖中西、游泳百家，上卷论述了西方学者的中西哲学比较研究，下卷则讨论了中国学者的中西哲学比较研究，全面描绘了中西方哲学近四百年间理解、会通、融合的历史进程和主要成就。中西方哲学之比较研究一直是当代中国哲学界的热门议题，但以笔者目力所及，我国学界一直缺乏一部将明清之际直至现当代的中西哲学比较研究作一系统的、历史的梳理的哲学史著作，因此许著无疑是该研究领域的里程碑式的著作，为后来者的研究提供了一部含金量极高的参考书。本文将以许著中关于明清之际中西哲学对话的内容为主要参考，论述此一时期中西哲学对话的核心议题、基本成就和主要特点，并将其与此一时期的儒佛对话相比较来探讨中西文化对话中的几点经验和教训。

[①] 沈庭，武汉大学国学院讲师。

一

　　许著的下卷详细梳论了我国的中西哲学比较研究近四百年的历史，许先生将中国比较哲学研究史大致分为三个阶段：（1）从万历年间至乾隆年间；（2）自鸦片战争至辛亥革命；（3）从五四新文化运动到20世纪下半叶。当下正在逐步展开的则是第四阶段。许著下卷分别对这三个阶段的中西哲学比较史作了深入探讨。许苏民先生沿承了著名思想史家侯外庐先生和其业师萧萐父先生的早期启蒙说，因而对明清之际中西比较哲学研究甚是用力，而且论述精详，创见迭出。概而言之，个人认为许著的特点表现在如下几个方面。

　　（一）宏观历史概论与微观个案研讨相结合，以问题为中心展现明清之际中西哲学比较研究的核心议题。就宏观概论层面而言，许著不仅对这一时期中西哲学比较研究的主要内容、成就、特点、失败的原因以及不可调和之处等作了言简意赅的精练总结，而且以思想、著作和人物三个维度对此一时期西方哲学的东渐状况作了全面阐述。思想上，主要围绕"哲学"的译名及哲学在西学中的地位问题展开，"Philosophia"一词的中译和界定反映了此一时期我国学者对哲学以及哲学与自然科学、基督宗教学说的关系等问题的理解。许著将"哲学"的译名分为三大类：1. "格物穷理之学"、"格物穷理之道"、"理科"或"理学"；2. "人学"；3. "爱知学"，并认为1631年李之藻译为"爱知学"，甚至比现在较为通用的"爱智学"更符合哲学之本义。因为"古汉语'知'与'智'通，'智'与'哲'通（《尔雅》释言，训'哲'为'智'）。知识与智慧皆可作狭义的解释，但广义的知识却可包含狭义的知识与智慧二者。古代哲学几乎无所不包，故译哲学为'爱知学'又比译为'爱智（慧）学'更贴近本义"[①]。可见，明清之际的学者已完全精确把握哲学的内涵和真精神了，此期中西哲学比较研究的深度和成

----

① 许苏民：《中西哲学比较研究史》下卷，南京大学出版社2014年版，第661页。

就可见一斑。著作上,许著对此期翻译的西方哲学的主要著作做了概述,其中包括《几何原本》、《崇祯历书》、《西国记法》、《天主实义》、《灵言蠡勺》、《灵魂道体说》、《寰有诠》、《穷理学》、《交友论》、《七克》》等二十多种西学著作,涵盖科学著作、形上学和逻辑学以及伦理学和政治哲学三大类,展现了中国学者接受西学之基本内容。在人物上,许著介绍了此期西方传教士的汉语文献提及的数十位西方哲学家,包括梭伦、毕达哥拉斯、苏格拉底、柏拉图、亚里士多德、奥古斯丁、托马斯·阿奎那等,与此期传译的西方哲学著作相结合,我们大致可以窥探到此期东渐之西学的主要内容,这为理解此期中国学者的中西哲学观提供了一个必要的思想背景。

在个案研究方面,许著论述了徐光启、李之藻、杨廷筠、方以智、黄宗羲、王夫之和戴震的中西哲学比较研究。这些看似独立的个案研究其实都是围绕着三个层面的问题展开[①]:首先是人类共同关注的形上学问题,即"我从何处来,向何处去"的问题,涉及本体论、宇宙观、形神观、生死观等方面。在信仰基督教的学者那里,还包括科学、哲学与信仰的关系问题。其次是关于知识论和逻辑学问题。最后是伦理学问题,实际上也包括人性论和灵魂说等。徐光启关于信仰与科学的统一性论证;李之藻对西方自然科学与逻辑学方法论的引进;黄宗羲关于中国古代上帝信仰以及上帝存在的本体论论证;王夫之对利玛窦的"实有"义、艾儒略的"元质总无变灭"等观点的吸收及其对元气本体论的创发等都是在形上学问题上展现西方科学、哲学对中国学者的深刻影响。在知识论和逻辑学问题上,徐光启将"革"与"故"、"象"与"数"的范畴与西方哲学的现象与本质的范畴相会通;李之藻通过翻译介绍西方哲学著作,对西方认识论的辩证法原理和逻辑学等内容传译;戴震的"察分理"学说、对公理演绎法的推崇和运用等都反映了西学对此期中国哲学认识论的深化和推进。第三个层面则是伦理学方面,许著在个案研究中呈现了此期西学对中国人性论、灵魂学说、理欲观、伦理学等内容的独特贡献,例如黄宗羲对三魂说的认同及主张志士仁人灵魂不灭;

---

① 许苏民:《中西哲学比较研究史》下卷,第615页。

王夫之对基督教哲学关于"人所异于禽兽者非几希"、自由意志为"善恶之原"、人性发展是"涤旧而更新",以及"理卑于人"、"面对死亡而生存"等思想因素的吸取和创新发挥等都可见一斑。总之,无论是总体论述,还是个案研讨,许著关于明清之际中西哲学比较研究一直紧扣着上述三个层面的争论而展开,从哲学问题的角度展现中西哲学的深层互动、理性交融。

(二)充满文化自信,在理解、会通中侧重讨论创新与超越,突出我国学者中西哲学比较的基本成就。许著基本恪守价值中立的现代学术研究态度,对中西双方哲学比较研究作了公允探讨,但也透露出作者的文化自信。许著下卷一开篇便以深情笔调慷慨陈词:"从方以智批评西学'详于质测而拙于言通几',到章太炎认为西方哲学'精思过于吾土,识大则不逮远矣',再到王国维认为西方哲学'可爱者不可信,可信者不可爱',熊十力批评西方哲学之缺少'哲学性'而认定'中国哲学比西人独为知本',侯外庐、萧萐父探寻传统文化与现代化的历史接合点,都反映了中国哲人坚定的文化自信、高远的哲学眼光和超越西哲的宏大气概。"① 其实,许著何尝不是以此种文化自信和宏大气概而立论,在阐述中国学者的中西哲学比较研究时,注重展现中国学者以理解西学而走向中西哲学会通,而又以会通而实现对先儒之学和西学的双相超越。

许著认为明清之际西学东渐刺激和启迪了中国哲学明晰阐发了本有却未充分展开的某些思想因素,推动了中国哲学的创造性发挥,既超越了传统,又在某些观点上超越和修正了西学的不足。许著对此期中国学者的哲学成就和转向有一精彩概括:"一是从偏重'becoming'(生成)走向重在探讨'being'(存在),注重'究论实有';二是从偏重'天人合一'走向明辨'天人之分',强调人道'为人之独';三是从'立一理以穷物'走向'即物以穷理',重视新兴质测之学;四是从权威主义走向承认真理的相对性,主张多元学术史观;五是从主张'天理'至上走向确认'理卑于人',反对'以理杀人';六是从主张'复性

---

① 许苏民:《中西哲学比较研究史》下卷,第 613 页。

论'走向重视人性在实践中的生成和完善,提出'继善成性'、'日生日成'说。"① 这六点精练地总结了此期中西哲学对话的基本成就,展现了明清之际西学东渐对中国文化所产生的积极意义。其实,这也为当今中西哲学的融合和涵化指明了努力的方向。可见,许著既以中西哲学比较研究的历史为研究对象,而其本身又继承和体现了我国历代学者从事中西哲学比较的致思理路,即通过中西哲学比较研究建立文化自信,自觉地寻找传统哲学和文化与现代化的历史接合点,以及通过中西哲学比较研究而自创新说。② 这也是从17世纪初直至现当代中国学者比较哲学研究的一大特点。

(三) 主张明清之际中西哲学对话具有平等、坦诚的特点。许著认为虽然明清之际近两百年时间里,儒家学者就哲学领域的各种问题与基督教教士展开广泛对话和辩论,但"对话是在平等、坦诚的气氛中进行的。面对面对话时是如此,通过著书立说来展开思想论争时也是如此"③。例如利玛窦说宋儒没有主宰之天的观念,李之藻和杨廷筠就引证朱熹的话来予以辨证。对外来文化保持强大的包容性是中华文化的一大特点,佛教传入中国,虽与儒道二家发生过冲突,但融合是主旋律。正是这种"尚和合,求大同"的包容性展现了中华文化海纳百川的宽广胸怀,塑造了"尊生齐物"的多元文化形态。明清之际的西学东渐再次反映出中华文化的包容性特征,体现了中国哲学宽容、尊重外来文化,善于学习外来文化来实现自我创新的伟大气度和智慧。

不过,明清之际的儒耶哲学对话在18世纪遇到巨大挫折,这首先是由于此时的天主教还没有发展出对其他宗教的宽容精神,罗马教廷误解和不尊重中国文化,斥责中国的哲学和宗教是偶像崇拜,严格禁止中国信徒祭祖敬孔,从而引起了中国士大夫阶层的愤怒,导致了"驱逐西士及禁教",使得中西哲学、科学和文化交流中断百年。正如许先生所指出:"那些不尊重中国文化的西方传教士和罗马教廷理应负主要责

---

① 许苏民:《中西哲学比较研究史》下卷,第617页。
② 同上书,第648页。
③ 同上书,第615页。

任。"① 另外，西方天主教教义与正统儒家观念之间也存在着十分尖锐的冲突，例如中国哲学的"天"是否与基督教的"上帝"或"天主"意义相通，帝王和圣人是否可以当作神来崇拜等哲学—神学冲突；反对祭祖等伦理冲突以及反对纳妾等反映出的文化习俗冲突等。那么，明清之际中西文化交流的历史挫折留给我们怎样的经验和教训呢？

二

明清之际中西哲学对话取得了辉煌的成果，但在基督教信仰的干涉下最终遇到了巨大挫折。表面看来，儒耶之间或者说中西文化之间的冲突表现在两个方面：一是礼仪之争，反映了伦理、政治、礼俗等层面的冲突；二是哲学之争，反映了儒耶在哲学层面的不可调和性。但本质上却是基督教信仰与儒家观念之争。此期传来之西方哲学还没有摆脱作为基督教神学的"婢女"地位，科学、哲学所体现的"真理"最重要的是服从于超越理性的宗教信仰，"真"是如此，遑论"善"、"美"？其实，任何异质文化在核心层面，在信仰的内核方面是无法实现彻底的会通和融合的，很难想象基督教徒承认自己信奉的"上帝"是穆斯林信仰的"安拉"，也无法想象儒家将"天"完全等同于基督教的"天主"。然而核心层面的冲突又往往制约着伦理层面的交流和合作，18世纪的罗马教廷不尊重中国文化，坚持自己信仰的纯洁性，强调基督教信仰与中国文化的差异性，最终导致著名的"礼仪之争"。既然明清之际中西方信仰的冲突是导致哲学理性对话中断的深层原因，那么，本节我们想以史为鉴延伸探讨中西宗教（信仰）对话的可能途径。

我们认为明清之际的儒耶之争给我们一个重要教训：在中西文化交流中，应当尊重彼此在核心层面的差异性而不进行牵强附会的比附，并且避免信仰或哲学理念之差异性妨碍伦理层面的交流合作，而是应当致力于通过不同民族在伦理、社会之层面的合作而走向彼此在信仰层面的

---

① 许苏民：《中西哲学比较研究史》下卷，第618页。

理解和尊重。如果说儒耶"礼仪之争"是个反面例子的话，那么明清之际的儒佛对话则是一个较为成功的案例。

明清之际的儒佛对话在严格区分儒释之界限的基础上进行着儒佛圆融、孔释一致的会通。无论是儒者还是佛弟子都对儒释二家在本体论、心性论、性情论、体用论、功夫论等方面的差异有着深切的认知。例如智旭通过分辨儒释道三家的"尊德性"之学，指出："然如此问学，各尊其所谓德性，故儒成人间之圣，与天地参；老成天道之圣，为万化母；乃至藏通成三乘之圣，永超生死；别教成圆满报身之圣，永超方便；圆教成清净法身之圣，方为真能尽性，是归宗永异。"这就指明了三教虽都讲"尊德性"，但在终极追求上存在着"归宗永异"的不可调和性。

但是，此一时期借佛解儒或以儒解佛的儒佛会通的思潮却更为盛行。云栖曾批判佛教的儒家分为三类："儒者辟佛，有迹相似而实不同者，不可概论也。儒有三：诚实之儒，有偏僻之儒，有超脱之儒。诚实儒者，于佛原无恶心，但其学以纲常伦理为主，所务在于格至诚正修齐治平，是世间正道也，即佛谈出世法自不相合，不相合势必争，争则或至于谤者，无怪其然也，伊川、晦庵之类是也。偏僻儒者，禀狂高之性，主先入之言，逞诡谬之谈，穷毁极诋，而不知其为非，张无尽（张商英）所谓'闻佛似寇仇，见僧如蛇蝎'者是也。超脱儒者，识精而理明，不惟不辟，而且深信，不惟深信，而且力行，是之谓真儒也。虽然又有游戏法门，而实无归敬，外为归敬而中怀异心者，非真儒也。"[1] 除去伪儒不论，这实际上点明了儒佛对话的几个层次和形态：一是诚实儒者，在纲常伦理、修齐治平等世间法层面融合儒佛，但在出世间法上保持对立；二是偏僻儒者，对佛教采取完全敌对的态度；三是超脱儒者，也即云栖眼中的"真儒"，完全信行佛法。当然，云栖推崇"儒佛和会"，主张"儒与佛不相病而相资"[2]，儒佛"不当两相非，而

---

[1] 云栖：《竹窗三笔儒者辟佛》。
[2] 云栖：《竹窗二笔儒佛交非》。

当交相赞",① 并提出"为儒者不可毁佛，为佛者独可毁儒乎?"②

那么，如何实现儒佛的会通呢？在蕅益智旭看来，二者的会通有个递进的层次，他曾引用惺谷寿禅师的话说："为门外人说同，否则以为异端；为入门人说别，否则安于旧习；为升堂人说亦同亦别，以其见理未谛，须与微细剖析，令知同中有异，异中有同，为入室人说非同非别，粗言细语，皆第一义，又何儒释可论?"③ 首先，以儒佛相同而接引门外人，避免被儒家视为异端；入门后再谈差别；等到对二家的理论有了一定的了解，便讲"同中有异，异中有同"；到最后达到觉悟的境界，破除了一切分别、对待，自然也就没有儒佛之分的说法了。这实际上也为融会儒佛指明了方法。

可见，在佛教看来，儒佛之融会至少存在两个层面：一是世间法，即伦理纲常、建设良序社会、净化世间等层面；二是出世间法的层面，儒也好，佛也罢，都属于妄想分别、执着，在佛教真如法面前，一切分别皆是虚妄，因而在"无我性空"层面儒佛本来便"无分别"。而世间法与出世间法又是圆融不二的，因此，这两个层面又可以相互融通起来。

所以儒佛中国式宗教对话的一个重要经验便是：在世间法的层面实现宗教兼容，通过强调改革人心、净化社会风气、维护社会秩序、建设人间净土的实践来实现多种宗教、文化和谐并存，也即在解决现世的共同难题上达成一致，进而走向信仰的宽容和理解。这既是明清之际儒耶对话的历史教训，也是儒佛对话的历史经验和现代启示。

---

① 云栖：《竹窗二笔儒佛交非》。
② 云栖：《竹窗二笔儒童菩萨》。
③ 智旭：《性学开蒙答问》。

会通中西、契真融美

——读许苏民《中西哲学比较研究史》

黄燕强[①]

萧萐父先生曾将其治学方法概括为:"史论结合,中西对比,古今贯通。"这是说,历史不纯粹是过去的影像,历史研究要注重史料的解释及其思想意识的延续,从中西文化与哲学的比较研究中,贯通古今而概括出系统的、科学的理论知识,以回应当前的时代问题与时代精神。早期的中国哲学史著作就是从中西哲学比较开始的,故非纯粹的考古之作,而是带着某种主张或意见来叙述中国古代哲学。如金岳霖说:"现在的中国人免不了时代与西学的影响,就是善于考古的人,把古人的思想重写出来,自以为是述而不作,其结果恐怕仍不免是一种翻译。"[②]即便如冯友兰那样,怀抱同情与理解的本心,运用实证与求是的方法,所写成的也不过是"在中国的哲学史",仍免不了现代性意识与时代性精神的介入,很难说是纯粹客观的考古之作,而是通过"以西释中"或"以中释西"的比较研究,来实现古今中西哲学之会通。[③]

---

① 黄燕强,中南财经政法大学历史文化学院讲师。
② 金岳霖:《冯友兰〈中国哲学史〉审查报告》,冯友兰:《中国哲学史》"附录",中华书局1961年版,第5—6页。
③ 胡适说,他写《中国哲学史大纲》就"以为我们若想贯通整理中国哲学史的史料,不可不借用别系的哲学,作一种解释演述的工具"(胡适:《中国古代哲学史》,《胡适文集》,第6册,北京大学出版社1998年版,第182页)。他也说过:"我们当前比较特殊的问题是:

许苏民的新作《中西哲学比较研究史》也是如此，运用"史论结合、中西对比"的方法来达至"古今贯通"的目的，故虽为考古，其实证今。该书采取平行研究与影响研究相结合的方法，考察16—20世纪中西哲学比较研究史，以翔实的史料展示了中学西渐与西学东渐交汇激荡的广阔历史画卷。作者的撰述宗旨，正如其《自序》所提示，一是回应"中国哲学合法性"问题，二是肯定人类心灵的普同性和哲学思维方式的普同性而观中西哲学之会通，三是深入探讨人类追求的三大价值——真、善、美——各自包含的内在矛盾和三者之间的矛盾，尝试解决"可信"与"可爱"这一自20世纪初以来困扰人类心灵最大的哲学难题，由此建构反映时代精神之精华的现代人文精神哲学体系。①这些问题既是历史性的，又具有当代价值。作者曾表示："任何一门人文学科，既然有其为时代所规定之特色，必然会以为社会存在所决定的社会心理和时代精神作为自己的直接来源。"②他希望通过历史的考察来解答时代所面对的哲学难题与精神困境。本文即在评述作者的思考及其予以我们的启示。

一　历史的回应：关于"中国哲学合法性"问题

"哲学"是外来词，还是本土语？中国传统学术有无哲学？"中国哲学"的概念与内涵在何种意义上能够得到充分理据的说明？又在何

我们在哪里能找到可以有机地联系现代欧美思想体系的合适的基础，使我们能在新旧文化内在调和的新的基础上建立我们自己的科学和哲学？这就不只是介绍几本学校用的逻辑教科书的事情。"（胡适：《先秦名学史》，《胡适文集》，第6册，北京大学出版社1998年版，第6页）冯友兰抱有相同的观念，他说："所谓中国哲学者，即中国之某种学问或某种学问之某部分之可以西洋所谓哲学名之者也。所谓中国哲学家者，即中国某种学者可以西洋所谓哲学家名之者也。"（冯友兰：《中国哲学史》，上册，《三松堂全集》，第2卷，河南人民出版社2001年版，第249页）又说："今欲讲中国哲学史，其主要工作之一，即就中国历史上各种学问中，将其可以西洋所谓哲学名之者，选出而叙述之。"（冯友兰：《新理学》，《三松堂全集》，第4卷，第6页）可见，"以西释中"是胡适、冯友兰治中国哲学的基本方法。

① 许苏民：《中西哲学比较研究史·自序》，南京大学出版社2014年版，第1—7页。
② 许苏民：《中西哲学比较研究史》，第10页。

种程度上与西方哲学相同或相异？人们应该如何认识哲学的普遍性与特殊性之关系？这些问题的追寻，或使学者从共性与个性辩证统一来肯定中国哲学的存在，或使学者据西方哲学传统与实质来否定中国哲学的存在。自 1903 年王国维发表《哲学辨惑》，反驳那些质疑"哲学"的声音而确认哲学为中国本有之学，到 2003 年"中国哲学合法性问题"、2004 年"中国哲学学科建设问题"分别被评为当年学术界的十大理论热点，围绕"中国哲学合法性"的论辩持续了整整一百年。

相对于"中国没有哲学，只有思想"的宣称，许苏民认为那是一种"严重的歧视和偏见"。[①] 根据人类心灵之普同性的普遍主义原理，他赞成柏拉图"哲学是人的本质"的观点，哲学追求最神圣、最崇高、最纯粹的真善美，而哲学的真正基础在人的自然性的力量之中，[②] 求真、求善、求美是人类共同的本性。因"自由和自觉乃是人的类本质"[③]，作为自在自为的灵魂，"中国人所追求的对于'道'的认识，同样具有'爱智'的意义"[④]。故许先生指出，中国哲学的"道体"是一种自在的、普遍的存在，是自由思考的产物，也是自由人格的呈现。[⑤] 在不同哲学流派的不同语境中，"道"既指超越而内在的宇宙本体，又代表道德主体的终极价值，也包含求知的认识方法，属于真善美的统一体。中国古代关于"道"的形而上学就是普遍哲学的一种特殊形式，其中并不缺乏本体论和认识论的内容，也不缺少富于思辨性的哲学体系，完全可与西方哲学相媲美。那些轻视中国哲人的理论创造、否认中国哲学"合法性"的荒诞论调，乃是不能深通中国哲学、不懂中

---

① 许苏民：《中西哲学比较研究史·自序》，第 1 页。
② 沃尔夫语，见许苏民《中西哲学比较研究史》，第 62 页。沃尔夫用"人类理性的自然性"说，叙述了中国哲学追求真善美的特点，详见该书"'悟出中国人处世治国的隐深莫测的哲学基础'——沃尔夫的中西比较研究"，第 158—173 页。
③ 许苏民：《中西哲学比较研究史》，第 73 页。类似话语还有："自由乃是人之所以为人的本质。""人性是对真善美的自觉追求。""自由是人的本质，人的自由乃本体固有之内涵……发自天性的自由是人的本质，是人之存在的本真状态，亦是人应该追求的理想，是价值的源泉与目的。"（许苏民：《中西哲学比较研究史》，第 727、799、1033—1034 页）这些言论或为诠释研究对象之思想，然许先生所见当应如此。
④ 许苏民：《中西哲学比较研究史》，第 83 页。
⑤ 同上书，第 305 页。

西哲学比较研究史而来的谬说罢了。

通过考察近四百年中西哲学比较研究史，许苏民指出，"哲学为中国固有之学"本是一个不证自明的命题，虽有人提出质疑，但中西哲学比较研究就是在不断回应对中国哲学合法性的质疑中前进的。许先生将西方哲人的回应归纳为三条带有规律性的现象：

第一，从特定的哲学观出发所作的论证。如利玛窦以其亚里士多德式的、基督教经院哲学式的哲学观，肯定中西哲人皆有追寻"物之原"的兴趣，肯定孟子的性善论合乎西方哲学推究善恶之源的思考方法。莱布尼茨、伏尔泰是自然神论者，他们也视中国哲学为自然神论。沃尔夫把哲学分为理论哲学和实践哲学，与此相应，他的著名的中国哲学讲演的题目就叫"中国的实践哲学"。孟德斯鸠赞成普鲁塔克的哲学观——古代哲学是治国的学问，他所看到的中国哲学也是治理国家的学问。狄德罗的哲学观是思辨的，也是实践的，故他赞扬宋明理学具有高度的思辨性，又肯定中国哲人把善意与道德的科学放在一切科学的第一位。还有斯宾格勒、杜威、郝大维、安乐哲等都根据自己心目中的哲学观来论述中国哲学，在此不再一一列举。[1]

第二，从中西思想和学派的相似性所作的论证。如利玛窦、勒孔德、伏尔泰、孟德斯鸠等以儒家比斯多葛派，维科以孔子比梭伦，勒瓦耶、康德等说孔子是中国的苏格拉底，培尔从儒学中发现了"德谟克利特和伊壁鸠鲁的真理"和"亚里士多德的格言"。关于老子和道家，除了雷慕沙将其比作毕达哥拉斯和柏拉图学派外，余者几乎都将其比作伊壁鸠鲁学派。19世纪中叶以后，又产生了诸如"荀子是中国的亚里士多德"或"荀子是中国的霍布斯"、"朱熹为中国的托马斯·阿奎那"或"朱熹为中国的黑格尔"等种种说法。正如许先生说的，无论这些说法中有多少合理因素，也无论这些说法在某些方面多么经不起严格的学理推敲，但至少说明西方哲人肯定中国有哲学，且与西方哲学存在某些可比性。[2]

---

[1] 许苏民：《中西哲学比较研究史》，第19—23页。

[2] 同上书，第23页。

第三，中国哲学内在精神的探究。近四百年西方哲人对中国哲学的认识，是一个由片面到全面、由贫乏到丰富、由肤浅到深刻的逐步推移的过程。许先生将此概括为：一是充满着对于中国哲学之实践品格的持续强调与反复申述，二是一个从注意到中国哲学之思辨性的微妙到确认中国哲学的辩证逻辑之博大精深的发展过程，三是对中国哲学认识论之探究逐步深化的过程，四是对中国哲学的审美特质的认识逐渐清晰的过程，五是对中国哲学中具有永久合理性和普世性的精华与反映伦理异化之糟粕的认识逐渐清晰的过程，六是从"把握对象自身中的灵魂"的思想高度确认了中国哲学的客观存在和人类哲学思维的普同性。经历了这些认识过程后，现代的西方哲人对中国哲学的理解更为全面、更少偏见和更加重视，更多地主张会通中西哲学而建构世界哲学。[1]

除此之外，许苏民发现，西方学者还从多方面回应了对中国哲学合法性的质疑。如汉语是否有系词"is（是）"，中国文化有无"essence（本质）"的概念，莱布尼茨、霍布斯、约翰·穆勒、李约瑟等就此给予了肯定性的论证。又如狄百瑞回应"中国哲学中没有发展出现代性的因素"时，指出明清之际的中国哲学孕育着现代性因素。李约瑟在回应"中国没有科学"时，指出中国哲学的有机整体的自然宇宙观和辩证逻辑，将对现代科学的发展发挥巨大的促进作用。[2] 凡此等等，雄辩地确证了中国哲学之客观存在的事实。

与西方哲学家相比，中国哲人论证哲学为中国固有之学主要有三种思路，许苏民将其概括为：一者，把哲学看作社会发展到一定历史阶段的产物，以严复、梁启超等人为代表，发雅斯贝尔斯"轴心时代"理论、塔尔科特·帕森斯"哲学的突破"说之先声。二者，把哲学看作普遍人性的产物，是文明人区别于野蛮人的特有的精神素质，以王国维、胡适、冯友兰、贺麟等人为代表。三者，从哲学、哲人的词源，以及哲学的问题和内容的考察，来论定哲学为中国所固有，其代表人物是谢无量、唐君毅等。这些体现着中国哲人的真知灼见，也体现着他们通

---

[1] 许苏民：《中西哲学比较研究史》，第28—35页。
[2] 同上书，第35—44页。

达而大气的论学品格。①

许苏民还叙述了中国哲人如何从三个方面来回应人们对中国哲学"合法性"的质疑。

第一，关于语言学与本体论问题。语言学的质疑主要来自海德格尔、邦文尼斯特、德里达、傅斯年、张东荪、马君武等人，而自严复、王国维、胡适、侯外庐以来一代又一代的中国哲人，从语言与哲学之关系对诸多质疑作了廓清。严复通过对西方哲学语言与中国哲学语言，特别是通过对"to be"或"is"与中文"系"、"悬"、"玄"等字义的精微辨析，说明中国古代哲人同样在以其独特的语言表达方式来回答"to be as to be"（是之所以成其为是）的问题，肯定中国哲学本体论的存在是不言而喻的客观事实。王国维则通过对中国哲学基本范畴"理"的意义变化的考察，说明了中国的"理"字与西方的"Reason"（理）一样，有一个从动词转化为名词、从认识论范畴向本体论范畴演变的过程，从另一个视角有力地廓清了西方学者关于中国没有从动词转化为名词的本体论范畴的臆说。胡适的《先秦名学史》廓清了那种以先秦古文缺少系词"是"来质疑中国哲学有本体论和名学的观点。钱锺书以翔实的史料证明汉语与德语同样富有思辨性，侯外庐则对汉语非哲学语言的观点作了严正的批驳。②

关于有无本体论的质疑，从王国维、谢无量到胡适、冯友兰、金岳霖等，都对中国哲学本体的存在作了有力论证。王国维认为真正的哲学就是形上学，而老子的道论合乎哲学形上学的一些基本条件。谢无量以周敦颐、邵雍为例，由此上溯易教和道家、下及黄宗羲的《太极图讲义》，有力地证明了中国哲学有一个源远流长的"纯正哲学"的传统。胡适以老子的道论与西方哲学的本体论相比，认为二者若合符契。金岳霖以宋儒的"理"与"气"对应亚里士多德的"形式因"与"质料因"，确认"它们是最简单的将逻辑与本体论和形上学联系起来的理

---

① 许苏民：《中西哲学比较研究史》，第628—633页。
② 同上书，第634页。

论"①。另如，贺麟详细分析了朱熹的理与黑格尔的绝对精神之异同，方东美以"价值本体论"与"纯粹本体论"、"动态本体论"与"静态本体论"来区分中西本体论之特点，牟宗三则从"本体界的存有论"与"现象界的存有论"对中西哲学存有论作了比较。在许苏民看来，这些哲人的论述体现了会通中西的卓识和大气，值得今日否定中国哲学的学者好好涵泳和反思。

第二，关于认识论和逻辑学问题。许苏民注意到，经过近现代中国哲人对儒家、墨家、名家之名学的论述后，今人普遍承认中国古代有逻辑学的事实。但中国古代是否有认识论，则仍存在争议。许先生认为，认识论同样是中国固有之学，许多中国哲人对此作了论证。梁启超说，《墨经》的"三表法"与培根的归纳法、王夫之的认识论与康德的认识论，具有同等的理论价值。胡适在《先秦名学史》、《中国哲学里的科学精神与方法》等著述中，多次论述了中国哲学认识论的成就。钱锺书认为，孔颖达《五经正义》区分"假象"与"实象"的观点可与"亚里士多德遗教"相媲美；先秦诸子使用的"因"这个范畴，具有与培根的名言相印证的深刻的认识论意义。②

第三，关于中国哲学有无"形式上的系统"问题。冯友兰曾有"形式上的系统"与"实质上的系统"之辨，许苏民认同中国哲学存在"实质上的系统"之说，但他不赞同中国哲学无"形式上的系统"的观点。他举例证明，中国古代哲学思想在旧籍里并非如"一盘散沙"，而自有其形式上的系统。如陈淳的《北溪字义》、黄宗羲的《宋元学案》和《明儒学案》、戴震的《孟子字义疏证》等，就是有"形式上的系统"的哲学著作。③

综合中西哲人为中国哲学合法性所作的辩护及其在中西哲学比较研究史方面所取得的理论成果，许苏民基本廓清了学术界的质疑与争论，确认了哲学为中国固有之学的客观事实。他还指出，"哲学"一词也是

---

① 许苏民：《中西哲学比较研究史》，第636页。
② 同上书，第637—639页。
③ 同上书，第639—640页。

中国所本有的。他说："在我看来，这一译名（哲学——引者注）好就好在它所体现的是中国精神，好就好在它是近代日本学者在接受西洋文化后仍坚持其来自中国的固有学脉的认祖归宗之举，好就好在我们甚至完全可以不把它看作是西洋名词的翻译，而将其看作是我们本有的。"① 因中国上古典籍的"哲人"概念，即是哲学家，孔子自称"哲人"，又好学而敏于求知，即是哲学家之爱智慧也。故"以哲学为'爱智'，是中西古代哲人的共识"，② 而无论是从"哲学"之名词或其实质看，哲学就是中国固有之学。无论是中国哲学，还是西方哲学，都是人类共同的精神财富，人们必须突破"西方中心论"或"中国文化本位主义"的局限，平等地看待中西哲学之异同而求其会通。

二　观其会通：由比较走向世界哲学

中西哲人在为中国哲学合法性作辩护时，还表达了这样的哲学观，即哲学无定论。就是说，哲学问题或命题的探讨难以获得确定的结论，哲学上的本体论、认识论、逻辑学、伦理学、人生观等，没有固定的内容和形式，不存在绝对的、唯一的答案和标准。这是与科学相对而言的，许苏民就指出："科学在一定时期内是有定论的，而哲学则为绝对自由，百家各有执持，以为真理，故无定论。"③ 当然，科学也包含自由精神，只是科学强调真理是确定的、唯一的，而哲学则允许解释的多样性和价值的多元化。20世纪的中国哲学家便根据"哲学无定论"的观念，来反驳"西方中心论"，来维护中国哲学，来创造新的哲学体系。如前文叙及的熊十力、冯友兰、金岳霖、贺麟等，他们建构的本体论和认识论，无不是与对"哲学无定论"问题的探讨分不开的。④ 正是

---

① 许苏民：《中西哲学比较研究史》，第631页。
② 许苏民：《"爱智"漫议》，《光明日报》1997年4月19日。
③ 许苏民：《中西哲学比较研究史》，第956页。
④ 李维武：《关于"哲学无定论"问题的探讨与陈修斋先生的阐释》，《中国人民大学学报》2011年第3期。

基于"无定论"的哲学观,他们才会肯定中国哲学的合法性,也才会有信心建构其特别的、与众不同的哲学体系。

但"哲学无定论"不等于相对主义,而是包含普遍性与特殊性的辩证关系。这里的"哲学"乃张岱年所谓"总的类称的哲学",即哲学不分国界、不分东西;"无定论"则泛指西方哲学与东方哲学,具体地说是不同国度之哲学,乃至不同流派、不同哲人之哲学,如德国哲学、中国哲学、儒家哲学、庄子哲学等。从哲学的特殊性而言,任何国度的哲学都具有合法性;而从哲学的普遍性看,彼此互异的哲学思想也可能有相通之处,可在超越差异的基础上,寻求各种哲学传统之间的深层对话,实现其融会贯通而创造一种东西方哲学互补的"世界哲学"。这是诸多中西哲人念兹在兹的哲学理想。

然则,普遍哲学或哲学的普遍性如何可能?换言之,不同时代、不同国度、不同种族的哲学是基于何种原理而可相通?许苏民在论述中西哲人会通东西方哲学时,多次叙及人类心灵普同性原理,即陆九渊所云:"东海有圣人出焉,此心同也,此理同也。西海有圣人出焉,此心同也,此理同也。南海北海有圣人出焉,此心同也,此理同也。千百世之上至千百世之下,有圣人出焉,此心此理,亦莫不同也。"[①] 无论时间、空间相隔多么遥远,人类心灵均有相同性,所思考的道理亦相同相通。何以见得"心同理同"呢?因如前述,发自天性的自由是人的本质,人性是对真善美的自觉追求,真善美所对应的哲学形态或许不同,但不同哲学形态所追求的终极价值,必然是真善美。故就心之思的始端与归宿看,都指向纯真、纯善、纯美之理。[②]

许苏民发现,那些致思于会通东西方哲学的学者,大都怀抱"东海西海,心同理同"的人类心灵普同性原理。他说,李明(勒孔德)从人类心灵之普同性的普遍主义原理论证中国哲学之客观存在;[③] 伏尔

[①] 陆九渊撰,钟哲点校:《陆九渊集》卷三十六《年谱》,中华书局1980年版,第483页。

[②] 许苏民对人类心灵普同性的文化心理有专题研究。参见许苏民《中华民族文化心理素质简论》,云南人民出版社1987年版。

[③] 许苏民:《中西哲学比较研究史》,第121—122页。

泰从人类心灵普同性的视角肯定孔子的道德原则的普世性;① 汤因比在人们自以为是本民族文化特点的地方,看到了东西方哲学中的人类心灵的普同性;② 李之藻以"东海西海,心同理同"说为其会通儒耶之学的理论根据;③ 杨廷筠从人类心灵之普同性的观点出发,肯定中学西学之相通是根源于"天命之性,厥赋惟均"的共同人性;④ 章太炎、王国维、钱锺书等都是以"东海西海,心同理同"的古训为其会通中西哲学的深层精神依据。⑤ 有见于此,许先生总结道:"在近四百年的中西哲学比较研究史上,凡是志在会通中西哲学的大学者,都无不讲'东海西海,心同理同'……都明确认为哲学是人性的最高表现。"⑥ 共同的人性本质是东西方哲学能够会通的基础。许先生就是以普遍的人性、人的实践活动和认识活动的多向展开、人的全面发展的"全人哲学"的眼光,来评说中西哲学比较研究的理论成果,来观中西哲学之会通。

会通有两层含义,一是因中西哲学之同而相互沟通融合,二是因中西哲学之异而取长补短,使彼此融通无隔。许苏民纵观近四百年中西哲学比较研究史后指出,哲人们就是在探索东西方哲学之普同性与殊异性的基础上,在确认哲学多元化的前提下,而致思于会通工作的。如开启西方近代中西哲学比较研究先河的利玛窦,他系统地阐明了东西形上学、人性论之异同,且在坚持天主教义的立场下,提出"合儒"的主张。利玛窦之后,中学西传,笛卡尔、培尔、维科等深受中国文化的影响,决心要从中国寻找智慧的亮光。拉莫特·勒瓦耶称孔子为"中国的苏格拉底",李明(勒孔德)则把孔子与古罗马斯多葛派哲学家塞涅卡相比,他们不仅希望通过这种比较来会通中西哲学,也意图借孔子思想、中国哲学来针砭欧洲的社会现实,扫清由宗教崇拜所孕育的迷信、神怪和异教等丑恶现象。莱布尼茨认为中西文化与哲学各有所长,正宜

---

① 许苏民:《中西哲学比较研究史》,第209页。
② 同上书,第531—534页。
③ 同上书,第713—714页。
④ 同上书,第715页。
⑤ 同上书,第919—926、934—943、1198—1206页。
⑥ 同上书,第920页。

"用一盏灯点亮另一盏灯",将"西方女神的美"与"中国人民的善"相结合。沃尔夫和他的老师莱布尼茨一样,非常推崇中国哲学,他曾计划要用西方科学的形式来整理中国的道德和政治思想,使中西哲学之间的一致性更加清晰。约翰·门肯撰写了世界上第一部《中国哲学史》,他认为中国哲学蕴含的广博智慧"对我们的伦理学与政治学百无一害"。

进入18世纪,"孔子成了培育和守护18世纪启蒙运动的圣人",启蒙思想家伏尔泰、狄德罗、霍尔巴赫等,要以中国式的"理性宗教"取代天主教的"启示宗教"。魁奈盛赞"一部《论语》胜过于希腊七圣之语",他从儒家经典看到了中国政治制度的优越性,希望将其移植到法国。卢梭吸取儒家性善论、良知说而讲"反求诸己",又融摄道家的道法自然思想来否定文明论,这是其取中学之长而补西学之短的表现。与此前相比,19世纪德国的哲学家,从康德、赫尔德到费希特,再到黑格尔,他们对中国哲学的评价不高,甚至有不少贬抑与批评之语,但许苏民先生还是从他们的著作中,读出了中国哲学所给予他们的启迪和影响。如康德的"二律背反"说与《易经》、黑格尔的绝对理念与老子有无之道均关系密切。经过两次世界大战后,20世纪的西方哲人对其哲学传统作了深刻的反思,由此认识到"不论东方哲学还是西方哲学都不是'自足的',都不具备全面的、整体的哲学特征",并试图吸取中国哲学关于美和善的思想,而与西方哲学关于真的科学知识相结合,建构真善美相统一的世界哲学体系。

由以上概述可见,一是16—20世纪西方哲人通过比较的方法来会通中西哲学,二是许苏民在叙述西方哲学比较研究史时,特别关注和强调哲人们如何会通中西哲学。许先生对中国哲学比较研究史的叙述,也体现了这两个特点。他将中国哲人会通中西哲学的规律概括为:一者,以唯物主义与唯心主义之区分的观点来看待中西哲学的不同流派,同属唯物论与同属唯心论的中西哲学,便可互相融合或取长补短。这以严复、梁启超、谢无量、冯友兰、贺麟和中国马克思主义者为代表。贺麟就说,这种区分"对于沟通中西文化、融会中西哲学,可提示一个大概的路径"①。二者，从中西哲学家个人或学派思想之相似性来观其会通。如冯友兰、唐君毅将孔子与苏格拉底、荀子与亚里士多德相比，梁启超、谢无量将墨子学说与基督教哲学相比，谢无量、张君劢将孟子的良知说与近世直觉派哲学相比，严复、梁启超、章太炎等将宋代理学与德国古典哲学相比，黄建中将刘宗周与康德相比。三者，还有把中西哲学思想的某一方面对应起来加以比较的，有以某种学说或观点之相似来证明中西哲学思想之相通的，而致思于总结中西哲学发展所共同遵循的规律，更是中国哲人的努力方向。某些哲人则在探索东西哲学之异中，寻求二者之会通。② 许先生发现，中国哲人往往具有智者气象、包容心态，意在经由比较研究而走向世界哲学之路。

许苏民还把中国哲人的中西哲学比较研究概括为三大特点，一是通过中西哲学比较研究而建立文化自信，如方以智说西学"拙于言通几"，章太炎说西方哲学见识不大，这是民族文化自信的表现。二是自觉地寻找传统哲学和文化与现代化的历史接合点，如胡适要"把现代文化的精华与中国自己的精华联结起来"，侯外庐、萧萐父的"早期启蒙说"。三是通过中西哲学比较研究而自创新说，如熊十力的"新唯识论"、冯友兰的"新理学"、贺麟的"新心学"及金岳霖、方东美、唐君毅、牟宗三、张岱年、冯契、萧萐父、杨国荣等，无不通过比较和会通中西哲学，或系统阐发其独创性的哲学见解，或创造出具有鲜明的中国民族特色和他们自己个性特征的新哲学体系。③ 由此，许先生指出："哲学是多元的，哲学亦无定论，但真正的哲学总是体现着时代精神的精华和人类的至性至情。继承和发扬近四百年来中国哲人的优秀传统，以庄严而崇高的时代良心、气魄恢宏的世界意识、科学而严谨的理性态度、独立不移的主体意识以及尊重学术独立价值的理论勇气，……来推进我们的哲学研究事业，以常青的理论之树来推动社会生活的万象更

---

① 贺麟:《中国哲学与西洋哲学》,《哲学与哲学史论文集》, 商务印书馆1990年版, 第130页。
② 此段论述参见许苏民《中西哲学比较研究史》, 第640—648页。
③ 同上书, 第648—655页。

新,是我们伟大的时代、社会和人民赋予哲学研究者的使命。"[1] 他希望国人以多元的、无定论的哲学观,突破"西方中心论"的窠臼,树立民族文化自信心,肯定中国哲学的合法性,在比较研究中创造中西会通的、普遍性的世界哲学体系,从而将人类追求的三大价值——真、善、美,即可爱之学与可信之学统合起来。

三 可爱与可信:追求真善美的统一

20世纪初,王国维提出"可爱者不可信,可信者不可爱"的矛盾问题。根据许苏民的解释,这一矛盾蕴含的意思是:"知识论上的实证论、伦理学上的快乐论、美学上的经验论,不仅在事实真理的层面合乎经验事实,而且在事实与人的关系的价值真理的层面也合乎人们的经验认知,所以'可信';伟大的形而上学、高严的伦理学、纯粹的美学,则不是科学的经验认知所能确证,科学认知和通常的知性逻辑既不能确证永恒、无限、绝对的形上真理,也不能论证伦理学上的'至善',更不能使人'彻悟美的本体',所以'不可信'。前者是人所认识和体验到的有限世界的真实,而一切有限世界的真实都是不完满的,所以虽'可信'而'不可爱';后者则寄托着人类对于超验世界的理想,对于永恒、无限、绝对的追求或终极关怀,可以抚慰经验世界中的痛苦的心灵,所以虽'不可信'但却很'可爱'。前者偏重经验认知和人生体验的'可信',属于广义的'真'的范畴;后者偏重情感上的'可爱',属于广义的'善'和'美'的范畴;因此,'可信'与'可爱'的矛盾,乃是真与善、真与美、美与善的极其错综复杂的内在矛盾的集中反映。"[2] 在许先生看来,这是人类面临的最大的哲学难题,百年来人类所深受的各种惨痛教训,其根源均来自这些矛盾双方所引起的对立与冲突。许先生认为,如今是到了非回答和解决这一问题不可的时候了,他

---

[1] 许苏民:《中西哲学比较研究史》,第655页。
[2] 同上书,第655页。

正是怀抱这样的学术理想来叙述近四百年中西哲学比较研究史的。

因就大体而言,正像许多中西哲人曾指出的那样,中国有着更懂得善意与道德的哲学传统,而西方则以科学知识与实证精神见长。[①] 故可爱与可信及真与善、真与美、善与美的统一,在某种程度上就是前文所述的中西哲学之会通。所以,对于那些反思西方科学之局限性而要取中国道德哲学以补其短的,或认识到中国科学不发达而要输入西方实证精神的,或注意到中国哲学的诗性特征而要取之以补益真与善之学的,许先生都特别地加以论述了。如雅斯贝尔斯面对科学所导致的精神异化时,主张吸取中国、印度哲学的人性论,从根本上重建人性,将人类引向自我完善的路途。诺斯罗普用直觉概念与假设概念来区分中西哲学,前者代表道德之善,后者指向科学之真,两个概念的结合可实现科学与人文、可爱与可信的统一。李约瑟认为,人类要对付科学与技术的潘多拉盒子,就应对科学发现所带来的后果进行伦理的和政治的控制,而中国哲学把人视为生命的最高形式,且立足于人性本善的永恒信念而追求人与自然的和谐,故可与西学相对治。维科、杜威、诺斯罗普等还看到了中国哲学的诗性特质,称扬中国哲学比西方哲学更富有审美特质,而这赋予了中国哲人对于所有人充满同情心和仁爱之情的品格,可以为人类的自由奠定真正可靠的人性基础,故他们要以中国哲学之美与善,来救治西方哲学,尤其是德国古典哲学对人类理性与绝对真理的过分自信。

在中国哲人方面,受天主教教义启示的徐光启认为,科学与信仰不是对立的,而是统一的,人的灵魂具有认识功能、意志功能和审美功能,以真善美为追求对象。方以智讲"质测即藏通几",清楚地展示了科学研究与哲学研究的递进关系,也表达了他要以"通几"之哲学涵融"质测"之科学的意思。王国维虽因可爱与可信的矛盾而苦闷,但在他的思想里,哲学是植根于人性、体现人类对于真善美的理想追求的

[①] 许苏民大概也持这种观点,他曾说:"中国传统文化的核心是道德,更确切地说,是道德伦理至上主义。"(许苏民:《关于"五四"反思的反思》,《天津社会科学》1989 年第 3 期)但许先生是批判这种伦理道德至上主义的文化传统的。

学说,故他对"可爱"之学与"可信"之学的探究,就是在追求真善美。张君劢虽为玄学派代表,但也重视科学精神,他探讨了中国科学不发达的原因,要引近代西方科学而与中国哲学相会通。冯友兰曾说:"新理学的工作,是要经过维也纳学派的经验主义,而重新建立形上学。"① 形上学与经验论的结合,不正是"可爱"与"可信"的统一吗?20世纪中国哲人创造的新哲学本体论,如贺麟的"新心学"、金岳霖的"道论"、冯契的"智慧说"、杨国荣的"具体形上学"等,都体现了将形上学与经验论、可爱与可信相统一的特点。金岳霖要以中国哲学的诗意之美,来化解西方逻辑学、认识论的冷峻特质,而方东美则希望将中国哲学的"艺术之意境"与西方哲学的"科学之理境"相贯通,他们的目的就是建构真善美统一的哲学体系。

　　需要注意的是,中西哲人探究可爱与可信、真善美之统一,隐含着对德国古典哲学的反思。德国古典哲学崇尚实践理性,以所谓"必须的实践需求"为基础,把所有哲学化约为道德哲学,使求真的自然科学与求美的自然哲学成为求善的道德哲学之奴隶。而善与恶、道德与不道德的标准,都根源于国家,国家既然是道德之源,就不受道德的限制,具有绝对的立法、司法和行政的威权,自由、民主的精神被神圣的国家意志所压制。再者,德国唯心主义哲学造成了哲学自信的增强,哲学家自以为洞悉了宇宙的绝对真理,却不晓得其所谓科学之真,不一定导向自然之美和道德之善,也可能导向丑和恶,从而使可爱与可信、真善美等相割裂,甚至对立。针对这些缺陷,杜威、罗素、诺斯罗普、严复、章太炎等从不同侧面进行了批判,许苏民在书中特别作了论述。他在上册的"代结束语"中强调,德国的"警察国家"理论和纳粹思潮源自德国古典唯心主义哲学之崇尚道德义务的绝对性,而作为人性之本质的自由,则受到强力限制。自由意志既不得伸张,又如何能真正地追求真善美呢?因此,许先生对当代中国大学哲学系盲目崇拜德国古典哲学的现象,甚为痛惜。他说王国维最初服膺康德、叔本华、尼采的哲学,经过深入思索与体察后,彻悟到"可爱者不可信,可信者不可爱"

---

① 冯友兰:《新知言》,《三松堂全集》,河南人民出版社2001年版,第202页。

的道理，乃跳脱德国哲学的局限，而今人何以只见其善，竟不能辩证地审视其弊呢！

许苏民还在历史叙述中，表达其对如何解决可爱与可信之矛盾的思考。一者，以中学补益西学。西方可信之学偏向物质化的科学知识，可能造成人类的物化与异化，许先生认为应在现代唯物论的基础上，融合中国哲学注重心性修养与西方哲学注重个体精神之独立性的优长之处，来克服现代社会中的"物化"和"异化"现象。① 申言之，就是把真作为善的前提。"真"指认识世界，包括认识自然规律和社会发展的客观规律；"善"指认识自己，包括认识自身的生理、心理结构和人性发展的内在要求。道德的合理性和正当性必须是合乎人性发展的内在要求的，然其根本则必须合乎自然与社会发展的客观规律。唯有这样，才能扬弃人性异化而建立一个合乎人性与合乎规律的社会，实现认识世界与认识自己的结合，即认知之"真"与道德之"善"的统一。而真与善的统一就是超越功利的、自由自在的审美境界，因在哲学"爱智"的意义上，美的最高境界同时也是真与善的最高境界。故许先生主张，美高于一切，美统真善。②

二者，以西学补益中学。因孔子代表的中国传统道德与善意之学不利于培养大科学家、大艺术家和大演说家等，许先生建议中国哲人汲取西方几何学、逻辑学等，来充实中国哲学的实证精神。③ 他认为，中国文化缺乏知性主体精神，即缺乏纯粹的求知精神、尊重公理和逻辑的精神、分析还原的精神、从实然非从应然出发的精神、学术研究的自由和宽容的精神等，故要向西方学习和借鉴作为科学、民主和现代道德之深层本质的知性主体精神。④

三者，以"仁"统真善美，或说以形上之爱统摄真善美。许先生认为，只有以"仁"——普遍的人类之爱——来统摄可爱与可信的两

---

① 许苏民：《中西哲学比较研究史》，第92页。
② 关于如何解决真善美的内在矛盾的方式。参见许苏民《人文精神论》，湖北人民出版社2000年版，第474—568页。
③ 许苏民：《中西哲学比较研究史》，第272页。
④ 许苏民：《知性主体精神与中国文化的现代化》，《江汉论坛》1994年第5期。

大派哲学，人类的文明才可能有光明的前景。① 仁包含着真性情，许先生说："爱与美的真情、深情，乃是造就别具慧解的哲学学说和哲学家的必要条件。一位真爱智者，首先必是一位有真性情的人，而后才是一位有独创性的哲人。有真性情，故能保持一颗执著追求真理、不被流俗污染的童心；有真性情，才会有表现其作为一个真正的人的精神追求的哲学创造，面对'天地有大美而不言'，情不自禁地总想'赞天地之化育'而有所言。"②

四者，以自由统一真善美。这是许先生在《人文精神论》中提出的观点。他认为，自由是人的一般本性，是贯通真善美三者的灵魂。而人的本质是人性的最集中的表现，是人追求真善美的生命活动的本质特征。人类对真理的寻求、对自我道德的完善和对美的理想境界的尽情享受，都必须以灵魂和精神的解放为前提。因此，许先生说："只有尊重思想的自由、意志的自由和情感的自由，才有现代意义上的真善美。尊重思想自由，人们就能独立思考、探索，才有科学真理的不断发现；只有把道德建立在尊重意志自由的前提下，才能有道德的真诚、有真正的道德行为——善；只有尊重情感的自由，才能有真挚的情感发抒，而真情自能打动人心而获得广泛的社会化的情感共鸣——美。"③ 一言以蔽之，只有诉诸人的自由，充分发展人的求真、向善、臻美的天性，才能明辨真善美与假恶丑，为人类在实践中不断趋向真善美的理想境界，开辟广阔的道路。④

该书附录的两篇论文，其一为《契真融美见精神——〈吹沙二集〉读后，关于美与真之关系问题的思考》，文章说萧萐父先生"美与真合一"的哲学思想，是要追求可爱与可信的统一，而其方法则是从"由真入美"向"由美入真"迭相循环、反复递升，从而达致哲学的诗化

---

① 许苏民：《中西哲学比较研究史》，第972页。
② 许苏民：《契真融美见精神——〈吹沙二集〉读后，关于美与真之关系问题的思考》，见《中西哲学比较研究史》，第1241页。
③ 许苏民：《人文精神论纲》，《学习与探索》1995年第5期"百期纪念专号"。
④ 参见许苏民《人文精神论》，第548—572页。

与诗的哲学化,契真与融美的合二为一。① 其二为《让具体的形上学更具体些——读杨国荣君"具体的形上学三书"》,文章说杨国荣先生的具体的形上学,是对离器言道的抽象形态的形而上学和离道言器的"后形而上学"的双重超越,且汲取了中、西、马哲学的精华;但在赞赏之余,许苏民先生建议,具体的形上学应该对如何解决"可爱"与"可信"的矛盾问题做出探索。②

这些表明,许先生早在撰写该书前,已对可爱与可信、真与善、真与美、美与善的极其错综复杂的矛盾关系,进行了细致的思考。1997年,许先生在《"智慧"漫议》一文中说,哲学不只在求善而把真与美留给科学与艺术去独占,哲学的"爱智"就涵摄真善美。文章还指出,儒家的态度是用"善"来涵盖"真"与"美",外加"圣"与"大"③。前文提及,许先生要以"仁"来统合可爱与可信及真善美,这显然是来自儒家哲学的启示。2000年,许先生出版《人文精神论》一书,对人类追求真善美的历程作了概括和总结,在揭示真善美三者之间的内在矛盾时,也昭示了真善美之统一的理想境界。故要理解《中西哲学比较研究史》讨论的"可爱"与"可信"之矛盾关系,就必须了解许先生此前对此问题所作的思考,尤其应重视《人文精神论》一书。这反映出,《中西哲学比较研究史》是一部于史中见论、论中见史的著作,体现了"学"与"识"的统一和历史与逻辑的一致。

结　语

1985年5月6日,许苏民应福建省哲学社会科学联合会的邀请,在福州做了题为"冲突与融合——西学东渐片论"的演讲。他说:"伴随着我国的对外开放,中西文化的冲突将在前所未有的广度和深度上展

---

① 许苏民:《中西哲学比较研究史》,第1247页。
② 同上书,第1252页。
③ 许苏民:《"爱智"漫议》,《光明日报》1997年4月19日。

开;因此,有必要对西学东渐的历史进行反思。"于是,他"讲述了中西文化由冲突而至于融合的一般趋势,分析了以往中西文化冲突与融合所达到的广度和深度,进而阐明了我们在面对新的历史条件下的中西文化冲突时如何做出具有时代感和民族使命感的抉择"[①]。读这段话可知,许先生在 20 世纪 80 年代已有志于中西文化与哲学的比较研究,并于 90 年代初撰成《比较文化研究史(中学西渐卷,西学东渐卷)》一书,其宗旨在述其"融合的一般趋势",也就是"观其会通",而《中西哲学比较研究史》的部分内容是在此书的基础上加以修订和扩充完成的。他所谓的"时代感和民族使命感",前者表明其学术研究的目的,"是为了从学问中开出义理",[②] 用史论结合的方式来回应时代问题与时代精神;后者反映其民族文化自信心,及其以本民族哲学为基础来建构新思想体系的信念。这些观念在《中西哲学比较研究史》中表现为:一方面,此书虽为考古,其实证今,具有强烈的时代意识,回应了诸多困扰当代学者的哲学难题。除本文论及的中国哲学合法性、中西哲学如何会通、可爱与可信的矛盾等,许先生还对中国传统文化能否开出现代性、是否存在科学知识与科学精神及"亲亲互隐"等问题,表达了自己的观点。另一方面,民族文化自信使许先生肯定中国哲学的合法性,表彰中国哲学的特殊性,又在特殊中见出其普遍性,以"东海西海,心同理同"的宽广胸怀,提出建构东西哲学互补的"世界哲学"之理想,而中学与西学的融合、会通,就是可爱与可信、真善美的统一,就是一种普遍的、恒常的确定性知识。

---

① 许苏民:《许苏民集·自序》,学林出版社 1998 年版,第 8 页。
② 同上书,第 5 页。

走向"世界哲学"的历史意识及其理论主张
——《中西哲学比较研究史》探论

胡栋材[①]

一 当代中国哲学的真问题：如何参与到"世界性的百家争鸣"？

20世纪80—90年代，冯契、萧萐父二先生提出"我们正面临着世界性的百家争鸣"的课题，他们呼吁中国哲学学者要积极参与到"世界性的百家争鸣"当中来，甚至将此作为重大议题予以看待，发出"东西慧梦几时圆"的哲人之思。[②] 这一课题的提出是对当代中国哲学发展道路的预示，同时亦是对业已到来的"世界哲学的时代"[③] 的回

---

① 胡栋材，中南大学马克思主义学院讲师。
② 萧萐父先生晚年特别提到："我们面临的是'世界性的百家争鸣'，海内外中国哲学的各流派，都将在'国际范围的百家争鸣中接受考验'。为此，中国哲学文化必须经过一个自我批判的阶段，进行系统全面的反思，克服各种'理论上的盲目性'。"具体论述参见萧萐父《吹沙三集》，巴蜀书社2007年版，第6—8页。值得注意的是，冯契先生与萧先生几乎都在20世纪80—90年代提出要积极参与"世界性的百家争鸣"，这是两位学人共同的先见之明。关于冯先生的相关论文，可参考其《中国近代哲学的革命进程》（上海人民出版社1989年版）一书的"小结"部分。
③ 雅斯贝尔斯指出："我们是从欧洲哲学的晚霞出发穿过我们这个时代的黎明而走向世界哲学的曙光。"转引自许苏民《中西哲学比较研究史》上卷，南京大学出版社2014年版，第488页。

应，时至今日，它已经成为具备开放心胸的中国哲学学者的中心关切。如果说雅斯贝尔斯关于人类思想史上"轴心时代"以及后来帕森斯关于"哲学的突破"的阐述还只属于从学理上论证"世界哲学"存在的可能性的话，那么随着"世界历史"的进程特别是全球化、现代化的到来，"世界哲学"的观念无疑已经越来越显题化。① 所谓"世界性的百家争鸣"，其中就意味着从"比较哲学"通达于"世界哲学"，即"世界哲学"时代的到来。② 如此看来，当今的"中国哲学"只能是且必定是处于"世界哲学"时代里的"中国哲学"。在这一背景下，中国学者在坚持以中国哲学为本位的前提下积极、主动参与到"世界性的百家争鸣"，其本身就成为一个十分现实性、前沿性的理论问题。其具体表现为：参与到"世界性的诸子百家争鸣"，中国学者准备好了吗？我们该如何准备？③

从学理上看，中国哲学学者要参与到"世界性的百家争鸣"，首先必须清楚"世界性的百家争鸣"是如何形成的；而"世界性的百家争鸣"是如何形成的这一问题本质上直接关系到中国哲学学者应该如何参与"世界性的百家争鸣"。正如比较哲学是在哲学比较的具体历史中得以展开的一样，"世界性的百家争鸣"应当走进世界历史的深处，唯有如此，它的真实面貌和未来道路才可能得以呈现。由此我们面对以下

---

① 参见张汝伦《走向世界哲学——从雅斯贝斯的观点看》，载《文史哲》2008 年第 3 期。

② 关于"如何通达于'世界哲学'"的问题，吴根友多有讨论，参见吴根友《比较哲学视野里的中国哲学》，中国社会科学出版社 2012 年版，第 71—89 页；《求道·求真·求通——中国哲学的历史展开》，商务印书馆 2014 年版，第 372—387 页。另可参见 Charles A. Moore. "Comparative Philosophy of Life", *Philosophy—East and West*, Princeton University Press, 1946, p.248。

③ 杨修文先生在《社会科学报》总第 1482 期 1 版上有一篇《世界性的百家争鸣，冯契先生对后学的期望》的文章，其中说道："作为后学，我们做得怎么样？随着国力的大幅提升，走向世界已经是不争的事实。学界的对外交往，已经成了家常便饭；在互联网发达的今天，世界性的百家争鸣，已经进入了许多人的生活世界。然而，对这样的百家争鸣，我们准备好了吗？中西会通的学养，备足了吗？批判的反思，我们学会了吗？中国百年的历史，我们花力气去了解和总结了吗？在自由的平等的讨论中发展学术，我们习惯了吗？'会通以求超越'的志向确立了吗？这些都是需要认真想一想的问题，否则我们怎么能有成效地参与世界性的百家争鸣，为中国哲学和文化成为世界哲学和文化的重要组成部分，作出一代人应有的贡献呢？"这段话可以帮助我们更好地了解《中西哲学比较研究史》的写作动力与意图。

议题：作为近代以来人类思想史发展的重要环节，中西哲学与文化的交往经历了哪些时期、展现出哪些特征；其中又有哪些主题或问题绵延至今，需要我们面对或解决。另外，中西哲学与文化的交往对今天的中西哲学比较研究有何启示，它给未来的哲学预示了怎样的前景。这些议题在一定程度上决定了当前中国学者从事中西哲学比较研究的深度和水平，乃至中国哲学与文化的未来，因而需要我们认真加以梳理和探讨。

关于这些议题，16世纪的中国学者以及来华传教士已经自觉或不自觉地予以讨论，自此以降，中西哲学比较的思想活动在学界逐渐成为某种共见。[①] 然而，中国学者真正提出要参与到"世界性的百家争鸣"的时间还是在20世纪80—90年代。冯契以及萧萐父等先生已经做了一些开拓性的探讨，与他们同时代的诸多学人如张世英、叶秀山等也已做出或正做出某些慧解。[②] 然而正如冯先生所言，他们只是努力开了个头，真正进一步的工作还需要后来者相互砥砺。因此我们看到，两位先生的后学们如陈卫平、杨国荣、许苏民、吴根友等人就此议题作出各自的努力，这使得"参与到世界性的百家争鸣"的问题逐渐成为当代中国哲学界的一个重要论题。《中西哲学比较研究史》一书，可以说是作者近十年来的心血之作，是中国学界若干年以来在比较哲学领域呈现的力作。特别是对中西哲学比较研究的历史进程的梳理和把握上，此书的全面性、系统性和科学性，都达到了前人所未达到的高度！

作为偏近于史学类的比较哲学研究著作，《中西哲学比较研究史》的主体内容在于梳理近四百年中西哲学比较研究史的历程、脉络以及特点，其在立论上是比较审慎的[③]，但是有心的读者仍不难从中领会许先

[①] 在《中西哲学比较研究史》之前，学界对此有所讨论。特别是近年来有学者做出了新探索。笔者认同吴根友的观点，即近现代中国哲学一开始就是比较哲学的（参见《比较哲学视野里的中国哲学》，中国社会科学出版社2012年版，第71—89页）。《中西哲学比较研究史》对这一观点进行了充分论证和扩展。

[②] 读者可重点参见张世英的《天人之际——中西哲学的困惑与选择》、《进入澄明之境——哲学的新方向》以及叶秀山的《思·史·诗——现象学和存在哲学研究》、《中西智慧的贯通——叶秀山中国哲学文化论集》等相关论著。就笔者阅读经验而言，当代学人的比较哲学研究值得注意者至少还有安乐哲、成中英、邓晓芒、杨国荣、李明辉等人。

[③] 参见许先生在《中西哲学比较研究史》，第1238—1239页。

生的基本立场与思想态度。笔者深为认可的是以下三点：

第一，作者认为，必须突破"以西方的眼光看中国"和"以中国的眼光看西方"的视域局限，以普遍的人性、人的实践和认识活动的多向展开、人的全面发展的"全人哲学"眼光来评说中西哲学比较研究的理论成果，促进中西哲学的会通和融合。第二，作者指出，近四百年的中西哲学比较研究，昭示了世界哲学体系的建构，应以中国哲学精神为主体来融摄西方哲学和印度哲学的精华。尽管哲学是多元的，甚至哲学本身就是无定论的，但真正的哲学总体现着时代精神的精华。第三，作者强调，在哲学史的研究过程中贯穿唯物史观的理论分析方法有重要意义。"不懂历史而要研究哲学正如不懂数学而研究天文、地理、物理、化学一样荒谬可笑。"[①] 在笔者看来，以上三点最能集中体现《中西哲学比较研究史》的要领，而最值得我们珍视的，就是唯物史观在比较哲学研究领域的运用。从哲学比较到比较哲学、从比较哲学到世界哲学，并非空中楼阁，亦非一蹴而就。我们只有在具体的历史中去加以揭示、反思和批判，才能形成正确的、科学的思想成果。因此，以上三点可以视为许先生对中国哲学学者如何参与到"世界性的百家争鸣"的会心之见。

作为"世界哲学"时代里的"中国哲学"，要求学者积极参与"世界性的百家争鸣"，而中西哲学比较活动的规律要求中国哲学走向世界哲学、在世界哲学时代中保持自身的独特性、展现自身的价值与意义。因此，对中西哲学比较研究的历史进程详加研讨，不仅展现出了中国当代学者响应这一要求的积极姿态和为学品格，更为通达于真正意义上的"世界哲学"廓清道路并提供重要且方向正确的前提。[②]《中西哲学比较研究史》的重要意义就体现在这里。不止于此，该著并非要当中西哲学比较活动的管家婆，也不是做中西哲学比较活动的记账先生，其基本

[①] 参见许苏民《中西哲学比较研究史·自序》上卷，南京大学出版社2014年版，第6—8页。

[②] 用许先生的话说，《中西哲学比较研究史》就是要比较全面地展示四百年来西方学者和中国学者是如何进行中西哲学比较研究的。许先生本人之前撰有《比较文化研究史（中学西渐卷、西学东渐卷）》，可参看。

态度在于：秉持其鲜明、一贯的立场来对中西哲学比较研究史进行论析，以此揭示出"中国哲学"在"世界哲学"时代里应有的地位与作用。

让人敬服的是，作者并没有遮掩自己作为中国的马克思主义者在哲学史研究中的理论意识，相反，正是因为他把马克思主义的真理融入了近四百年的中西哲学比较研究当中，才使得《中西哲学比较研究史》立场坚定、态度公允、个性鲜明，且能够看到别人难以看到的重要方面，意识到以往尚未被提及的重要问题（这一点下文将论及）。由此，《中西哲学比较研究史》摆脱了历史编纂学的某些窠臼，显示出坚定有力的学派观点和理论自信。笔者以为，作者的这一立场和态度可以表述为：坚持马克思主义的真理，认同和继承以侯外庐、萧萐父为代表的中国马克思主义学者的比较哲学研究，通过对会通中西哲学的历史进程的揭示，为中国哲学走向"世界哲学"提供历史准备与理论主张。

二 走向作为"通观全体"的"世界哲学"：比较哲学的历史意识问题

《中西哲学比较研究史》引述了大量中西哲学比较研究史方面的资料，尽可能地涵括了16—20世纪中西哲学比较历史进程中的重要人物或思想主题。这一方面显然是该著超迈前人之处。但笔者认为更为重要的是，作者实质上内在地揭示出以往从事比较哲学研究的学者容易忽视的一个问题，那就是比较哲学的历史意识问题。诚如作者在"自序"中直白："写作一本16—20世纪的《中西哲学比较研究史》，比较全面地展示四百年来西方学者和中国学者是如何进行中西哲学比较研究的，这一工作，西方学者没有做过，中国学者也还没有来得及做。"[1] 这段话其实就是比较哲学的历史意识的生成与展现的再明白不过的证言。可想而知，倘若作者缺乏这样的历史意识，那么这本力作的撰写就失去了

---

[1] 许苏民：《中西哲学比较研究史·自序》，南京大学出版社2014年版，第2页。

根本依据，或者至多不过是史料或资料的堆砌而已。

"世界哲学"的开端不能不溯源于"世界历史"的到来，更深入而言，"世界哲学"的意识的生成应该归诸比较哲学的历史意识，而比较哲学的历史意识就来源于中西哲学比较的历史本身。马克思和恩格斯在《德意志意识形态》中明确指出："意识在任何时候都只能是被意识了的存在，而人们的存在就是他们的现实生活过程。"① 这句话经典地展示了马克思主义唯物史观的要点，即意识根本上来源于现实的人所从事的生产活动、生活实践，其本质规定性只能从现实实践中得来。在唯物史观的视域下，马克思还说："历史对人来说是被认识到的历史，因而它作为形成过程是一种有意识地扬弃自身的形成过程。"② 这里实际上就是在讨论历史意识的问题。由此可知，历史意识既是"被意识到的存在"、"被认识到的历史"，同时又"有意识地扬弃自身"，是以人为主体的一种形成过程或实践过程。也就是说，历史意识是在人与世界相互作用中生成，它既反思、批判历史活动过程，又参与到人类现实活动。比较哲学的历史意识就是哲学比较活动与人类社会生活实践相作用的产物。作者正是在贯彻和运用马克思主义唯物史观的过程中，自觉地彰显了比较哲学的历史意识问题。

尽管我们在阅读《中西哲学比较研究史》的过程中不易找到关于"比较哲学的历史意识"的集中论述，但是细心的读者应该会发现，比较哲学的历史意识在全书中一直都在出场。在该著基础上，笔者以为，比较哲学的历史意识需要我们探讨以下几个问题：其一，比较哲学如何看待人类历史（主要是思想史和文化史），其看待历史事实的观念是什

---

① 马克思、恩格斯：《德意志意识形态》，载《马克思恩格斯选集》，第一卷，人民出版社 2012 年版，第 152 页。马克思在《路易·波拿巴的雾月十八日》中说："人们自己创造自己的历史，但是他们并不是随心所欲地创造，并不是在他们自己选定的条件下创造，而是在直接碰到的、既定的、从过去承继下来的条件下创造。"（参见《马克思恩格斯选集》，第一卷，第 669 页）

② 马克思、恩格斯：《马克思恩格斯全集》，第三卷，人民出版社 2002 年版，第 326 页。相关讨论可以参见陈立新《让历史意识真正出场》，载《吉林大学社会科学学报》2008 年第 3 期；徐兆仁《历史意识的内涵、价值与形成途径》，载《中国人民大学学报》2010 年第 1 期。

么。其二，比较哲学自身如何运用正确的历史观去处理各种问题。或者说，比较哲学应该具有什么样的历史观。其三，从事哲学比较的主体（思想家）与比较哲学的历史意识的相互关系如何。其四，比较哲学的历史意识如何参与到现实生活及其实践。其五，对于比较哲学而言，其历史意识意味着什么，比较哲学一方面是从历史产生的异同中而来，另一方面又内含超越历史的因素，追求"东海西海，心理攸同"、"人类心灵的普同性"。其六，哲学比较的实践与比较哲学的历史意识的生成是什么关系。其七，"世界哲学"观念能否视为比较哲学的历史意识的某种表达。比如，"通"的核心观念（如变通、会通、旁通等）本质上是否属于比较哲学的历史意识。其八，比较哲学的历史意识会不会随着"世界哲学"的出现而消亡，抑或说，比较哲学在根本上是不是反历史主义的。[①]

　　正因作者是在唯物史观的作用下形塑比较哲学的历史意识，故我们看到，《中西哲学比较研究史》对以往学者的各色各样的相关观点进行了纠偏、救正、补充或重订。这里最显著的例子无疑就是"中国哲学的合法性"问题以及"哲学为中国固有之学"的问题。其实，这些问题原本就是从近四百年的中西哲学比较研究活动中呈现出来的，然而并未得到彻底澄清或解决，特别是其中存在的某些偏颇之处，仍然妨碍人们形成正确的中西哲学观（或中西文化观），妨碍人们合理地探究中西哲学的异同。作者对这一问题较为敏感，花费不少篇幅来突出和处理它们。在上下两卷的"导言"部分，他集中讨论了西方哲学与中国哲人是"如何论证哲学为中国固有之学"，并分别论及他们"对中国哲学合法性的质疑"的论证与回应。该著以丰富的史料论明，"哲学为中国固有之学"是一个不证自明的命题，而西方学者的中西哲学比较研究是

[①] 当然，以上几点是笔者根据《中西哲学比较研究史》而作的思考，主要是为了说明比较哲学的历史意识。其中有些说法还不成熟，有不周全或不合理之处。读者不可以此代替《中西哲学比较研究史》的观点。其实，这里的前提问题是关于"比较哲学何以可能"的讨论，这一点可参考吴根友以及王林伟等人的思考。分别参见吴根友《通之道》，载《求道·求真·求通——中国哲学的历史展开》，第416—490页；王林伟《论比较的可能性及其展开》，载《比较哲学与比较文化论丛》第8辑，中国社会科学出版社2015年版。

在不断回应对中国哲学合法性的质疑中前进的。

暂且不论"中国哲学的合法性"问题本身是否成立①,《中西哲学比较研究史》向我们揭示的是,这一问题意识在一定意义上成为推动中西哲学交流与对话的动力杠杆。更可贵的是,许先生提示道:"一部西方比较哲学研究史,向我们展示的是一个多维的'肯定—否定—否定之否定'的过程。不过,这一'否定之否定'的过程尚未完成。"②这一说法有较重的黑格尔式辩证法的痕迹,而且可能并不完全准确,但它却是建立在社会发展和文化发展的基础上的,其中不乏智慧之思。所谓"否定之否定",大体就意味着"世界哲学"的到来。西方哲学与中国哲学都是在"否定之否定"的比较过程中走向"世界哲学"。在笔者看来,这一说法在某种意义上是比较哲学历史意识的逻辑形态的体现,值得认真体味。

比较哲学的历史意识处于生成与流变之中,为此,作者在考察中西方的哲学比较研究史过程中坚持了历史与逻辑相结合、"纯化"与"泛化"③ 相统一的原则。比如,他对"西学东渐"的几个主要阶段及其主要面向的揭示以及对"中学西渐"在不同时代的中心环节的揭示,就使得近四百年的中西哲学比较研究的历史进程脉络清晰、秩序井然。许先生指出,"西学东渐"经历了三次高潮,"每一次高潮都与西方世界业已爆发的或潜在社会或观念的危机相联系","每一次高潮都给予西方文化的发展以不可忽视的重要影响"。④ 具体而言,17 世纪中西哲学比较研究的中心一环是所谓"中国礼仪之争"⑤,这一时期西方学者所做的中西哲学比较研究,几乎都是以罗马教廷关于中国礼仪问题的争论

---

① "中国哲学的合法性"问题在中国哲学界引起诸多讨论,并一度成为学界讨论的焦点。值得说明的是,从中西哲学比较研究史出发对此一问题作宏观且详细考察的,还推许先生的《中国哲学比较研究史》。

② 许苏民:《中西哲学比较研究史》上卷,南京大学出版社 2014 年版,第 612 页。

③ 关于哲学史、思想史研究中的"纯化"和"泛化"的方法论原则,许先生继承和发展了萧萐父先生的观点。具体参见萧萐父《吹沙集》,巴蜀书社 1991 年版,第 410 页。

④ 许苏民:《中西哲学比较研究史》上卷,南京大学出版社 2014 年版,第 2 页。

⑤ 这里涉及的议题有:儒学所讲的"天"是否就是西方人所说的"上帝"?儒学是否具有灵魂不灭、来世生活和上帝赏善罚恶的观念?儒家是无神论者还是"既是无神论者又是偶像崇拜者"?

为背景的。18世纪中西哲学比较的中心一环是以中国式的"理性宗教"取代天主教的"启示宗教"。或者说,中国哲学究竟是泛神论、自然神论还是无神论的唯物主义,是这一时期中西比较哲学讨论的中心问题和贯穿始终的问题之一。到了19世纪,德国的中西哲学比较研究史的中心一环,是从历史哲学的理论高度来看中西哲学在世界精神发展进程中的地位。[1] 而20世纪西方学者的东方探寻旨在解决历史与伦理、科学与价值的矛盾冲突。[2] 这些中西哲学比较的中心环节,是从大量的研究文献中精练出来的,它们给当代学者认识西方思想史提供了重要途径。

与作者对"中学西渐"(西方的比较哲学研究史)的梳理相比,他对"西学东渐"(我国中西哲学比较研究史)的透视更加深刻和精粹。作者认为,我国中西哲学比较研究史的特点在于三个层面:其一,通过中西哲学比较研究建立起文化自信;其二,通过中西哲学比较研究寻找传统哲学和文化与现代化的历史接合点;其三,通过中西哲学比较研究而自创新说。[3] 虽然这三个层面有重叠之处,但以思想主题的视角加以考察的话,就不难发现其分析甚为精妙。这些主题是随着历史进展而展开的,换言之,它们很好地凸显了中国学者在比较哲学领域的历史意识或问题意识。与此相应,"西学东渐"的历史阶段被概括为三个阶段:自明朝万历年间到清朝乾隆年间为第一阶段,主要内容是儒学与基督教的对话,这一时期中西哲学比较的中心一环是如何认识自然和改进中国传统的认知方法。从鸦片战争至辛亥革命为第二阶段,中国有远见的思想家以其朦胧的历史自觉意识到,中国要富强,不能仅仅靠学习坚船利炮,也需要学习和借鉴现代民主制度,更需要了解西方现代文明及其哲学社会科学,以提高整个民族的文化心理素质,实现人的现代化。从五四运动到20世纪末,是我国中西哲学比较研究的第三阶段。把中西哲

---

[1] 许先生还指出,在19世纪德国的中西哲学和文化的比较研究中,还有一种主张会通中西文化的思路,即以歌德、费尔巴哈等人为代表。另外,马克思、恩格斯从唯物史观出发,对包括中国在内的东方生产方式的特殊性作了系统的经济和政治分析,但却很少涉及对中国哲学的论述。许苏民:《中西哲学比较研究史》上卷,南京大学出版社2014年版,第300页。

[2] 分别参见许苏民《中西哲学比较研究史》上卷,南京大学出版社2014年版,第60、195—196、297—298、414—416页。

[3] 许苏民:《中西哲学比较研究史》下卷,南京大学出版社2014年版,第648—655页。

学的精华结合起来推进中国的现代化,是这一时期中国哲人的主要追求。①

稍加比较就能发现,在同一历史阶段之内,中国和西方学者的比较哲学的历史意识或问题意识是存在差异的。这些差异反映了中西方哲学各自的思想境况与历史特点,同时也意味着中西哲学文化必须互通、会通,"世界哲学"只能在平等、多元、开放的对话中才能真正得以开显。用作者的话说,从比较哲学的历史意识中生长出来的"世界哲学"（a world philosophy）应当是作为"通观全体"的"哲学"②。这就是作者极为赞赏穆尔的比较哲学观的原因之一。"通观全体"的哲学显然承认人类心灵的普同性、肯认人类思想的普遍性,但是它并不抹除差异,甚至是建立在差异的基础之上。③ 当前有的中国哲学研究者仍不加反思地运用西方哲学的那些看似普遍性的概念或范式来解说中国哲学和文化,往往会东施效颦或隔靴搔痒。

《中西哲学比较研究史》再一次论明,我们只有穿透哲学比较研究的历史长廊,形塑出具有世界眼光的总体性的比较哲学的历史意识,才可以说真正具备了参与到"世界性的百家争鸣"的基本素养。比较哲学的历史意识的养成,就是在培育真正从事比较哲学的人。

三 走向"世界哲学"的理论主张:"珞珈中国哲学学派"的比较哲学研究

未来的中国哲学,必定是作为"世界哲学"时代里的"中国哲学",换言之,中国哲学理应成为"世界哲学"花园里重要且独特的风

---

① 许苏民:《中西哲学比较研究史》下卷,南京大学出版社2014年版,第614—628页。
② 许苏民:《中西哲学比较研究史》上卷,南京大学出版社2014年版,第11页。
③ 笔者以为,吴根友对"通"的考察就是站在中国的立场上对比较哲学的历史意识如何通往"世界哲学"的集中讨论,值得注意。关于比较哲学领域中的哲学概念的普遍性与差异性问题,可参见张汝伦《概念是普遍的吗?——比较哲学的一个基本问题》,载《哲学研究》2008年第8期。

景，特别是 20 世纪之后的中国哲学，在相当的意义上只能是比较哲学视野里的中国哲学。就当代中国哲学的研究而言，因其地理位置、学术渊源以及理论诉求等诸多因素的塑造，从而形成了几种独特的学派景观。"珞珈中国哲学学派"就是其中有代表性的学派之一。为推进本文的讨论，这里有必要作相关绍述。"珞珈中国哲学学派"主要的对象是指武汉大学中国哲学学科点的几代学人及其理论研究，其实，"珞珈中国哲学"的说法早在 2004 年就由吴根友先生明确提出。[①] 这一说法在中华书局 2008 年开始陆续出版的"珞珈中国哲学丛书"的总序中得到更为精粹的表达。十余年来，该提法逐渐在国内外学界获得承认和相应反响。[②] 由萧萐父先生提出的"德业双修，学思并重，史论结合，中西对比，古今贯通"的二十字方针，已经成为"珞珈中国哲学学派"的精神纲领。其中"中西对比"的治学原则，在陈修斋、萧萐父等先生那里就得到高度重视。[③] 近年来，中西哲学比较研究更成为"珞珈中国哲学学派"有所创获的重要途径。作为萧先生的重要弟子，作者不仅贯彻了"中西对比"的方法论原则，《中西哲学比较研究史》还鲜明地体现了"珞珈中国哲学学派"的理论特征和思想追求。

以下一段话对我们认识"珞珈中国哲学学派"较为重要，笔者特摘录于此："（珞珈中国哲学研究群体）以史论结合、古今贯通、中西对比为宏观哲学构架，以研究中国传统文化自我更新的内在契机与生命力为基本学术出发点，平章儒道墨释，涵化中印西马，认定明清之际为中国学术与文化的近代性根芽的生长点，……从而论定，中国文明在世界性的由国别史向世界史迈进的进程中，是少有的几个具有原生性、内发性现代文化形态的主要文明形态之一。因此，中国现代文化的生长点

---

① 这是笔者根据自身阅读经验和范围得出的观点，不一定确切。具体参见吴根友《创造的诠释学：一条通向未来中国哲学的可能之路》，载吴根友《比较哲学视野里的中国哲学》，中国社会科学出版社 2012 年版，第 376—380 页。
② 分别参见郭齐勇《中国哲学智慧的探索·总序》，中华书局 2008 年版，第 1—3 页；杨海文《"珞珈中国哲学"的学派诉求——读〈中国哲学智慧的探索〉》，载《武汉大学学报》（人文科学版）2009 年第 3 期。
③ 参见陈修斋、萧萐父主编的《哲学史方法论研究》（武汉大学出版社 1984 年版）。

应该与明清之际文化相接契，而不应该到宋明理学中去寻找。"① 对许先生的思想取向和研究成果稍加熟悉的读者就会知道，以上这段话几乎可以视为其学术旨趣之所在。简言之，中国传统思想与文化的现代化问题，是其学问致思的中心关切。这一中心关切的学术表现即"早期启蒙说"，同样在《中西哲学比较研究史》中有多处论及，以至于作者还指出："18世纪的法国启蒙学者是深受中国哲学影响的。"②

在考察梁启超、胡适以及侯外庐的中西哲学比较研究之时，作者特别注意揭示他们对明清哲学的现代性因素的论述。比如之于梁启超，其肯定中国文化也有自己的"文艺复兴时代"的观点以及确认明清之际产生出与西方近代伦理学和政治学本质上相通的新学说的看法③，就得到作者的赞许。比如胡适论"清代朴学确有科学的精神"④，实质上是对中国哲学的近代转型做出某种探究，这一点同样得到作者的认同。当然，书中最为明显的还属作者对侯外庐"早期启蒙说"以及"近代人文主义"的高度评价，"早期启蒙说"的提出，是中国史研究领域的一大发现，一大创见，具有十分重大的学术价值……有力地驳斥了国际上普遍存在的中国社会自身不可能产生现代性因素的西方中心主义的偏见。"运用马克思主义的观点，对中西社会走出中世纪的经济发展和哲学启蒙进行比较研究，是侯外庐的又一重要贡献……他所做出的理论建树，是在哲学史领域坚持和发展马克思主义的典范，也是比较哲学研究在中国进一步科学化的重要标志。"⑤ 从作者的论述中我们不难体会到，他是自觉服膺"早期启蒙说"的，而"早期启蒙说"本身也是中国学者进行中西哲学比较研究的重要理论成果。在一定程度上可以说，"珞珈中国哲学学派"的比较哲学研究的成绩和主要论点都集中在"早期启蒙说"以及对"早期启蒙说"的调适与发展之上。

---

① 参见吴根友《比较哲学视野里的中国哲学》，中国社会科学出版社2012年版，第377页。
② 许苏民：《中西哲学比较研究史》上卷，南京大学出版社2014年版，第201页。
③ 许苏民：《中西哲学比较研究史》下卷，南京大学出版社2014年版，第895—902页。
④ 同上书，第975—985页。
⑤ 同上书，第1212—1237页。

"早期启蒙说"实际上就是要探讨中国传统思想文化与现代化相结合的问题,它主张这个接合点应在明清之际。以此为纽带,作者对20世纪那些重视从中国传统文化中寻找现代化的"源头活水"的问题以及讨论给予重视。穆尔、狄百瑞以及谢和耐等人的相关研究因此获得了肯定性评价。按照作者的梳理,穆尔早在1959年以及1964年的两次东西方哲学家会议上就提出东方的现代化能否从传统中寻找"源头活水"的问题,这是他的突出贡献。以至于作者指出,穆尔的观点变化和他对四次东西方哲学家会议的总结,似乎可以看作20世纪30—60年代中西哲学比较研究的一个缩影。[①] 穆尔等人的贡献毋庸赘言,现在要思考的问题就是:侯外庐运用马克思主义观点进行的"早期启蒙说"探索与穆尔等所提的从中国传统文化寻找现代化的"源头活水"的观点,二者有何关系?如何评述二者的异同之处?[②] 对这些问题的深入考察,有利于澄清"早期启蒙说"的理论要素。

萧萐父先生与作者曾在《明清启蒙学术流变》中详细考察明清之际诸思想家的现代性思想因素,并给予系统性的剖析和较为妥当的评价。《中西哲学比较研究史》则是从中西哲学比较的视角去论述方以智、黄宗羲、王夫之以及戴震等人的学说[③],这些考察更新或补充了《明清启蒙学术流变》的相关内容,为学界进一步认识"早期启蒙说"提供了新的维度,亦可以视为"早期启蒙说"的某种发展。只不过在笔者看来,其中有些说法值得商讨,例如,作者援引陈受颐先生的观点并进而论证黄宗羲的某一观点正与利玛窦的论说相一致。这段论述似不足以为信。[④] 关于这一点,下文会有论及。不论如何,就目前而言,

---

① 许苏民:《中西哲学比较研究史》上卷,南京大学出版社2014年版,第446页。
② 现代新儒家如贺麟等主张在儒家思想中寻找现代新思想的源泉与根本,某种意义上与侯外庐、穆尔等思路相近。笔者认为,真正将侯外庐、萧萐父等人的工作与其他学者的工作区别开来的,必然要归诸马克思主义观点的接受与运用。正如作者所论,如何寻找传统文化与现代化的历史接合点?这不是贺麟的学术视野所能解决的问题,而只能由侯外庐、萧萐父等中国马克思主义的哲学家们来解决。
③ 分别参见萧萐父、许苏民《明清启蒙学术流变》"中篇"及"下篇"(人民出版社2013年版);许苏民《中西哲学比较研究史》下卷,南京大学出版社2014年版,第733—808页。
④ 许苏民:《中西哲学比较研究史》下卷,南京大学出版社2014年版,第759—761页。

"早期启蒙说"及其发展仍是"珞珈中国哲学学派"的比较哲学研究中最值得称道之处。

除了"早期启蒙说"之外,作者对"世界哲学"时代里中国哲学的诗性特征的讨论展现了"珞珈中国哲学学派"从事比较哲学研究的又一重要方面。萧萐父先生晚年曾多次强调中国哲学乃是诗化的哲学①,许先生在比较哲学研究领域继承和拓展了这一观念。由此我们看到,像罗曼·罗兰(包括赫尔德)这样的文学家才会在《中西哲学比较研究史》中获得独有的关注。作者关注的是罗曼·罗兰身上的东方气质,或更准确地说,是其诗人气质。正是这种诗性特质,使他对东方文化的认同真正达到了一定的境界。与此类似,作者对方东美与唐君毅的诗性智慧的评价同样颇高,特别是对钱锺书通过中西美学理论的比较,揭示中西民族共同的诗心和文心,论证了人类审美心理的普同性,给予极高的赞赏。②这些独到的眼光和评述,都显示出作者力图在比较哲学研究领域内彰显中国的诗性智慧的独特价值。由此作者还说:"维科敏锐地观察到了中国哲学所具有的诗性特征,这是他的一个重要思想贡献。但他认为诗性的思维方式与哲学的思维方式不兼容,就是片面的了。哲理与诗心其实有相通之处的。与西方哲学相比,中国哲学的诗性特征只是显得更为突出而已。"③那么,哲理与诗心到底如何相通?关于这一论题,笔者以为张世英先生的讨论十分值得注意,然而作者似乎未加注意。④在探讨哲理与诗心的相通之于比较哲学的意义而言,"珞珈中国哲学学派"还要付诸更多努力。

值得注意的是,基于其关于"人文精神"的系统观点,作者将哲理与诗心相通的问题纳入"可信"与"可爱"的矛盾问题(或者说真

---

① 萧先生曾指出:"中国哲学的致思取向,从总体上乃是诗化的哲学。"参见《吹沙二集》,巴蜀书社 2007 年版,第 508 页。
② 许苏民:《中西哲学比较研究史》下卷,南京大学出版社 2014 年版,第 1119—1120、1139—1140、1211 页。
③ 许苏民:《中西哲学比较研究史》上卷,南京大学出版社 2014 年版,第 107 页。
④ 主要思想见诸张世英先生的《进入澄明之境——哲学的新方向》一书,相关讨论可参见吴根友《求道·求真·求通——中国哲学的历史展开》,商务印书馆 2014 年版,第 383—385 页。

善美之间的矛盾问题）的考察范围，这就将比较哲学的领域大为扩展了（比较哲学近似比较文化），并形成了作者在比较哲学研究方面的理论特色。[①] 而这一理论特色，与作者的哲学思考重心密切相关。这就提示我们，比较哲学与比较者的思想认识和学识素养是有很大关系的；或者可以说，哲学比较研究的实践活动不仅给学者提供新的思想视野，还是一系列"知与德交相养"、"化理论为德性"的过程，它有助于新的理想人格的养成。这种新的理想人格就是冯契先生所说的"平民化的自由人格"[②]。笔者以为，"平民化的自由人格"说只有真正的中国化马克思主义者才能创造出来，它不仅使中国哲学的当代特性，更具有"世界哲学"的意识。深入理解和创造性地运用马克思主义学说，是"珞珈中国哲学学派"从事比较哲学研究的基本立场，也应是其一贯的理论主张。对于此，《中西哲学比较研究史》的态度极为坚定。[③] 它警示我们，失掉了这一重要思想内核，"珞珈中国哲学学派"的比较哲学研究恐怕会自毁前程！

四　基于《中西哲学比较研究史》的相关思考

《中西哲学比较研究史》的理论旨趣是很明确的，即如作者所言："无论中国哲学还是西方哲学，都是人类共同的精神财富，因此，必须突破'以西方的眼光看中国'和'以中国的眼光看西方'的视域局限，而以普遍的人性、人的实践和认识活动的多向展开、人的全面发展的'全人哲学'的眼光来评说中西哲学比较研究的理论成果，促进中西哲学的会通和融合。"[④] 作者又指出："问题在于如何自觉地确立起一种

[①] 这一理论特色的详细内容参见许先生的《人文精神论》（人民出版社2011年版）。

[②] "平民化的自由人格"之说见于冯契先生《人的自由与真善美》一书，作为"珞珈中国哲学学派"目前从事比较哲学研究的主要学者如许苏民、吴根友等都深深认同此说。

[③] 比如对于以唯物或唯心的区分来看待中国哲学史，作者认为这一范式虽然存在某些不妥，但并不能完全弃之不顾。相反，在一定意义上，唯物论的概括很能说明中国思想史的特质。

[④] 许苏民：《中西哲学比较研究史·自序》，南京大学出版社2014年版，第6页。

'世界哲学'的眼光，克服各自的片面性，从普遍的人性和人类共同繁荣与进步的观点来看待中西哲学，别其同异，辨其共殊，互相补益，把人类哲学思维的水平推向一个新的更高的境界。"① 从根本上说，笔者认同这些看法，它们足以彰显比较哲学应具备的思想理念，即从比较哲学自觉走向"世界哲学"。问题在于，既然"世界哲学"要建立在普遍的人性、人类心灵的普同性以及人的实践的基础之上，那么，是否就意味着"世界哲学"必定抹杀人性的差异方面、人类实践的差异性？"世界哲学"的实现是否意味着哲学注定要被终结了呢？比较哲学在一定意义上不得不超越人类思想差异性的本性是否意味着"世界哲学"永远只能在生成的道路之上？或者说，从比较哲学走向"世界哲学"，其实就是一种全新意义上的符合人类未来的哲学（新人学）的出现？这一系列问题需要比较哲学研究者认真思索。

这些思索要在深刻理解马克思的哲学观的基础上才会获得创造性的解答，马克思指出，既要消灭哲学，又要实现哲学。② 比较哲学似乎亦是如此。当然，作者并非没有思索以上问题，只是在《中西哲学比较研究史》中尚未加以集中凸显。我们要全面认识和评价作者关于比较哲学的创见，至少要结合着《人文精神论》来看。《人文精神论》和《中西哲学比较研究史》构成了作者在比较哲学研究领域的一"史"一"论"。综合而言，在作者看来，人类追求的三大价值即真、善、美及三者之间的矛盾问题，最能体现"世界哲学"的可能性。比如"亲亲互隐"这个论题，《中西哲学比较研究史》的梳理告诉我们，在西方思想史上，罗素和穆尔都曾直接或间接讨论过，孟德斯鸠则表达了与孔子相同的态度。③ 这些事实表明，中西哲人在道德价值方面的确会揭示出人类思想的共通性，这就更不用说全球伦理的"金规则"问题了。笔

---

① 许苏民：《中西哲学比较研究史》上卷，南京大学出版社2014年版，第24页。
② 马克思关于消灭哲学以及实现哲学的看法对我们思考比较哲学的本性以及命运有很大启示，可参见马克思的《博士论文》以及《〈黑格尔法哲学批判〉导言》、《关于费尔巴哈的提纲》、《德意志意识形态》等论著。学界关于马克思的哲学观的讨论颇多，需另作交代。
③ 许苏民：《中西哲学比较研究史》上卷，南京大学出版社2014年版，第235、424、455页。

者以为，西方哲人对中国哲学的质疑或误解更多体现在"求真"（认识论或真理观）方面①，尽管李约瑟在这方面做了一定的纠偏工作，但近代以来的中国思想界的状况如科玄论战仍佐证了这一点。作者所讨论的"人文精神"，实质上就是从历史的维度和逻辑的维度确证真、善、美相统一（自由）的追求在人类身上的相通性。②这抓住了比较哲学的永恒论题。

我们无法要求任何一本研究论著能够穷尽比较哲学的所有主题以及相关领域。对于笔者而言，该著最大的启示就是：我们要自觉培养比较哲学的历史意识和世界眼光，面对现代世界的无限图景和人的无限可能，当代中国哲学要以自信的姿态、批判的精神进行自身的综合创新，从而参与到世界性的诸子百家争鸣。比较哲学使"世界哲学"具有了现实可能性，同时也具备了"乌托邦"的性质。这种状况尤其需要我们谨慎地看待比较哲学这类人类实践活动。

从学理上看，《中西哲学比较研究史》缺憾之处在于，其思想论说的穿透性不够、主题的集中性阐发不足、对当代比较哲学的研究成果汲取不多。简要而论，笔者以为以下两点值得做进一步的探究：

其一，西方学者对待宋明理学的态度所反映出的中西思想对话问题。从利玛窦开始，西方学者（特别是传教士）对宋明理学就极为反对，认为宋明理学是"一种偶像崇拜的教派"③。这一看法在李明、马勒伯朗士等那里得以继续。直到莱布尼茨，宋明理学的核心概念"理"才得到比较公允的集中评述，因而莱布尼茨思想与宋明理学之间的关系值得探讨。自此之后，魁奈、狄德罗等对宋明理学的态度已不同于早期

---

① 作者指出，葛瑞汉、于连等认为中国哲学没有"真理"概念，中国人没有追求过真理。事实上，中国人论"道"，"道"中即蕴含着"真"，"道"且要以认识之"真"为前提，故孔子以"智"为三德之首，《大学》以"格物致知"为八条目之开端，荀悦《中鉴》强调一切关于"道"的认识"必本乎真实"，更不必说唐人以佛学为"真理"，宋人以正论为"真理"，方以智以对自然界的正确认识为"真理"了。

② 参见许苏民《人文精神论》，人民出版社2011年版，第510—532页。许先生的讨论与冯契先生的看法有惊人一致之处。这是中国化马克思主义者的共同点。参见《中西哲学比较研究史》上卷，南京大学出版社2014年版，第43页。

③ 利玛窦：《利玛窦中国札记》，金尼阁整理，何高济等译，何兆武校，中华书局1983年版，第102页。

传教士，特别是到了李约瑟、葛瑞汉，对理学的研讨发前人所未发。① 狄百瑞对明清之际中国思想史的研究，开拓了海外研究儒学近代转型的先河。而谢和耐则看到了明清之际思想家对宋明理学的反动，即"明清之际的反理学思潮"②（还包括陈荣捷、秦家懿、安乐哲等人）。如果说先秦哲学一直是西方学者关注中国哲学的重点，那么对宋明理学以及明清哲学的评述则是随着中西哲学比较的深入而展开的，其态度随之有所变化。作为"早期启蒙说"的重要继承者，作者认定宋明理学是"伦理异化"、"伦文主义"，但根据《中西哲学比较研究史》的考察可知，宋明理学与明清之际的反理学思潮之间存在连续性，比如说宋元明清哲学中的气论思潮，就有一定的传承性和谱系性。这似乎提示我们，有必要调整"早期启蒙说"对宋明理学的普遍否定态度？笔者以为，这涉及的实质上还是寻求传统哲学和文化与现代化的历史接合点问题。

其二，中国化马克思主义者的比较哲学研究问题。很显然，中西思想史上并非只要从事过比较哲学研究的学者，都被纳入《中西哲学比较研究史》当中。作者在书中没有说明他为何选取这些人物进行考察。根据笔者的理解，在比较哲学领域作出的思想实践以及历史影响，恐怕是作者选取这些人物的重要原则，其中就贯彻了马克思主义的历史观、真理观和实践观。基于此，笔者以为我们有必要对20世纪以来的中国化马克思主义者以及西方马克思主义者（包括美国马克思主义者）的比较哲学研究给出专门的考察或阐述。《中西哲学比较研究史》着重评述了张岱年与侯外庐的比较哲学研究，对于李大钊、李达、冯契、萧萐父、张世英、李泽厚、叶秀山等人尚未论及。研究中国化马克思主义者在比较哲学领域的思想，有利于当代中国哲学理论范式的建立。与此相对照，现代新儒家的比较哲学研究在挖掘儒学的现代性价值方面的贡献同样不容忽视。

此外，《中西哲学比较研究史》的一些细节仍有待商讨。例如，从

---

① 许苏民：《中西哲学比较研究史》上卷，南京大学出版社2014年版，第549—553、568—575页。

② 同上书，第590—596页。

18世纪进入19世纪,"中国热"为何会消失,西方学者对待中国的态度为何一下子从"肯定"到"否定"。又如,以所谓的"见识"大不大、高不高来评价中西哲学,到底合适与否。然而,以往的比较哲学研究容易落入"此亦一是非,彼亦一是非"的境地,真正做到"以平等心究观百家"的,实不多见。《中西哲学比较研究史》在立论方面较为审慎,但是仍然表明了自己的理论立场,尤其是它以大量史料论明,中西哲学与文化的对话是逐步实现的,二者间的理解与会通必定会越来越深化,在通向"世界哲学"的道路上,中国学者正贡献着自己的智慧。

历史乐章凭合奏,隔海神交岂偶然[①]

——评许苏民教授《中西哲学比较研究史》"王夫之与儒耶对话"节

王 博[②]

《中西哲学比较研究史》一书近百万余言,集许苏民教授九年心血浇铸而成,终于于2014年问世。该书分为上下两卷,上卷整理和收集了16世纪以来近50位西方学者了解和研究中国哲学的相关史料,系统梳理了西方学者从事中西哲学比较研究的历程;下卷则论述50位中国学者吸收涵化西方思想的过程以及他们对中西哲学比较所做出的贡献。作者又从中拣择了中西方各27位哲人的中西哲学比较思想进行了重点论述。在如此浩如烟海的史料文献中对相关文献进行收集和整理,已是一项足称浩大的工程。更为可贵的是,作者并不是停留于对这些文献和史料的编排罗列,而是在整理过程中对这些零散的材料进行了极为透彻的解读。这必然要求作者具备犀利深邃的理论眼光以及深厚的中西哲学功底。毋庸置疑,许苏民教授这部皇皇巨著填补了国内外学术界至今未有一本涵盖中西、跨越400年中西哲学比较研究史的空白,对中西哲学比较研究起到了里程碑式的重要意义,更是今后学者进行相关领域研究

[①] 语出萧萐父先生为《王夫之评传》所作弁言后附的《湘西草堂杂咏十首》中的第八、第九首。见《王夫之评传》"弁言"。

[②] 王博,武汉大学哲学学院博士生。

时所必须要攀登的一座高峰！因笔者学力十分有限，无法覆盖许著全书中的所有精彩创见，本文仅就许著中与笔者的研究领域相关的"王夫之与儒耶对话"一节展开述评。

近年来王夫之思想研究蔚为大观，研究成果迭出不穷。当前中国大陆学界针对王夫之思想的研究大体可以划分为以下三种学术范式：一是传统学术史进路的研究。代表人物有陈来教授及诸多港台学者。他们对王夫之思想做了如其所是的研究，并以传统的宋明理学的思想作为标杆和尺度来评价王夫之思想，重视王夫之思想同，对宋明理学的继承因素。二是吸收马克思主义唯物史观等思想对王夫之思想进行研究，主要以侯外庐、萧萐父先生为代表，他们深入地挖掘了王夫之思想中的现代性因素，阐释王夫之对宋明理学超越的一面。三是以贺麟、陈赟等学者为代表，他们涵化吸收生存哲学、现象学、解释学等近现代西方哲学思想对王夫之思想进行了崭新的诠释和建构。而由这些研究范式也引申出诸多重要的理论问题，如王夫之思想的历史定位即是。王夫之究竟是宋明理学的余绪还是早期明清启蒙思想家？前两种学术范式就这一问题长期聚讼不已。许苏民教授进一步继承和发扬了侯、萧二位先生的"早期启蒙"说，将马克思主义唯物史观贯穿于本部著作的写作过程中，做到了历史与逻辑的统一。作者重视了以往学界所忽视的王夫之生平中的重要经历，同时独具从"字缝中看出字"的慧眼，将王夫之的诸多理论创造置于晚明儒耶对话的大背景下进行了考察，条分缕析地阐述了西学思想在王夫之本人哲学体系的形成过程中所起到的重要作用。作者摆出了充分的文献证据，探究了王夫之思想中可与西方思想进行沟通的诸多近代性因素，有力地证明了王夫之思想属于"早期启蒙思想"而非仅是宋明理学之余绪的历史地位。许苏民教授这一力作中的相关论述，是对他早年与萧萐父先生合著的《王夫之评传》的重要补遗，为整个王夫之思想研究开拓了新的空间。

作者认为，王夫之《思问录》一书正作于他在南明永历朝担任外交官（行人司行人）期间，而非通晓西学之人根本无法担任这一官职。《思问录》中对于利玛窦的名字和观点的提及以及《俟解》中强调"学者以去骄去惰为本"的论述，也证明王夫之至少是读过利玛窦及庞迪我《七克》等著作的（第774页）。抛开《思问录》是否确实成书于此时不论，王夫之在南明的这段任职经历与其思想形成之间的关系，在当前学界是甚少得到重视的。许苏民教授发现了这一点，并将其与王夫之《思问录》中对西学思想的论述相联系，这在目前的王夫之思想研究和考证中是独一无二的。王夫之在《思问录》中对于西学有一段总体评价："盖西夷之可取者惟远近测法一术，其他则剽袭中国之绪余，而无通理可守也。"作者认为王夫之的这段论述是受夷夏之辨影响的"吃到了葡萄说葡萄酸"的心态（第775页），反映出王夫之是在某种程度上正视西学存在并对其予以肯定的表现（第795页）。可以说，作者十分敏锐地看穿了王夫之内心的纠结——传统的夷夏之辨与探求真知精神的对立冲突，他对王夫之这一心境的解读是十分精到和耐人寻味的。可以说，作者正是以"画魂"的方式生动刻画了身处"天崩地解，山徙海移"的明清之际这一古今中西交汇融通的十字路口的王夫之身上所兼具的传统儒家学者与早期启蒙思想者的二重气质，也充分展现了王夫之思想中"新的突破旧的，死的拖住活的"（侯外庐语）的复杂状况。试问，若离却对王夫之这一心境的揭示，如何能够全面理解王夫之广博宏富的思想，并给予其理论以正确的定位和公允的评判？

在本体论问题上，中西哲人的观点中存在着巨大差异。王夫之身处儒耶对话的大背景下，一方面要回应传教士所带来的上帝本体论对中国传统本体论意义上的本体思想的质疑；另一方面也从来华西方学者的质疑和论述中砥砺了自身的本体论思维水平，并从中汲取了相当丰富的思想资源以培植、滋润自己的本体论思想。作者认为，王夫之以"氤氲化生"的自然史观回应了利玛窦"所云太极非实象、不能为万物之原"以及艾儒略"元气不能自定己性"的驳难。他接受了利玛窦以"实有"阐释"诚"这一儒家传统哲学范畴的观点，对人类的生活实践与物质世界的依存关系进行了创造性发挥，从而有力论证了人类生活无法离却"假物以为用"的实践生活，并由此确认了以"实有"为本质属性的物质世界的客观存在（第778—779页）。此外，王夫之又汲取了艾儒略《性学觕述》中"元质总无变灭"的思想，创造性地将物质不灭原理同哲学本体论相结合，从哲学本体论的角度对物质实有之本体的不灭与常住性做出强有力的论证,创造性地发展了元气本体论(第 779—780 页)。作者的这一阐述开掘出了王夫之"开六经之生面"、造就其独特的本体论理论过程中的西学资源,为王夫之本体论思想的深入研究开辟了新的理论视野,并为我们评断王夫之本体论思想之得失找到了宋明理学之外的更多参照对象,更为中西哲学在本体论上的融通和比较研究奠定了基础。

中国传统哲学,尤其是在宋明理学中,认识问题(知)主要以对道德的认识而展开,而对于自然和客观世界的科学认识则是从属于对超越性的"天理"的认识的。这便与西方哲学重视探求自然世界的知识、重视把握具体真理的科学认识在侧重点上有着显著不同。在作者独到的分析下,王夫之在认识论方面对西学资源的汲取过程清晰地展现在我们的面前。作者认为,王夫之对西学的涵化吸收使得"中国哲学认识论获得了从伦理学之附庸走向相对独立的、关于认识发展规律之理论的转变和突破"(第 786 页)。具体而言,王夫之汲取了庞迪我在《七克》中阐扬的"以克傲为本"的观点,提出了学者"以去骄去惰为本"的主张,又扬弃了基督教哲学中"认识自然即所以认识上帝"的思想,广泛运用自然与社会知识对朱熹的"理一分殊"做了根本的改造和重新诠释。在此基础上,王夫之提出"有即事以穷理,无立理以限事"的唯物主义认识论原则,同时注重吸纳西方几何学方法之精义,提出了"惟质测"能"即物以穷理"的新格物说与"致知之功唯在心官"、重视抽象推理能力的新致知论(第 781—787 页)。可见,明清之际的西学东渐为中国带来了新的科学认识工具,而这些"质测之术"也对中国在认识自然的理论发展上起到了变革性的意义。这一点集中反映在方以智、王夫之等人对传统认识论思想的改造上。就王夫之重塑"格物"、"致知"范畴和创制崭新的格致理论来说,学界以往论著已多有涉及。但真正开掘并系统论述王夫之新格致思想中西学思想资源的,《中西哲学比较研究史》尚属首例。

作者最后对王夫之在伦理学领域对基督教哲学的吸收进行了深入探析。王夫之整个思想体系中最具创造性的部分很大程度上体现于其伦理学和人性论思想中。作者认为,王夫之在构建其伦理学思想时扬弃了基督教哲学人性理论，吸收了其"人所异于禽兽非几希"的思想。他与利玛窦一样并不赞成"人之异于禽兽者几希"的观点，鲜明地提出了"天道不遗于禽兽，而人道则为人之独"全新的"人禽之别"论。但王夫之并未接受基督教哲学中关于人"一半是天使，一半是魔鬼"的立场，而是强调重视人的物质生活欲望的合理性（第788—789页）。其次，王夫之吸收了基督教哲学"自由意志"理论，明确提出"我者，德之主"以反对中国传统思想中的"圣人无我"说（第790页）。此外，王夫之从利玛窦"理卑于人"的思想出发提出了以人民福祉为政治之至上原则的观点，认为"人欲之大公，即天理之至正"与"人欲之各得，即天理之大同"（第792—793页）；而王夫之将人生看作"鬼日消"、"神日生"的辩证过程，以及提出了"重今"的见解，亦是扬弃基督教哲学"面对死亡而生存"思想的合理因素及摒弃基督教沉重悲苦色彩的理论结晶（第793—794页）。作者认为，王夫之极富代表性和创发性的"性日生日成说"，也是对利玛窦在《天主实义》中认为人性"涤旧而日新"思想的创造性发挥（第791—792页）。可以看出，明清之际的儒耶对话不仅对中国哲学认识自然方面造成了巨大的影响，更深刻影响着时贤对于人本身的问题的思考。基督教哲学也对王夫之本人在伦理学理论上的创造，起到了相当大的启迪作用。

"三教合一"是明清之际主流思想所呈现出的一大重要特征，当前学界在进行明清之际思想研究时，多从这一理论视角出发。然而，许苏民教授的论述为我们指出了王夫之思想的另一重要来源——以儒耶对话为代表的西学东渐思潮，这说明我们在未来的研究中要注意到，明清之际思想界的理论背景是更加复杂和广阔的，仅将"儒释道"三家作为诸多思想家的整个理论来源似乎就显得不够全面了。除西方基督教哲学思想外，以回教为代表的伊斯兰文化也在中国思想发展中有其独特贡献，但这些在以往以现代性为主要探讨对象的早期启蒙理论范式下隐而不彰，甚至是被有意遮蔽的。这意味着我们进行明清之际思想个案研究时，应当从更加宽广的视野来看待和把握思想家们的智慧结晶。业师吴根友教授有感于此，曾提出了从"三教合一"到"五教融通"的精彩见解。但笔者愚见，认为从新视野下进行阐述也会产生一个问题：以王夫之为代表的思想家们，其思想成果中究竟在多大程度上受到西学影响？这需要我们以十分谨慎的态度进行思考和论述。在此试以许著中的一段论述为例说明：作者认为王夫之所提出的以人民的福祉为至上原则的观点、反对"申韩之儒"及宋儒"以理杀人"，均是从利玛窦"理卑于人"的观点出发，而王夫之反对恢复上古三代肉刑的思想也可能与传教士大力宣扬的"爱仇敌"的思想有关（第792、第793页）。笔者认为，王夫之对普通民众疾苦的重视和关怀，并不见得一定是受到西学启发之后才萌发出来的；中国历史上尽管有大量学者力图恢复肉刑并进行了论证，但反对肉刑者也大有人在。因此，将王夫之反对肉刑的主张归功于基督教哲学与传教士的启迪，未免有牵强比附的嫌疑。而这样的比附现象，在整个中西哲学比较研究的过程中是普遍存在的。《中西哲学比较研究史》一书并非王夫之思想专著，旨在阐发"中西哲学比较"为王夫之思想之形成所带来的新视野、新的理论工具和新结论，不可能就王夫之整个思想来源展开专论或做精密辨析，在具体论述中存在模糊和值得商榷之处也无可厚非。而这些附会本身，也暗暗成为儒耶对话其后乃至今日中西思想沟通与新思想的萌发处和生长点。无论如何，作者以大量翔实丰富的文献证据开掘出了王夫之思想中的西学因素和近代性特征，这些论述必将成为未来王夫之思想研究乃至整个中西哲学比较研究的重要理论基础。睿哲惟宰，铅墨镂华，我们完全有理由期待未来学者们在此基础上秉持"以平等心究观百家"的研究态度与吸收王夫之"入其垒，袭其辎，曝其恃而见其瑕"的批判精神继续推进研究。许苏民教授这部力作，将在中西哲学比较研究史这片璀璨的星空中熠熠生辉！

比较与对话：个案研究

关于庄子的"坐忘"——比较文化论之一

梅崎光生

一

虽然我们并不清楚庄子的确切生卒年代，但依据司马迁的《史记列传》，庄子是与梁惠王（公元前370—前335年在位）以及齐宣王（公元前342—前324年在位）同时代的人。[1] 若如此，他与古希腊的柏拉图（公元前428—前447年）、亚里士多德（公元前384—前322年）也几乎是同时代的。不过，柏拉图使用了对话法，通过说理的方法来展开叙述，而《庄子》在问答中则较多地使用比喻，未必是理论性的，因而较难把握。[2]

柏拉图认为，永恒的东西是众人皆知的理念，感官所能把握的这个现实世界则是理念的摹写或者说影子，如此就构成了某种二元论。我们的灵魂在过去曾经生活在理念的世界中，在诞生的瞬间却被囚禁在肉体的牢狱之中，死后则又能返回理念的世界。并且理念（作为一个对象）是通过纯粹思维而被把握的。这种思想看似单纯明快，实则蕴含了很多问题，首先其直系弟子亚里士多德就将理念拉回地平线上，即便是理念

---

[1] 参见司马迁《史记列传》第三《老子韩非列传》。
[2] 现在的《庄子》由内、外、杂篇共计三十三篇而成，其中，普遍认为内篇七篇是庄子所作，而怀疑其他篇目中掺入了后人的思想。本文的论述则是总括性的。

说的后继者，像新柏拉图主义者也试图克服或者发展老师的学说。尼采等哲学家则将柏拉图贬低为"悲剧时代"的哲学的杂种。但是，本文先搁置此问题，而将《庄子》当中很难理解把握的东西作为线索，来考察使得存在而成为存在的根源性的"道"（Tao）以及把握此"道"的"方法"。

庄子的"道"继承了老子的思想，具有如下的性质：作为万物之根源，生成发展之理法，又是遍布宇宙的气（所谓超次元的能量）①，但与老子相比又有一些微妙的不同之处。这一点通过下面的文章比较即可明白。

"天下万物生于有，有生于无"（《老子》第四十章），"道生一，一生二，二生三，三生万物"（《老子》第四十二章），以上的《老子》文中，首先有的是"无"。可以做如下的解读：它是作为万物之始源的"道"，从那里产生万物。

但在庄子这里，却有仿佛是对老子上文进行讽刺的行文。若翻译为现代文则如下：

> 万物应当都有其"始"。若有"始"，则在此之前更有"未始之时"。更有"无'未始之时'的时候"。另外，因为有"有"，就应当还有未有之时的状态即"无"。更应该在此之前有"未有'无'的状态"。更在之前应该有"未有'无'的状态的状态"。
>
> 如此，如果依循语言而探究有无之根源，则会无休止地持续下去，结果还是无法把握其根源。尽管如此，我们在无法知道确切之根源的情况下，却唐突地说着"有"以及"无"。这样的对有无的不确定的理解方法，其实对于有无，根本就并不知道究竟何者为有，何者为无。②

---

① 参见幾德工业大学研究报告 A 人文社会科学编第三号的拙稿《"道"（Tao）与逻各斯》。

② 《齐物论》篇，依据中央公论社版《老子庄子》森三树三郎之翻译。

在庄子看来，使用语言是无法把握确实的根源的，而且事实上"言说"本身是否存在，都无法知道。提起"万物之根源"我们就会想起古希腊的自然哲学家。例如德谟克利特的"原子"，是所谓万物之原质。其将自然进行对象化，并以理论之利刃进行分析。但是老庄的"道"却不是这样的东西，而是包育万物、万物从中而生并最终回归的母体。因此是无法对象化的，亦即是说，并非客体，而是主体性的东西。并且在庄子看来，这是很难把捉的。

二

"太初有逻各斯"，这是以希腊文明与希伯来文明之合流而产生的西方哲学的发端。逻各斯本来是语言的意思，《约翰福音》中的这句话，意味着神说要有光就有了光，也就是说，神之语言即是存在，然后逐渐变成与语言相结合的理论，乃至存在之理法的意思。溯源上去，主张"万物流转"的自然哲学家赫拉克利特说："万物依从逻各斯而生成"，还说："倾听逻各斯而不是我的声音，然后知道万物是一，这就是智慧。"[①] 对于逻各斯的信赖，这是西方哲学一贯的底流。这是从对万物之根源乃至宇宙最高原理进行对象化，并进行理论性的把握的信仰而来的。

但是如前所述，庄子却表现出对于语言的不信任态度。例如他在《天道篇》中说：

世间之人贵书，其内容则是言语。言语中所贵者，当是其意味。其意味所指向的是对象，也就是事实。但实际上这却是言语所无法传达的东西。

人用眼睛能看到的是形象和颜色，用耳朵能听到的是物体的名字和声音。但是通过这些都无法知道物体的本质。

知道事物之本质的人并不通过言语来进行说明。说的人都是不知道

---

① Diels, Fragmente Herakleitos, fr. 50.

本质的。

确实对于未体验之人，说芒果是甜的也并不能知道其甜味如何，蔷薇花之美或者肖邦之名曲，仅仅通过"言语"是无法把握其本质的。

《庄子》当中更记载了这样的故事：

桓公在读某本书的时候，制作车轮的船大工来到了堂前，并问此书里面写了谁的事情。

当桓公回答说是圣人之言的时候，大工却说："君之所读者，古人之糟粕已夫"。桓公勃然大怒，船大工解释道，加工车轮的要诀，是无法用语言进行说明的，因此即便是他自己的孩子也无法明白。所以即便到了七十岁这样的年纪他依然在工作。古人也同样是无法将真理用言语传达就死去了吧。此即"君之所读者，古人之糟粕已夫"。

庄子想说的是，究竟的真理无法用"言语"，而只能用体验，亦即是"行"才能领会。那在讨论这究竟是怎样的方法之前，先来探索一下庄子的基本想法吧。用"探索"这样的说法，是因为我们使用的是庄子自己不信任的，也就是庄子所说的"言语"，亦即"糟粕"。

三

人们常说庄子思想的核心是万物齐同之论，这用西方哲学的理论是很难把握的。概括起来是如下这样的。

我们生活在人为性的相对、差别、对立之世界中，若站在超越它的宇宙（"道"）的立场上来看，则这些（相对、差别、对立——译者按）都会消失，万物及其变化则在同一混合之中而得到调和并融解。亦即是说生死一如的世界。遵从此"道"而活着就是达人的生活方式。[①] 对此，庄子是通过各种比喻，乃至运用了怪异的表现，不断变换而进行叙述的。

---

① 在这里假定使用了"达人"的说法，在《逍遥游篇》中有"至人无巧，神人无功，圣人无名"等多种说法。

例如刚才说"生死一如",我们通常认为生之终点是死,死亡是令人恐惧而悲伤的。但是庄子却不这么认为。即便亲友或者亲人死去,也能很淡然地唱歌(例如《大宗师篇》中子贡的话、颜回的话)。《至乐篇》中有如下的故事:

庄子妻子去世了,惠子因而很悔恨地过去,却发现庄子用脚叩击盆而歌。惠子由此指责庄子,认为如此对待常年陪伴他的伙伴,是很过分的事情,而庄子则答道:

"一开始我也觉得胸塞。但是仔细想一下,人是从无生之处诞生的。不仅没有生,形体也没有。连构成形体的气也没有。

在初始的混沌之中产生变化,气就这样产生了。由此而构成形,并成为生命。然后就仿佛春夏秋冬之循环那样,又最终回到混沌。

在宇宙这个巨室中对于抱着很好的心情而入睡的人,却恋恋不舍而哭泣,这是不知道天命的表现。因此我停止了哭泣。"

由不同的解读,我们也可以认为,庄子强调的是死是安乐,而生是忧苦的。但是,要而言之,生死不过是宇宙之气(所谓宇宙能量)的离合聚散,是永远之"化"(变化)的表现而已。若成为此"道",则"方生方死,方死方生",也就是生死一致(《齐物论篇》)。《庚桑楚篇》中的这段话也是同样的意思:"有乎生,有乎死,有乎出,有乎入,入出而无见其形,是谓天门。天门者,无有也,万物出乎无有,有不能以有为有,必出乎无有,而无有一无有。圣人藏乎是。"

但是,如果按照这样去写,实际上也令人感到焦躁而空虚。因为在这样的境地下,庄子自身实际上也成了无法用言语表达的东西。如果无法用言语来表现与传达,那么这其实就是有所体悟了。

四

接下来的问题是:体悟的境地究竟是怎样的呢?另外,要如何才能达到体悟呢?

关于前者,例如《齐物论篇》的开篇有这样的故事:

南郭子綦隐机而坐，仰天而啸，看似茫然而忘记一切。颜成子游见状就问道："这到底是怎么了。究竟如何才能做到身如枯木，心如死灰呢？现在我看到的先生，跟先前似乎不一样。"

南郭子綦答曰："今，吾丧我"，人们恐怕会想到道元的"身心脱落"吧。此后，南郭子綦对子游说了"人籁、地籁、天籁"的事情。我们说风声，但其实风是没有声音的。但是在没有风的地方，在大木的空穴中也没有声音。风声正是在各种各样形状的洞穴中自己所选择的东西。作为万物之根源的"无"，正如风一样，应之而人心产生各种各样的喜怒哀乐之感情，在其中似乎有真正的主宰者，却无法看到其形状。

尽管如此，这个"真宰"还是很近，并且其运作（"可行"）是无可置疑的事实（"已信"）。换句话说，这就是体悟。

因此问题就是体悟"道"的方法，即"坐忘"和"心斋"。《大宗师篇》关于"坐忘"的部分（这里是本文的关键，因此引用原文）如下：

> 他日复见，曰："回益矣！"曰："何谓也？"曰："回坐忘矣。"
> 仲尼蹴然曰："何谓坐忘？"颜回曰："堕肢体，黜聪明，离形去知，同于大通，此谓坐忘。"仲尼曰："同则无好也，化则无常也。而果其贤乎！丘也请从而后也。"[①]

这里，能够"坐忘"的颜回对孔子说明了"坐忘"，随后孔子反而要请教他，而在同样的《大宗师篇》当中，女偊把圣人之道教给有成为圣人的资质而不知道圣人之道的卜梁倚：

> 吾犹守而告之，三日而后能外天下。已外天下矣，吾又守之，七日而后能外物；已外物矣，吾又守之，九日而后能外生；已外生矣，而后能朝彻；朝彻而后能见独，见独而后能无古今，无古今而

[①] 此处原文引用有几处包括文字以及标点的错误，译者按照中华书局的郭庆藩注疏本进行了修订。——译者按

后能入于不死不生。杀生者不死,生生者不生,其为物,无不将也,无不迎也,无不毁也,无不成。

三天之后忘记天下的存在,七天以后忘记外物的存在,九天以后忘记自身的存在,最后达到不生不死的境地,如森三树三郎所说①,"让人联想到禅宗的顿悟的经历",但他做了如下的解说:

> 庄子的坐忘,究竟是否是像坐禅那样的修行,这是值得怀疑的。通观《庄子》全篇,为了达到无为自然的修行方法几乎可以说从未被提及过。毋宁说,修行或者努力这样的事情,是不自然的人为而受到排斥的东西。因此所谓坐忘,也可以看做是忘却一切差别的象征性的表现罢了。②

森氏在其他书中也强调③:

心斋或者坐忘在《庄子》那里得到的待遇是很冷淡的。与其说是为了达到无为自然的功夫,不如说是描述达到无为自然的时刻的状态。

庄子学研究者大浜皓等也持基本相同的意见,认为"坐忘是忘却世间被称为有德的仁义,也忘却礼乐的立场"④。"坐忘这种究极最高的境地"⑤,更认为"所谓坐忘是高层次的忘却,自由的极致"⑥。也就是说,理解为立场、境地、极致。

说到心斋,还是要提到对于颜回的问题孔子所做出的回答:

> 回曰:"敢问心斋。仲尼曰:若一志。无听之于耳,而听之于心。无听之于心,而听之于气。听止于耳,心止于符。气也者虚而

---

① 中央公论社《老子·莊子》,第266页。
② 同上书,第278页。
③ 森三树三郎《無の思想》,讲谈社。
④ 大浜皓《莊子の哲学》,劲草书房,第196页。
⑤ 同上书,第232页。
⑥ 同上书,第278页。

待物者也。唯道集虚。虚者心斋也。"

在该文中，颜回问道："回之家贫，唯不饮酒不茹荤者数月矣。如此，则可以为斋乎？"孔子则回答道："是祭祀之斋，非心斋也。"

对该文的最后部分，森三树三郎翻译为"这种心灵的空虚的状态，就是心斋"①，而笔者认为岩阳子的"心之斋戒，是以无心之境地为我之所有"（心の斋戒とは、この无心の境地をわがものとすることなのだ）②的翻译比较妥当。因为"心斋"不是状态，而应当解释为行为。这一点从前面引用的几段材料中就能看出。

对于笔者的上述论点，有人会认为因为庄子当中"坐忘"和"心斋"等叙述较少，将此理解为"方法"是比较困难的。确实，《庄子》并没有像印度瑜伽的《瑜伽经》那样，是作为方法而成为体系。因为尽管说"坐忘"，但对于"坐的方式"这一点并没有任何叙述。毋宁说，"坐忘"是在未被体系化以前的、接近瑜伽的原初形态，这样的解释可能是比较无可厚非的吧。在这点上白乐天所说的"行禅与坐忘，同归无异路"③是可以接受的。

在这一点上，森氏认为："如果坐禅是必须通过努力而得来的东西的话，那就不同于庄子的坐忘。因为庄子只是贯彻了无为自然的立场，强烈拒绝作为"④，对此笔者也持有异议。

《庄子》当中出现了很多动物的比喻，而鸟之飞翔，鱼之游泳，走兽徘徊于森林之中，这些都是自然的姿态。它们为了生存和维系种族而做出的行为，不能说是"作为"。对于人类来说也同样如此。更进一步说，人为了更好的生活而努力向上，这应当是"自然"而不可说是"作为"。坐禅是需要付出努力的吧。但这是最安定的姿态，如果能够返回人的本来之面目也就是佛的话，这也不是"作为"。毋宁说牺牲其他而追求财富、权力或者名声的行为才应该说是"作为"吧。"至人无

---

① 大浜皓《荘子の哲学》，劲草书房，第217页。
② 《中国の思想 荘子》，岸阳子译，德间书店。
③ 白乐天"乐睡起晏坐诗"。译者按：此处原文"异路"作"黑路"，当为笔者的笔误。
④ 森三树三郎《無の思想》，讲谈社，第51—52页。

己、神人无功、圣人无名"① 正显示出通过否定"作为"而得到真正的自由。

不过说起来,到了《庄子》的《外篇》以及《杂篇》,出现了通过努力而达到无为自然的叙述。森氏在前面的引文中继续说道:"但是,在庄子当中伴随着作为的自然——通过不断的努力而最终得到的自然的观念,也并不能说是完全没有的。例如我们看《达生篇》的取蝉的名人的故事,就是达到熟练之极而不再需要作为的自然,不过,这说到底是通过练习这种形式的作为而达到的。这不再是无为自然,而是通过人为的积累而得到的自然,因此毋宁说应当称为是有为自然吧。这样的有为自然的思想在庄子当中并不是没有。但是这只能看作是极其微弱的程度。"

由笔者之管见,上述文中的"作为"应当改为"努力",森氏所谓的"有为自然"应该是以"无为自然"为前提的。所以《达生篇》的注中②,并不是森氏所说的"无为自然"到"有为自然"的转换,而只能说是补充。

另外,在通过修行而达到与"道"为一的叙述中,有不使用"坐忘"的说法。例如《知北游篇》中,被衣是这样告诉齧欠体悟"道"的方法的。依据译文:"首先全身卸下力量,视线保持自然。若如此,自然就能具备调和的能力了。再进一步进行思虑。这就是与'道'一体、与'道之运作'相一致的状态。如同初生的牛犊的心、而且对为何会如此也没有意识的状态就是如此。"③

五

西方人将自然或者究极者(例如理念)进行对象化,通过逻各斯

---

① 参见《庄子·逍遥游篇》。
② 森三树三郎《無の思想》,讲谈社,第410页。
③ 依据岸阳子的翻译。《庄子》德间书店版本第255页。

而试图阐明真理，与之相比，如果认为东方是通过"行"而主体性地把握究极的真理，那么印度也不是例外。

释迦牟尼舍弃了苦行而修行禅定，并开悟，实际上禅定是瑜伽行的一种。① 瑜伽是一种特定的坐法，通过调整呼吸、驾驭感觉器官、集中精神，来达到与大梵天（Brahma）一体的实修之法，在5世纪左右成书的《瑜伽经》当中有详细的说明。对其形态稍稍进行改变，而产生了佛教，其"八正道"的"正定"是正确的精神统一或者冥想，要而言之就是禅定。

《庄子》的坐忘没有以这样的方式得到总结，是因为庄子的教诲本身不是宗教的缘故吧。宗教将人格神（佛教的场合，就是阿弥陀如来或者大日如来）作为究极者，而庄子的"真宰"并不是人格性的。坐忘的修行仅是以精神气质而存在的。

佛教进入中国是在东汉初期，此时佛教还是西域人信仰的程度，要等到六朝乃至隋唐之际才渗透到知识分子当中。在此时期，老庄思想也压倒儒教思想而进入全盛时期。两者相结合，禅定与坐忘融合而成坐禅的形式。唐代诗人白乐天说行禅与坐忘同归而无异路，指的就是此现象。

当然，佛教与老庄思想之间有共通之处，所以才能融合。如森三树三郎等学者所指出的那样，"不立文字"等说法即是如此。要而言之就是"真理"是无法通过文字来传达和把握的。

（武汉大学国学院陈晓杰　翻译）

---

① 《婆罗门经典·原始佛典》，中央公论社，第37页。

韩愈与佛教

文碧方[1]

摘　要：本文试图对韩愈与佛教之关系的三个方面作一分析和说明：第一，韩愈作为中唐儒学复兴的主将以排佛著称，但他所倡导的儒学思想则可以说是在佛教思想的刺激与启发下逐渐形成的。第二，韩愈是以其特有的原则和方式来与有文才的僧侣交往的。第三，韩愈对僧人大颠修养境界的推崇与折服，既在于他是一无身心修养的文士，又在于他对儒家思想只停留在粗浅的认识上并未能真正去关心和推进儒学自身的理论建设。

关键词：韩愈　倡导儒学　排斥佛教　大颠

在中唐儒学的复兴运动中，韩愈可谓这场儒学复兴运动的主将，他在佛门强势佛风劲吹的中唐挺身亮出儒学的大旗倡导儒学，开启了宋代新儒学的序幕，被视为宋代新儒学的先驱，故钱穆在《中国近三百年学术史》中称："治宋学必始于唐，而以昌黎韩氏为之率。"[2] 历来对韩愈思想这方面的研究相当多，然而以往的研究者虽对韩愈思想中宣传儒学和排斥佛教的这两个方面都颇为注重，但他们一般将韩愈的宣传儒学和排斥佛教视为两个不同的方面，故对于两者之间的内在关联并没有充

---

[1] 文碧方，武汉大学哲学学院教授。本文系国家社科基金"宋代新儒学的兴起对当时士人社会的道德、精神与信仰生活的重塑之探讨"（编号为113—162901）课题研究成果。

[2] 钱穆：《中国近三百年学术史》，中华书局1987年版。

分地揭示，此正是本文所致力之处。对于韩愈与有文才的僧侣之间的交往，先行的研究一般只是就韩愈写给僧侣们的诗文作一些字面上的分析与解释，本文则力图从韩愈与文僧交往时他所采取的原则和欲达致目标的角度来对他与文僧的交往作一分析和说明。历史上对韩愈与大颠之间关系的看法聚讼纷纷、莫衷一是，本文力图从宋代新儒学兴起的大背景亦即如何在儒家的立场上对佛老的合理性有所吸收这一宏阔的视域下对他们之间的关系作一重新梳理和探讨，以期深化韩愈与佛教之间关系的认识和消除人们对曾经激烈排佛的韩愈何以折服大颠的种种不解。

一　倡儒与排佛

在佛风强盛的中唐，面对佛教的冲击，韩愈不仅以倡导儒学著称，而且还以排斥佛教而名世，实际上，他的倡导儒学排斥佛教可谓一体两面，也就是说，他一方面通过排斥佛教来倡导儒学，另一方面又通过倡导儒学来排斥佛教。正因为如此，这位倡导儒学的健将也就与佛教有了某种关系。何为儒学的核心价值？应该重视那一种儒学经典？究竟通过何种方式来倡导儒家思想？等等。处于儒学传统几近中断时期的韩愈开始时并没有完全自觉的理论意识，他后来所推尊和宣扬的儒家思想可以说是在佛教思想的刺激与启发下逐渐形成的，他建立道统阐扬《大学》即充分显示了这一点。

历史学家陈寅恪在《论韩愈》一文中曾指出：韩愈的道统说是受佛教的传法世系的影响而建立，他列举历史事实并从外因方面说明：韩愈幼年时生活于新禅宗的发祥地韶州，正值新禅宗学说宣传极盛之时，幼年颖悟的韩愈无疑受到了新禅宗学说浓厚的环境气氛的影响，故后来他借鉴禅宗教外别传之说建立儒家道统说。[1] 陈寅恪此说应当是合乎历史事实的看法。并且，依陈寅恪之见，在儒学衰微的中唐时期，韩愈在倡导儒学时之所以能"直指人伦，扫除章句之烦琐"，是因为他受新禅

---

[1] 陈寅恪：《论韩愈》，《历史研究》1954年。

宗启发效仿其"直指人心见性成佛"方法之故。陈寅恪这一看法也是有其合理性的，因为从韩愈学儒的经历与渊源来看，无非是"沉潜乎训义，反复乎句读"（《韩昌黎集》卷15《上兵部李侍郎书》）①，这种训义注疏的章句之学，是两汉以来的学儒之传统，如果不是受到了新的刺激与启发，深受这一学儒传统训练熏陶的韩愈不仅难以对这一流行近千年的烦琐支离的章句之学生出质疑，而且更不会发出振聋发聩的"春秋三传束高阁，独抱遗经究始终"（《韩昌黎集》卷5《寄卢仝诗》）②的呼唤。从内因方面来看，如果对韩愈那两篇著名的排佛文章《原道》、《论佛骨表》作一分析，那么，亦可见出韩愈所推尊、宣扬的儒家思想与佛教的关系。

汤用彤曾把唐代士大夫反佛所持的理由归纳为四种：（1）佛教害政；（2）佛法无助于延长国祚；（3）当以高祖沙汰僧徒为法；（4）僧尼守戒不严，佛寺沦为贸易之场、逋逃之薮。③韩愈当然也不例外，他《送灵师》诗中所谓"佛法入中国，尔来六百年。齐民逃赋役，高士著幽禅，官吏不之制，纷纷听其然。耕桑日失隶，朝署时遗贤"（《韩昌黎集》卷2）④即如此；他《原道》中所谓"古之为民者四，今之为民者六；古之教者处其一，今之教者处其叁。农之家一，而食粟之家六；工之家一，而用器之家六；贾之家一，而资焉之家六。奈之何民不穷且盗也"（《韩昌黎集》卷11）⑤亦如此。但在《原道》、《论佛骨表》中，韩愈则似乎更多是从夷夏之异来辟佛和倡导儒学，进而言之，《原道》、《论佛骨表》二文是通过揭橥夷夏之道之法之不同来排佛反佛的，例如："'斯道也，何道也？'曰：'斯吾所谓道也，非向所谓老与佛之道也。'"（《原道》）⑥"伏以佛者，夷狄之一法耳，自后汉时流入中国，上古未尝有也。""夫佛本夷狄之人，与中国言语不通，衣服殊制；口

---

① 韩愈：《韩昌黎集》，第4册，商务印书馆1930年版，第44页。
② 韩愈：《韩昌黎集》，第2册，商务印书馆1930年版，第39页。
③ 汤用彤：《隋唐佛教史稿》，中华书局1982年版，第33—39页。
④ 韩愈：《韩昌黎集》，第1册，商务印书馆1930年版，第35页。
⑤ 韩愈：《韩昌黎集》，第3册，商务印书馆1930年版，第61页。
⑥ 同上书，第62页。

不言先王之法言，身不服先王之法服。"（《韩昌黎集》卷 39《论佛骨表》）① 然而，正是在佛老特别是佛教之道之法的刺激与启发下，韩愈以佛之道之法为参照，比照其道其法一步步提出了与之相抗衡的儒家之道之法。

比照佛教之典籍，韩愈声称儒家也有自己的典籍，此即"《诗》、《书》、《易》、《春秋》"；比照佛教之法度，韩愈认为儒家之法度为"礼、乐、刑政"；比照佛教之僧尼及其关系，韩愈认为儒家所主张是"其民，士农工贾；其位，君臣父子师友宾主昆弟夫妇"；比照佛教徒之食素衣僧服居寺庙，韩愈认为儒家所赞同是"其服，麻丝；其居，宫室；其食，粟米果蔬鱼肉"（《原道》）②；等等，而这一切皆源于"斯吾所谓道也，非向所谓老与佛之道也"（《原道》）。③"斯吾所谓道"究竟为何？比照佛老之道，韩愈揭示与概括道："夫所谓先王之教者，何也？博爱之谓仁，行而宜之之谓义，由是而之焉之谓道，足乎己无待于外之谓德。"（《原道》）④ 这表明韩愈是以仁义道德为儒家之道的核心内容。不仅如此，韩愈还比照佛教传法世系建立道统来说明以仁义道德为核心内容的儒家之道的传授渊源，他称："尧以是传之舜，舜以是传之禹，禹以是传之汤，汤以是传之文武周公，文武周公传之孔子，孔子传之孟轲；轲之死，不得其传焉。"（《原道》）⑤ 尽管《孟子》中已有儒家"道统"的雏形，但如此明确建立儒家"道统"者则为韩愈。对韩愈而言，这种从尧、舜、禹、汤、文、武、周公、孔子到孟轲一代一代传下来的儒家道统不仅源远流长，而且在时间上比佛教传法世系更久远，更为历史所检验，故韩愈慨然以道自任，宣称"使其道由愈粗传，随灭死万万无恨"（《韩昌黎集》卷 18《与孟尚书书》）。⑥

在排佛反佛的过程中，韩愈对佛教最为耿耿于怀的是"不知君臣

---

① 韩愈：《韩昌黎集》，第 7 册，商务印书馆 1930 年版，第 36 页。
② 韩愈：《韩昌黎集》，第 3 册，商务印书馆 1930 年版，第 62 页。
③ 同上书，第 62 页。
④ 同上。
⑤ 同上书，第 63 页。
⑥ 韩愈：《韩昌黎集》，第 4 册，商务印书馆 1930 年版，第 86 页。

之义，父子之情"（《论佛骨表》）①、"外天下国家，灭其天常；子焉而不父其父，臣焉而不君其君，民焉而不事其事"（《原道》）②。在佛教这种刺激下，为了对抗佛教的这种"外天下国家"、"必弃而君臣，去而父子，禁而相生养之道"（《原道》）③，韩愈特意把《大学》提揭出来加以阐发："'古之欲明明德于天下者，先治其国；欲治其国者，先齐其家。欲齐其家者，先修其身；欲修其身者，先正其心；欲正其心者，先诚其意。'然则古之所谓正心而诚意者，将以有为也。"（《原道》）④《大学》的"齐家治国平天下"可谓与佛教的"不知君臣之义，父子之情"、"外天下国家，灭其天常"真正针锋相对，这就为韩愈排佛反佛提供了真正的理论依据和经典依据。《大学》原为《礼记》中的一篇，自秦汉以来并不为人们所重视，如果没有佛教的刺激以及与佛教的行事比照，韩愈断不可提揭和重视作为《礼记》之一篇的《大学》。

唐代的佛学较之于儒学，心性之学无疑是其胜场，但佛教的明心见性的结果却与儒家所期望的截然相反，韩愈也深深认识到这一点，故他称："古之所谓正心而诚意者，将以有为也。今也欲治其心，而外天下国家，灭其天常。"（《原道》）⑤ 如何将"正心诚意"与"有为"、"治心"与"齐家治国平天下"结合起来二者一以贯之？这显然也是韩愈所着力要解决的问题，在佛教特别是禅宗的"明心见性"、"见性成佛"等思想的影响与启迪下，韩愈在阐扬《大学》之"齐家治国平天下"的同时亦致力于儒家心性之学的发掘和探讨，力图为儒家的"仁义"以及"齐家治国平天下"提供心性论的基础与根据，《原性》篇即他对"性"所做的儒家式的探究。在《原性》篇中，韩愈不仅视"性""与生俱生"先天本有，而且认为"其所以为性者五：曰仁、曰礼、曰信、曰义、曰智"（《韩昌黎集》卷11）⑥，这表明韩愈是以人之先天内在本

---

① 韩愈：《韩昌黎集》，第7册，商务印书馆1930年版，第36页。
② 韩愈：《韩昌黎集》，第3册，商务印书馆1930年版，第62页。
③ 同上书，第61页。
④ 同上。
⑤ 同上书，第62页。
⑥ 同上书，第64页。

有之"性"作为儒家仁义等核心价值的依据的,他在《答陈生书》中也论及这一点:"盖君子病乎在己而顺乎在天,待己以信而事亲以诚。所谓病乎在己者,仁义存乎内,彼圣贤者能推而广之,而我蠢焉为众人。"(《韩昌黎集》卷16)① 仁义内在,确切地说,"仁义"内在于"性"或"性"具"仁义",具"仁义"之"性"无疑与禅宗"无相"、"无住"之性迥然有别。正因为如此,朱子称赞道:"韩文《原性》人多忽之,却不见他好处。如言'所以为性者五,曰仁义礼智信',此语甚实"、"退之说性,只将仁、义、礼、智来说,便是识见高处"。"韩子《原性》曰:'人之性有五。'最识得性分明。"(《朱子语类》卷137《战国汉唐诸子》)② 当然,韩愈《原性》一文在理学家看来还相当粗疏,特别是他的性三品说,他试图对儒家的人性论做一总结以对抗佛教的人性论,但实质上与董仲舒的三品说没有什么本质的区别。韩愈《原性》一文对儒家心性之学的发掘与发明尽管粗疏简陋,但他毕竟是在佛学在此领域有着极大的发言权的氛围下的孤明先发,他之所以能独得先机,这显然也与佛教心性之学的刺激和启迪分不开。

韩愈之前的士大夫排佛反佛,仅仅只是为排佛而排佛、为反佛而反佛,只破而不立;韩愈的排佛反佛与他们不同的是:在排佛反佛的过程中,他不仅获得了一个看待儒家经典的新的视野,而且还通过借鉴与比照佛教思想来倡导和宣扬与之相对的儒家思想,破中有立,从而使排斥佛教与倡导儒学结合为一体,发人之所未发,开启了宋明新儒学的先河。因此,陈寅恪认为韩愈乃"唐代文化学术史上承先启后转旧为新关捩点之人物也"③。

二 韩愈与文僧

在《原道》和《论佛骨表》中,韩愈不仅要求把佛骨"投诸水火,

---

① 韩愈:《韩昌黎集》,第4册,商务印书馆1930年版,第62页。
② 黎靖德编:《朱子语类》,第8册,王星贤点校,中华书局1986年版,第3272页。
③ 陈寅恪:《论韩愈》,《历史研究》1954年。

永绝根本"(《论佛骨表》)①，而且还主张对佛教"人其人，火其书，庐其居"(《原道》)②，其排佛斥佛之态度之决绝、言辞之激烈、手段之粗暴，可谓无以复加。当好友柳宗元对僧徒文畅礼遇有加时，韩愈即作《送浮屠文畅师序》来表达他的不满："今吾与文畅，安居而暇食，优游以生死，与禽兽异者，宁可不知其所自邪？夫不知者，非其人之罪也；知而不为焉，惑也；悦乎故，不能即乎新者，弱也；知而不以告人者，不仁也，告而不以实者，不信也。"(《韩昌黎集》卷20)③ 依韩愈之见，作为儒者应对佛徒告之以圣人之道施之以圣人之教，否则，则是知而不为，不仁不信，未尽儒者之责。

尽管韩愈对柳宗元礼遇和友善僧徒颇有微词，但在佛风大盛的唐代，韩愈自己也无法避免不与佛教徒往来，事实上他与佛教徒亦屡有交往。朱熹曾说："退之虽辟佛，也多要接引僧徒。"(《朱子语类》卷139《论文上》)④ 检观韩愈文集，韩愈有诗或文相赠的僧人先后有十五人：此即澄观、惠师、灵师、盈上人、僧约、文畅、无本、广宣、颖师、秀师、澹师、高闲、令纵、大颠、译经僧。如果对韩愈这些诗或文作一简约分析，也可以对韩愈与佛教的关系有所了解和把握。

在韩愈作序赋诗相赠的僧人中，澄观可以说是最早得韩愈赋诗相赠者，此即著名的《送僧澄观》诗。此诗前半段云："浮屠西来何施为，扰扰四海争奔驰。构楼架阁切星汉，夸雄斗丽止者谁。僧伽后出淮泗上，势到众佛尤恢奇。越商胡贾脱身罪，珪璧满船宁计资。清淮无波平如席，栏柱倾扶半天赤。火烧水转扫地空，突兀便高三百尺。影沈潭底龙惊遁，当昼无云跨虚碧。"(《韩昌黎集》卷7)⑤《送僧澄观》诗这一部分对佛教信徒修建寺塔时的穷奢极侈与劳民伤财严加斥责。此诗中间一部分云："道人澄观名籍籍。愈昔从军大梁下，往来满屋贤豪者。皆言澄观虽僧徒，公才吏用当今无。后从徐州辟书至，纷纷过客何由记。

---

① 韩愈：《韩昌黎集》，第7册，商务印书馆1930年版，第36页。
② 韩愈：《韩昌黎集》，第3册，商务印书馆1930年版，第36页。
③ 韩愈：《韩昌黎集》，第5册，商务印书馆1930年版，第19页。
④ 黎靖德编：《朱子语类》，第8册，王星贤点校，中华书局1986年版，第3305页。
⑤ 韩愈：《韩昌黎集》，第2册，商务印书馆1930年版，第74—75页。

人言澄观乃诗人,一座竞吟诗句新。向风长叹不可见,我欲收敛加冠巾。"① 从诗的这一部分来看,僧人澄观既有吏才又有诗才,可惜遁入空门,但韩愈表示"我欲收敛加冠巾",也就是说,他要对其授之以圣人之道,劝其弃佛还俗用世。《送僧澄观》诗中的这种既对佛教大加斥责又对僧徒"我欲收敛加冠巾",可以说是韩愈的其他赠佛僧的诗文中也屡屡出现的两大主题。前文所提及的《送灵师》诗即如此,此诗的前一部分云:"佛法入中国,尔来六百年。齐民逃赋役,高士著幽禅,官吏不之制,纷纷听其然。耕桑日失隶,朝署时遗贤。"② 这一部分可以说对佛教所造成的"齐民逃赋役,高士著幽禅"局面和危害做了毫不留情的抨击与谴责。中间一部分云:"灵师皇甫姓,胤胄本蝉联。少小涉书史,早能缀文篇。中间不得意,失迹成延迁。逸志不拘教,轩腾断牵挛……材调真可惜,朱丹在磨研。方将敛之道,且欲冠其颠。"③ 灵师早年博览书史善文章,但因不得志而遁入佛门,韩愈惜其才欲以圣人礼义教化他弃佛从儒,因此,韩愈在诗中称:"方将敛之道,且欲冠其颠。"

韩愈频交僧徒并常常欲对其"我欲收敛加冠巾"、"方将敛之道,且欲冠其颠",他在《送浮屠文畅师序》中有一说明。他在此序中称:"人固有儒名而墨行者,问其名则是,校其行则非,可以与之游乎?如有墨名而儒行者,问其名则非,校其行而是,可以与之游乎?扬子云称:'在门墙则挥之,在夷狄则进之。'吾取以为法焉"④,这表明:韩愈之所以如此对待僧徒,他所效法和采取的是扬雄所谓的"在门墙则挥之,在夷狄则进之"的原则。

对韩愈而言,"佛者夷狄之一法耳",浮屠无非夷狄,故需"进之"。因此,他在《送浮屠文畅师序》中对浮屠文畅如此"进之"道:"浮屠师文畅喜文章,其周游天下,凡有行必请于缙绅先生,以求咏歌其所志。贞元十九年春,将行东南,柳君宗元为之请。解其装,得所得

---

① 韩愈:《韩昌黎集》,第2册,商务印书馆1930年版,第75页。
② 韩愈:《韩昌黎集》,第1册,商务印书馆1930年版,第34—35页。
③ 同上书,第35—36页。
④ 韩愈:《韩昌黎集》,第5册,商务印书馆1930年版,第18页。

叙诗累百余篇，非至笃好，其何能致多如是耶？惜其无以圣人之道告之者，而徒举浮屠之说赠焉。夫文畅，浮屠也。如欲闻浮屠之说，当自就其师而问之，何故谒吾徒而来请也？彼见吾君臣父子之懿，文物事为之盛，其心有慕焉，拘其法而未能入，故乐闻其说而请之。如吾徒者，宜当告之以二帝三王之道，日月星辰之行，天地之所以著，鬼神之所以幽，人物之所以蕃，江河之所以流，而语之，不当又为浮屠之说而渎告之也。民之初生，固若禽兽夷狄然。圣人者立，然后知宫居而粒食，亲亲而尊尊，生者养而死者藏。是故道莫大乎仁义，教莫正乎礼乐刑政。施之于天下，万物得其宜；措之于其躬，体安而气平。尧以是传之舜，舜以是传之禹，禹以是传之汤，汤以是传之文武，文武以是传之周公、孔子，书之于册，中国之人世守之。今浮屠者，孰为而孰传之耶？"①在韩愈看来，浮屠文畅之所以与他们有诗文交往，是他对"吾君臣父子之懿，文物事为之盛"心有慕焉，既然他乐闻圣人之道愿学圣人之道，那么，他们就"宜当告之以二帝三王之道"，告诉他"道莫大乎仁义，教莫正乎礼乐刑政"，因为此道此教源远流长是"中国之人世守之"者。尽管这些话语是韩愈的一面之词亦在是他的一厢情愿，但韩愈确实是这么想也是这样做的。每当他见到僧徒中多才多艺、才华出众者，他便只惜其才而完全忘记了其佛徒之身份，并情不自禁地欣赏之赞誉之，或视其为友，或欲招之为徒，或规之劝之循循诱导之。他在《送浮屠令纵西游序》中亦将他这种爱才惜才之情表现得淋漓尽致："其行异，其情同，君子与其进，可也。令纵，释氏之秀者，又善为文，浮游徜徉，迹接天下。藩维大臣，文武豪士，令纵未始不褰衣而负业，往造其门下。其有尊行美德，建功树业，令纵从而为之歌颂，典而不谀，丽而不淫，其有中古之遗风与！乘间致密，促席接膝，讥评文章，商较人氏，浩浩乎不穷，愔愔乎深而有归。于是乎吾忘令纵之为释氏之子也。"（《韩昌黎集》外集卷3）②韩愈在此对令纵的好学善文、见识过人可谓赞誉有加，他甚至称"其行异，其情同，君子与其进可

---

① 韩愈：《韩昌黎集》，第5册，商务印书馆1930年版，第18—19页。
② 韩愈：《韩昌黎集》，第7册，商务印书馆1930年版，第74页。

也"、"吾忘令纵之为释氏之子也",其爱才惜才之心跃然纸上。

正是在韩愈这种爱才惜才之心的感召下,僧人也是诗人的无本亦即贾岛终于弃佛还俗,这是韩愈多年来用心良苦的成果,亦是他循循善诱的劝说下最为成功的范例,但亦仅此一例而已。实际上,无论韩愈是多么苦口婆心地劝之、用心良苦地告之,但那些僧侣们仍然是乐而不返、依然故我。既然"孺子不可教"、"朽木不可雕",故韩愈对那些本应"进之"的夷狄之徒有时也就只好采取那种"挥之"的态度。他在《送惠师》中曾愤怒地与元惠划清界限道:"吾言子当去,子道非吾遵。江鱼不池活,野鸟难笼驯。吾非西方教,怜子狂且醇;吾嫉惰游者,怜子愚且谆。去矣各异趣,何为浪沾巾"(《韩昌黎集》卷2)①,他与元惠"道不同不相与谋",元惠何须纠缠。在《赠译经僧》中对译经僧更是严加斥责道:"万里休言道路赊,有谁教汝度流沙。只今中国方多事,不用无端更乱华"②,韩愈在此可谓义正词严,不稍假借。

三 韩愈与大颠

安史之乱之前,在盛唐的八面威风中,士人们尚能在建功立业的外在事功中寄托其豪情和身心,安史之乱之后,那盛极一时的大唐帝国竟然一蹶不振、暮气沉沉,"白头宫女在,闲话说玄宗"。既然那盛唐的气象、盛唐的荣光、盛唐的辉煌不再,那些从建功立业、外在事功之中退身下来的士人们除了向内来安顿身心已别无他途,于是,逃佛尤其是逃禅者蔚然成风,那些久困于章句的文人更是趋之若鹜。

柳宗元曾在《送僧浩初序》中称:"儒者韩退之与余善,尝病余嗜浮图,訾余与浮图游。近陇西李生础自东都来,退之又寓书罪余,且曰:'见《送元生序》,不斥浮图'。浮图诚有不可斥者,往往与《易》、《论语》合,诚乐之,其于性情奭然,不与孔子异道。"(《柳河

---

① 韩愈:《韩昌黎集》,第1册,商务印书馆1930年版,第35页。
② 韩愈:《赠译经僧》,《全唐诗》,第10册,中华书局1960年版,第3872页。

东集》卷25）①柳宗元面对好友韩愈对自己的一次次责怪与不满，不仅毫不掩饰自己"嗜浮图"，而且还声称"浮图诚有不可斥者"。为何柳宗元认为"浮图诚有不可斥者"？他在《送僧浩初序》中如此说明道："吾之所取者与《易》、《论语》合，虽圣人复生不可得而斥也。退之所罪者其迹也。曰：'髡而缁，无夫妇父子，不为耕农蚕桑而活乎人。'若是，虽吾亦不乐也。退之忿其外而遗其中，是知石而不知韫玉也。吾之所以嗜浮屠之言以此……今浩初闲其性，安其情，读其书，通《易》、《论语》，唯山水之乐，有文而文之。又父子咸为其道，以养而居，泊焉而无求，则其贤于为庄、墨、申、韩之言，而逐逐然唯印组为务以相轧者，其亦远矣。"②对柳宗元而言，他之"嗜浮图"全然不在其对社会义务所持的那种否定态度，更不是向往僧侣的那种寺庙生活，而是僧徒那种"闲其性，安其情"、"泊焉而无求"的身心修养与精神境界，此亦即他所谓的"且凡为其道者，不爱官，不争能，乐山水而嗜闲安者为多，吾病世之逐逐然唯印组为务以相轧也，则舍是其焉从？"这表明他已强烈地感受到了佛教在精神生活和境界方面的吸引力以及其自身心灵的需求。依柳宗元之见，韩愈只知罪浮图之"迹"，而完全忽视浮图那种使人"性情爽然"、"闲其性，安其情"、"泊焉而无求"的身心修养与精神境界，是"忿其外而遗其中，是知石而不知韫玉也"。不仅如此，柳宗元借助佛教的这种身心修养与精神境界的观照发现儒家的经典《易》、《论语》中也有着与此相合能使人"性情爽然"的修养和境界，故益增其自信道："其于性情爽然，不与孔子异道"、"吾之所取者与《易》、《论语》合，虽圣人复生不可得而斥也"。

在中唐时与"韩柳"齐名亦是他们的友人的刘禹锡也同样宣称道："儒以中道御群生，罕言性命，世衰而演息；佛而大悲救诸苦，广启因业，故劫浊而益尊。"（《刘梦得文集》卷4《袁州萍乡县杨岐山故广禅师碑》）③"以中道御群生"的儒家因"罕言性命"，故致"世衰而演

---

① 柳宗元：《柳河东集》，中华书局1958年版，第425页。
② 同上书，第425—426页。
③ 刘禹锡：《袁州萍乡县杨岐山故广禅师碑》，《刘梦得文集》，第4卷，北京图书馆出版社2006年版，第5页。

息";而佛教之所以"劫浊而益尊",即在于其有此"性命"之本,刘禹锡在此无疑是以此"性命"之学来作为衡量与判别儒佛高下的标准的。正因为如此,注重"性命"之学的刘禹锡晚年便一头扎进佛典之中乐而忘返,他在述说自己这段早年习儒书晚读佛典的经历时称:"曩予习《礼》之《中庸》,至不勉而中,不思而得,悚然知圣人之德,学以至于无学。然而斯言也,犹示行者以室庐之奥尔,求其径术而布武,未易得也。晚读佛书,见大雄念物之普,级宝山而梯之,高揭慧火,巧熔恶见,广疏便门,旁束邪径,其所证入如舟沿川,未始念于前而日远矣,夫何勉而思之邪!是余知突奥于《中庸》,启键关于内典,会而归之,犹初心也。"(《刘梦得文集》卷7《赠别君素上人》)① 刘禹锡早年读《中庸》时虽强烈地感受到那种"不勉而中,不思而得"的圣人境界的吸引力,却因找不到登堂入室的路径,故不得不放弃。晚年读佛书时,他不仅发现佛典"高揭慧火,巧熔恶见,广疏便门,旁束邪径",而且自己还亲身体证到了那种"如舟沿川,未始念于前而日远矣,夫何勉而思之邪"之境,这表明晚年的刘禹锡似乎通过读佛书找到了自己的安身立命之处。

　　柳宗元、刘禹锡早年皆习儒,踔厉风发,奋发进取,后在坎坷的人生途中都被佛之身心修养与精神境界所吸引而沉溺于佛。既然韩愈与他们俩生活于同一个时代又彼此相交相识而为友,那么,一生"困厄悲愁"而又"攘斥佛老"不遗余力的韩愈是否同他们一样也有过被佛之修养境界的魅力所吸引而有所迷恋的经历呢?答案是肯定的。那是在他晚年,在他向唐宪宗上书那封著名的《论佛骨表》后,"一封朝奏九重天,夕贬潮阳路八千"(《韩昌黎集》卷10《左迁至蓝关示侄孙湘》)②,他由刑部侍郎贬为潮州刺史,在历经三个多月的艰辛跋涉后到达了去京长安路八千的蛮荒之地潮州,有关当时他的身心状况与处境,且看他在《潮州刺史谢上表》的自述:"臣所领州,在广府极东界上,去广府虽云才二千里,然来往动皆经月。通海口,下恶水,涛泷壮猛,难计程

---

① 刘禹锡:《赠别君素上人》,《刘梦得文集》,第7卷,商务印书馆1929年版,第2页。
② 韩愈:《韩昌黎集》,第3册,商务印书馆1930年版,第50页。

期。飓风鳄鱼，患祸不测。州南近界，涨海连天，毒雾瘴氛，日夕发作。臣少多病，年才五十，发白齿落，理不久长，加以罪犯至重，所处又极远恶，忧惶惭悸，死亡无日。单立一身，朝无亲党，居蛮夷之地，与魑魅为群。苟非陛下哀而念之，谁肯为臣言者？……臣负罪婴衅，自拘海岛，戚戚嗟嗟，日与死迫，曾不得奏薄技于从官之内、隶御之间，穷思毕精，以赎罪过。怀痛穷天，死不闭目，瞻望宸极，魂神飞去。"（《韩昌黎集》卷39《潮州刺史谢上表》）[1] 从韩愈这一谢表的文字来看，处于地僻而又险恶之环境下的韩愈此时不仅满目萧然、怀痛穷天、孤立无助，而且在忧惶惭悸、戚戚嗟嗟中频感理不久长、日与死迫、死亡无日。韩愈对死亡的这种恐惧与无助，并非他谢表上的一时夸张之语，在他刚踏上贬谪之途时那首《左迁至蓝关示侄孙湘》中所谓"知汝远来应有意，好收吾骨瘴江边"[2]即已有之，即使后来他离开了潮州，但每当忆及其所贬之途所贬之地的情景，他内心深处那种死亡的恐惧与无助仍挥之不去、心有余悸。例如："前岁之春，愈以罪犯黜守潮州。惧以谴死，且虞海山之波雾瘴毒为灾，以殒其命，舟次祠下，是用有祷于神。"（《韩昌黎集》卷23《祭湘君夫人文》）[3] "元和十四年春，余以言事得罪，黜为潮州刺史。其地于汉为南海之揭阳，厉毒所聚，惧不得脱死，过庙而祷之。"（《韩昌黎集》卷31《黄陵庙碑》）[4] "惧以谴死"、"惧不得脱死"，毫无疑问，在韩愈踏上贬潮之途起死亡的阴影与恐惧即如魅相随，此确确实实是他当时的真实心态和处境。

面对生还无日、日与死迫，贬谪途中，韩愈虽平日宣称"事佛求福，乃更得祸"，但此时的他也不得不"有祷于神"、"过庙而祷之"以求神护佑；抵潮之后，韩愈尽管驱鳄兴学勤于政事尽其职守，但政事之余他所着力的无疑是：如何来排遣和化解那怀痛穷天、死亡无日的恐惧与无望？如何来慰藉和平衡自己那百无聊赖、生意几尽的心境？就在此孤独无助、无可告语之际，韩愈听说并见到了一个人，此即僧人大颠。

---

[1] 韩愈：《韩昌黎集》，第7册，商务印书馆1930年版，第37—38页。
[2] 韩愈：《韩昌黎集》，第3册，商务印书馆1930年版，第50页。
[3] 韩愈：《韩昌黎集》，第5册，商务印书馆1930年版，第57页。
[4] 韩愈：《韩昌黎集》，第6册，商务印书馆1930年版，第62页。

关于大颠，据顺治《吴府志》卷十记载："释宝通，号大颠，潮阳县人。与药山惟俨同师惠照于西岩，既复游南岳，参石头希迁。后入罗浮瀑布岩……贞元五年（789）开白牛岩以居……七年（791）建灵山院……长庆四年（824）年九十有三，无疾而逝。"由此可见，大颠为禅宗六祖惠能的四传弟子，潮州灵山禅院的创立者。有关直接涉及韩愈与大颠交往的文字现存有韩愈的《与孟尚书书》和《与大颠师书》三封，由于韩愈的这三封《与大颠师书》真伪难辨，历史上即已聚讼不已，故撇开不论，下面我们只就韩愈的《与孟尚书书》作一分析与讨论。

在《与孟尚书书》中，韩愈对自己与大颠的交往如此记述道："潮州时，有一老僧号大颠，颇聪明，识道理，远地无可与语者，故自山召至州郭，留十数日，实能外形骸，以理自胜，不为事物侵乱。与之语，虽不尽解，要自胸中无滞碍；以为难得，因与来往。及祭神至海上，遂造其庐，及来袁州，留衣服为别。"① 从韩愈的这一叙述来看，他在潮州时听说了老和尚大颠之后，于是把他从灵山禅院招请到了州府衙署，韩愈也就与大颠相处了十数日，通过这十数日的相处，韩愈觉得这一老僧诚为难得和可贵。感佩之余，韩愈后来曾两次亲自去灵山禅院造访大颠，一次是在祭神于海上时借道灵山与其相会；另一次是在量移为袁州刺史即将离开潮州之际，他特意又亲往灵山禅院访大颠并"留衣服为别"。韩愈在潮州仅七个月，但就是在这短短的七个月里，他不仅留大颠在衙署十数日，而且竟连连造访大颠，这似乎与他平日所作所为大相径庭，因为他以往遇僧徒不是教之以圣人之道，就是严词斥责不假颜色，何以唯独对一蛮荒之地的老僧既敬且佩礼遇有加？对于韩愈与大颠的交往及其关系，朱熹曾有过许多分析与探讨。朱熹作为宋代理学的集大成者，他不仅对宋代理学开创者们的思想作过全面的综合与整理，而且对那些理学形成过程中发挥过作用的文人与学者的思想也有过深入的探讨，朱熹对公认为理学先驱者的韩愈极为重视，他研究韩愈的文字达

---

① 韩愈：《韩昌黎集》，第4册，商务印书馆1930年版，第81—82页。

八十四篇①之多，大大超出他前后的任何学者。以朱熹对韩愈的用力之勤了解之全探讨之深，历史上应无有任何学者能出其右，故下面主要依据朱熹的这些分析与探讨对韩愈与大颠的关系作进一步的说明与把握。

在《朱子语类》卷一百三十七《战国汉唐诸子》中，朱子与门人在讨论韩愈与大颠的关系时，他曾有过一个说明："退之晚来觉没顿身己处，如招聚许多人博塞为戏，所与交如灵师惠师之徒，皆饮酒无赖。及至海上见大颠壁立万仞，自是心服。其言'实能外形骸，以理自胜，不为事物侵乱'，此是退之死矣。"②朱子的这一说明显然是顺韩愈自己所谓大颠"实能外形骸，以理自胜，不为事物侵乱。与之语，虽不尽解，要自胸中无滞碍"的说法而来，这应符合事实。在韩愈所交接的僧徒中，大颠之前都只是一些饮酒吟诗有文才的无赖和尚，无德更无行；大颠与他们不同的是：不仅是"颇聪明，识道理"，而且是一躬身践履有德有行具极高修养境界之高僧。综合韩愈与朱子的说明，我们完全可以说：处于生死困穷之际的韩愈此时不仅为大颠德行兼备的人格魅力所倾倒，而且更为大颠"胸中无滞碍"的修养境界所深深折服。

对于韩愈"心服"大颠的原因，朱子也为此作了进一步的分析："他也是不曾去做工夫。他于外面皮壳子上都见得，安排位次是恁地。于原道中所谓'寒而后为之衣，饥然后为之食，为宫室，为城郭'等，皆说得好。只是不曾向里面省察，不曾就身上细密做工夫。只从粗处去，不见得原头来处。如一港水，他只见得是水，却不见那原头来处是如何。把那道别做一件事。道是可以行于世，我今只是恁地去行。故立朝议论风采，亦有可观，却不是从里面流出。平日只以做文吟诗，饮酒博戏为事。及贬潮州，寂寥，无人共吟诗，无人共饮酒，又无人共博戏，见一个僧说道理，便为之动。如云'所示广大深迥，非造次可喻'，不知大颠与他说个什么，得恁地倾心信向。韩公所说底，大颠未必晓得；大颠所说底，韩公亦见不破。但是它说得恁地好后，便被它动

---

① 吴文治：《韩愈资料汇编》，中华书局1983年版，第399—424页。
② 黎靖德编：《朱子语类》，第8册，王星贤点校，中华书局1986年版，第3275页。

了。"① "佛学自前也只是外面粗说，到梁达磨来，方说那心性。然士大夫未甚理会做工夫。及唐中宗时有六祖禅学，专就身上做工夫，直要求心见性。士大夫才有向里者，无不归他去。韩公当初若早有向里底工夫，亦早落在中去了。"② 从上述朱子分析韩愈"心服"大颠的原因来看，概而言之有三点：首先，韩愈只是一个做文吟诗、饮酒博戏的文士而已；其次，韩愈既无内在的身心修养也无践履功夫；最后，韩愈对儒学只有粗浅表面的认识和知识并"不见得原头来处"。当然，这三点之间是相互联系、相互影响、相互制约的。

对于韩愈的文人习气这一点，朱子在研读韩愈诗文的过程中曾屡屡提及，例如，他在研读韩愈的文集后认为："今读其（韩愈）书，则出于诡谲、戏豫、放浪而无实者，自不为少。"（《晦庵先生朱文公文集》卷70《读唐志》）③ 他在研读韩愈的诗后指出："然考其（韩愈）平生意向之所在，终不免于文士浮华放浪之习，时俗富贵利达之求。"（《晦庵先生朱文公文集》卷67《王氏续经说》）④ "他当初本只是要讨官职做，始终只是这心。他只是要做得言语似六经，便以为传道。至其每日功夫，只是做诗博弈，酣饮取乐而已，观其诗便可见。"（《战国汉唐诸子》）⑤ 其实，韩愈仅是一未脱文人之习的文士，从北宋初僧人契嵩开始就有此看法，就是当时颇为推崇韩愈的欧阳修也觉得无法否认这一点："每见前世有名人，当论事时，感激不避诛死，真若知义者。及到贬所，则戚戚怨嗟，有不堪之穷愁形于文字。其心欢戚，无异庸人。虽韩文公不免此累。"（《欧阳修全集》卷69《与尹师鲁第一书》）⑥ 契嵩、欧阳修之后，人们一般都认同这一看法。可见，视韩愈为一未脱文人之习的文士并非朱子之私见，而是历史上人们的共识。

---

① 黎靖德编：《朱子语类》，第8册，王星贤点校，中华书局1986年版，第3273—3274页。

② 同上书，第3274页。

③ 朱熹：《朱子全书》，第23册，朱傑人等编，上海古籍出版社2010年版，安徽教育出版社2010年版，第3375页。

④ 同上书，第3285页。

⑤ 黎靖德编：《朱子语类》，第8册，王星贤点校，中华书局1986年版，第3250页。

⑥ 欧阳修：《欧阳修全集》，第3册，李逸安点校，中华书局2001年版，第999页。

关于韩愈既无内在的身心修养也无践履功夫这一点，显然，从韩愈为一未脱文人之习的文士这一点即可以推出，因为一个终日把时间精力消磨与耗费在做文戏豫、吟诗博弈、酣饮取乐的文士绝不可能从事那种艰辛的日复一日、年复一年的身心修养与锻炼，当然也不可能真正去践履与实践自己的理念和思想。实际上，作为理学家的朱熹与作为文士的韩愈的最主要的区别就在于朱子终其一生有着持之有恒的"践履功夫"，而韩愈则无此"践履功夫"，而判别理学家与文士的标准可以说正在于此，故有此"践履功夫"的朱子在研究韩愈其人其学时自然极易见出这一点。当然，从韩愈本身的思想来看，他既没有为人之身心修养提供理论上的依据，也没有为人之身心修养提供任何具体可行的方法。就拿他那与人之身心修养最有关的性三品来说吧。韩愈称："性之品有上中下三：上焉者，善焉而已矣；中焉者，可导而上下也；下焉者，恶焉而已矣……曰上之性，就学而愈明；下之性，畏威而寡罪。是故上者可教，而下者可制也。其品则孔子谓不移也。"（《原性》）[1] 在韩愈看来，上品人性纯善无恶，下品人性恶而无善，中品人性或为善或为不善，并且每个人生来属何种品类是固定的，不可改变。既然此三种品类的人性是固定而不可变的，那么，生而性善的上品人性之人其实无需修身进德亦自然是圣人，而生而性恶的下品人性之人则无论多么努力去修身进德仍还是恶人。对生来即圣的上品人性之人而言，韩愈所谓"就学而愈明"、"上者可教"显然是多此一举之赘言；对生来即恶的下品人性之人而言，由于无法提升其道德，故除了"制之"、"畏威而寡罪"别无他途。至于中品之性，因其既不是指纯善无恶之性也不是指恶而无善之性，故无疑是指善恶相混之性，这就与扬雄所主张的"性善恶混"的观点并无不同，扬雄认为："人之性也，善恶混。修其善则为善人，修其恶则为恶人。气也者，所以适善恶之马也与？"（《法言义疏》修身卷第三）[2] 司马光颇赞同扬雄的这一观点，故在注释扬雄这段话时称："夫性者，人之所受于天以生者也，善与恶必兼有之，犹阴之

---

[1] 韩愈：《韩昌黎集》，第3册，商务印书馆1930年版，第64—65页。
[2] 扬雄：《法言义疏》，上册，汪荣宝注疏，中华书局1987年版，第85页。

与阳也。"① 对"善恶混"的中品人性之人而言，因为其同时兼有天生的善与恶两性，若依此善恶相混之两性来从事其自身的身心修养，那么为善的可能性显然只有一半而已，故主张"性善恶混"的观点的人并没有为人之自身的修身进德提供理论上的依据，也可以说他们不重视人之自身的道德提升。扬雄所谓的"人之性也，善恶混。修其善则为善人，修其恶则为恶人"实际上是指：人同时兼有天生的善性和恶性，在外在的环境的影响和教育的形塑下，可以为善，可以为不善。韩愈所谓的"中焉者，可导而上下也"亦显然指："善恶混"的中品人性之人在外在的环境和教育的影响下或为善或为不善。一个"导"字也表明了"中焉者"的为善为不善是由外在的环境和教育的引导所致。正因为韩愈在人之自身的修身进德上既没有提供理论根据，又没有提供践履之方，故他在《原道》中所反复强调的是"有圣人者立，然后教之以相生养之道"、"如古之无圣人，人之类灭久矣"、"明先王之道以道之"②。依韩愈之见，人类之所以能世代绵延、相生相养，全赖圣人之教先王之道之力。毫无疑问，韩愈所推崇的"圣人"、"先王"绝非人们修身进德的榜样与楷模，而是人类的救主和教化芸芸众生的教主。由此可见，韩愈不仅其自身缺乏内在的身心修养和践履功夫，而且他从根本上就不关注个人的修身进德和从身心上做功夫。

关于韩愈对儒学只有粗浅表面的认识和知识并"不见得原头来处"这一点，其实也与前面两点大有关系。由于韩愈作为一个终日吟诗饮酒博戏的文士，并不关注个人的身心修养与修身进德，更没有为其提供理论上的根据和践履之方，这就使得韩愈不仅不重视儒学自身的理论建设，而且对儒家思想也只停留在粗浅表面的认识上，并没有进一步的推进和发展。如果说他早年"穷究于经传史百家之说，沉潜乎训义反复乎句读"（《上兵部李侍郎书》）③ 是儒学的传统习惯使然，那么，他后来倡导道统推崇孟子阐扬《大学》则主要是出于他当时从现实政治伦

---

① 扬雄：《法言义疏》，上册，汪荣宝注疏，中华书局1987年版，第85页。
② 韩愈：《韩昌黎集》，第3册，商务印书馆1930年版，第61—65页。
③ 韩愈：《韩昌黎集》，第4册，商务印书馆1930年版，第44页。

理上来排击佛老的考虑和需要，此无疑是一种以工具性、政治性为主导来标榜儒学宣扬儒学的思维和做法。在这种出自现实政治的需要的工具性思维主导下，韩愈显然不会真正去关心儒学自身的理论建设，当然更谈不上从"原头来处"去推进去发展儒学，实际上他所提倡的儒学还只是一种简单与浅陋的口号与宣言而已，因此，他所宣扬的儒学不仅在佛老那系统完备的理论面前缺乏理论上的说服力，而且在现实生活中也无法满足人们的需要，真正与佛老抗衡。对韩愈来说，既然批判的武器不能让对手心悦诚服，于是，他坚决主张采用武器的批判对对手的一切形而下的东西完全、彻底、干净地消灭之。"人其人，火其书，庐其居"（《原道》）[1]、"乞以此骨付之有司，投诸水火，永绝根本，断天下之疑，绝后代之惑"（《论佛骨表》）[2]。何等干净利落！又何等粗暴野蛮！此可谓那种政治性、工具性思维的登峰造极。

　　作为一个以道自任的儒者，韩愈的儒家立场不容怀疑；作为一个毫无身心修养戚戚怨嗟的文士，韩愈心服并向往老僧大颠"胸中无滞碍"之境也应是无可否认的事实。何以兼顾协调此两者，其实正是后来七八年里理学家们一直关注并致力于解决的问题，作为理学先驱者的韩愈在面对此问题时的尴尬与困扰则可想而知，当他与大颠游以致人们误以为他信奉佛教时，他只好对天地鬼神发誓以自证道"天地鬼神，临之在上，质之在傍，又安得因一摧折，自毁其道以从于邪也！"（《与孟尚书书》）[3]"胸中无滞碍"究竟何义？何以令激进排佛的韩愈竟如此倾倒与向往？"胸中无滞碍"就是在任何情况下、任何环境中都不为外在的诱惑冲击所牵引侵乱和内在的情感情绪所干扰破坏，时时保持心境的平静和自得，此即《金刚经》所谓"应无所著而生其心"，这意味着已不受感性自然法则的支配与制约，可谓已到达摆脱自然因果性的自由之境。这一无滞无碍的境界显然超出了社会伦理意义，是一具有人之生存意义的超越之境，换言之，这一无滞无碍之境所含有的生存意义上的智

---

[1] 韩愈：《韩昌黎集》，第3册，商务印书馆1930年版，第65页。
[2] 韩愈：《韩昌黎集》，第7册，商务印书馆1930年版，第36页。
[3] 同上书，第86页。

慧和境界已超出了纯粹伦理之意义而与宗教之境相通。对一个儒者来说，追求这一境界并不以放弃儒家的生活态度与伦理道德之境为条件，而是为了更好地成就此伦理道德之境真正达到道德的至善。具体就韩愈而言，这一境界尽管对遭受了巨大的人生变故的韩愈有一种精神的震撼和发自心灵的强烈需要，但其并不影响他的儒家立场，他也无须放弃自己的儒家信念。毫无疑问，这一无滞无碍之境需要长期的身心修养与精神锻炼才能达到和实现，而非靠某种社会伦理实践的方式即可获得。正是有见于佛道这一生存意义上的境界与智慧，后来王阳明曾感慨系之道："人生动多牵滞，反不若他流外道之脱然也。"（《王阳明全集》卷4《与黄宗贤》）[①] 因此，陈来先生指出："佛老对儒家的挑战，从根本上来说，不在于如何对待伦理关系，而在于面对人的生存情境及深度感受方面的问题提供给人以安心立命的答案。"[②] "如果说中唐儒者对'无'的境界的向往多出于满足自己在坎坷的人生旅途中安心立命的心灵需要，那么，宋儒则是力图从根本上把佛教的这种境界及实现此种境界的工夫扬弃到儒家内部中来。"[③] "在这个意义下，整个宋明理学发展的一个基本主题就是：如何在儒家有我之境的立场上消化吸收佛教（也包括道家文化）的无我之境。"[④]

[①] 王守仁：《王阳明全集》，吴光、钱明、董平、姚延福编校，上海古籍出版社2011年版，第172页。
[②] 陈来：《有无之境》，人民出版社1991年版，第241—242页。
[③] 同上书，第257—258页。
[④] 同上书，第256页。

黄宗羲、黄百家父子的仁说及其与耶教思想之比较

连 凡[①]

摘 要：本文从本体论、心性论及工夫论三个层面出发，论述并比较了朱熹、黄氏父子为代表的儒家思想与利玛窦为代表的天主教思想在仁说及道德观方面的异同。在本体论层面，朱熹从其理本论出发以形上天理作为仁之本源，黄氏父子从其气本论出发以形下气质作为仁之本源（孝弟），而利玛窦则从其天主教神学立场出发以天主赋性作为仁德之本源；在心性论层面，朱熹从其理气、心性二元论出发，主张仁为禀自天理之德性、爱之所以然之理的"仁性爱情"说，黄氏父子从其理气、心性合一论出发，主张性本于气、仁本于孝弟（爱）的仁爱合一说，利玛窦则从其天人二元对立的立场出发，主张博爱为仁，并以爱天主作为爱人的前提条件；在工夫论层面，朱熹从其性气、理欲二元对立的立场出发，主张存理灭欲（"复性"）的形上求仁说，黄氏父子从其性气、理欲合一的立场出发，主张去除后天习染而求仁（性）于孝弟（气质），利玛窦则从其天人、灵肉二元对立的立场出发，主张求仁在于后天的修德习善，使本性得以充分展现出来。比较而言，一方面，黄氏父

[①] 连凡，武汉大学哲学学院讲师。

子从其理气、心性、理欲合一的立场出发,批判了朱熹的理气、心性、理欲二元论的仁说。而利玛窦则从其天人、灵肉、理欲二元对立的立场出发批判了包括朱子学在内的儒家仁说,其立场和结论与朱熹及黄氏父子互有异同:在本体论层面近于朱熹,而在心性论与工夫论层面则近于黄氏父子。从时代先后及黄氏父子的学术传承来看,在某些方面确实对利玛窦的思想有所吸收和借鉴。另一方面,从主客、天人关系的角度来看,黄氏父子的道德观(仁说)是根源于人心的自律道德观,利玛窦的道德观则是根源于作为他者和造物主之天主的他律道德观,而朱熹的道德观则兼具主观与客观、自律与他律两方面的特征。

关键字: 儒家 本体论 心性论 工夫论 利玛窦

儒家所倡导的仁义礼智信五常作为古代中国社会伦理道德规范的基础,对维系世道人心和社会秩序起到了重要的作用,但由汉末直至唐代,废弃伦常讲求出世的佛道二教思想兴盛,而同时期汉唐章句训诂之学对儒家思想的精义阐发不力,再加上社会局势的动荡造成的道德伦理的沦丧,儒学的发展一时停滞不前。直至宋代,道学家在继承先秦儒家义理系统的基础上接受佛道二教思想的影响和刺激,从天道或者天理所谓形而上的宇宙本体上寻求儒家道德伦理的根源,进而据此以贯通心性和规范道德,完成了儒家哲学义理的改造和完善,开拓了所谓"新儒学"思潮。新儒学思想的核心在于心性论和道德观。而其中"仁"作为新儒学道德观的核心范畴受到特别的重视,并一度成为学术界的中心话题。① 宋代理学的集大成者朱熹在其《仁说》、《仁说图》中,及其与张栻、吕祖谦等学者之间的辩论中详细论述并批判总结了南宋前期的

---

① 陈来指出:"仁说及求仁之学是早期道学的主题,也是前期道学的核心话语,提供了道学从北宋后期到南宋前期发展的重要动力。"又指出:"朱子(朱熹)的仁说是对南宋前期道学仁说的清理和总结,……而朱子的仁说既依据于对二程仁说的整理和发挥,也体现了朱子个人在思想和方法上的特色。"关于两宋之间的仁说及在道学话语体系之发展的相关论述可参见陈来《论宋代道学话语的形成和转变——论二程到朱子的仁说》,收入陈来《中国近世思想史研究》(增订版),生活·读书·新知三联书店 2010 年版,第 56—116 页。

仁说，成为南宋以降的官方学说。其后到了明末清初，黄宗羲、黄百家父子编著了总结宋明理学的学术史巨著《宋元学案》（黄氏父子及全祖望合著）与《明儒学案》（黄宗羲独著），并在其中对朱子学进行了系统的批判。仁说即是其中的重要内容。比黄氏父子稍早一些，明末以利玛窦为代表的入华欧洲天主教耶稣会士为了传教的需要，也对中国传统思想尤其是作为官方统治思想的朱子学进行了系统的批判。仁说也是儒耶思想交涉中的一个重要话题。但海内外学术界对此还没有进行过专门的比较哲学研究。因此本文拟从本体论、心性论与修养工夫论三个层面来论述和比较朱熹、黄氏父子及利玛窦的仁说（道德观），阐明各自的主旨并比较其异同得失，以促进对儒耶思想交涉方面的研究。

一　朱熹的仁说

首先，朱熹在其《仁说图》中指出：

> 仁者，天地生物之心（元亨利贞便是天地之心），而人之所得以为心。
>
> 未发之前，四德具焉，而惟仁则包乎四者。是以涵育浑全，无所不统。所谓生之性，爱之理，仁之体也。已发之际，四端著焉，而惟恻隐则贯乎四端。是以周流贯彻，无所不通。所谓性之情，爱之发，仁之用也。专言则未发是体，已发是用。偏言则仁是体，恻隐是用。
>
> 公者所以体仁，犹言克己复礼为仁也。盖公则仁，仁则爱。孝弟其用也，而恕其施也。知觉乃智之事。[①]

归纳上述朱熹关于"仁"的论述可知，其仁说实兼有本体论、心性论和修养工夫论三个层面的内涵。具体分析如下。

在本体论层面，仁是天地生物之心（意志），或者说天地生生之德

[①]（宋）黎靖德编：《朱子语类》，第 7 册，中华书局 1986 年版，第 2633 页。

性。生成化育万物即是天地之心（意志），即孔子所说的"天何言哉！四时行焉，百物生焉"（《论语·阳货》）。这种生化是一个气化流行的过程，即"一元之气，运转流通，略无停间，只是生出许多万物而已"，① 这种气化过程也就是周敦颐在《太极图说》中所规定的太极（元气）→阴阳→五行→天地万物（包括男女阴阳）的宇宙生成次序。在这里，太极作为生化万物之本源，也即是仁之本体（仁体）。周敦颐在《通书·诚上》第一章中又以《中庸》里面表征真实无妄之"诚"来指称道体，这个意义上的"诚"与"太极"同义，进而又用《易传》中所谓乾卦之德性——元亨利贞"四德"来具体表述"诚"（天道流行）之本源（动力因）到完成（目的因）的一个完整过程，元亨利贞"四德"在《易传》中指天道（乾道）生成万物的始终过程，实即一气流通过程中的不同阶段，也即是天地生物之德性功能（"天地之心"），是对仁体的具体描述。朱熹继承周敦颐的太极说和诚体说，并以二程发明的宇宙本体——天理来统摄太极、诚体、仁体等形上本体范畴，指出：诚者，至实而无妄之谓，天所赋、物所受之正理也……诚即所谓太极也。又说："理，只是一个理。理举着，全无欠阙。且如言着仁，则都在仁上；言着诚，则都在诚上；言着忠恕，则都在忠恕上；言着忠信，则都在忠信上。只为只是这个道理，自然血脉贯通。"② 在朱熹看来，太极、诚、仁同是指称此一天理，只不过角度有所不同，太极是从至高无上方面指称此理，诚是从真实无妄方面指称此理，仁是从实际内容（性即理）方面指称此理，所以才说"理一也，以其实有，故谓之诚。以其体言，则有仁义礼智之实"。③ 总之，朱熹哲学中本体层面的仁即是作为宇宙本体的天理，或者说是天理在人性中的呈现，是比气（情）高一层次的形上本体。

在心性论层面，前述本体论的论证给心性论提供了价值源头，即所谓"'天地之大德曰生'，人受天地之气而生，故此心必仁，仁则生

---

① （宋）黎靖德编：《朱子语类》，第 1 册，中华书局 1986 年版，第 4 页。
② 同上书，第 12 页。
③ 同上书，第 104 页。

矣"。① 因为"人受天地之气而生",必然禀受此天理仁体（天地之心）而为人自身的德性（性即理）,天心之德（元亨利贞）下贯而为人心之德（仁义礼智）。② 心性论主要包括理智（知）、情感（仁）和意志（勇）等领域。按照孔子及其弟子（有子、曾子）的观点,孝弟（爱亲敬长）这种人生来即具有的最基本的情感是仁德之本。《中庸》进一步以中和来区分喜怒哀乐之情感的未发（寂）与已发（感）两种状态,二者是"大本"（本体）与"达道"（作用）的关系。孟子则点出人心生来即具备恻隐、羞恶、辞让、是非"四端"之情,并以之作为仁义礼智"四德"（四种德性）的发端。其后儒家学者多以爱（情）言仁。到了宋代由于体用论思想的影响,程颐首先区分了形上与形下、其然与所以然的体用二元对立关系,并以之来处理未发与已发、性与情、仁与爱的体用关系。其后朱熹接受张载的"心统性情"说及程颐的"性即理"与"仁性爱情"说,定义仁为"心之德,爱之理",认为心包括并主宰性、情两方面,进而明确了性与情、仁与爱的体用关系,③ 将仁视作天赋予人心的未发之性体,将爱、情视作人心的已发之"四端",将二者对立了起来。④ 朱熹在其答张栻的书信中强调"由汉以来,以爱言仁之弊,正为不察性情之辨,而遂以情为性尔",批判了以爱（情）定义仁（性）的传统观点。朱熹一方面将仁视作心中所具备的包含四德在内的全德（心之德）与爱之"所以然之理"（爱之理）;另一方面认为孝悌（孝弟）属于知觉而非仁（性）之本体,因此不过是仁之作用或践履行仁的开端罢了。两者存在体用上的本质区别。所以朱熹在其《论语集注》中注释"学而篇"第二章"孝弟也者,其为仁之本与"

---

① （宋）黎靖德编：《朱子语类》,第1册,中华书局1986年版,第85页。
② 《朱子语类》卷六："仁义礼智,便是元亨利贞。若春间不曾发生,得到夏无缘得长,秋冬亦无可收藏。""生底意思是仁,杀底意思是义,发见会通是礼,收藏不测是智。"
③ 《朱子语类》卷五："后来看横渠'心统性情'之说,乃知此话有大功,始寻得个'情'字着落,与孟子说一般。孟子言：'恻隐之心,仁之端也。'仁,性也;恻隐,情也,此是情上见得心。又曰'仁义礼智根于心',此是性上见得心。盖心便是包得那性情,性是体,情是用。"
④ 《朱子语类》卷五："'心统性情',故言心之体用,尝跨过两头未发、已发处说。仁之得名,只专在未发上。恻隐便是已发,却是相对言之。"

时指出"盖仁是性也,孝弟是用也。性中只有仁义礼智四者而已。曷尝有孝弟来",认为仁是本性,孝弟只是本性所发出来的作用,性中无所谓孝弟,因此孝弟不可为仁之本。总之,朱熹哲学中心性论层面的仁是兼包四德的心之全德,是比孝弟(情)高一层次的性体(天理),是孝弟(爱)之所以然的形上本体依据。

在工夫论层面,朱熹指出:"百行皆仁义礼智中出。"又说:"百行万善,固是都合着力,然如何件件去理会得!百行万善总于五常,五常又总于仁,所以孔孟只教人求仁。求仁只是'主敬','求放心',若能如此,道理便在这里。"因为仁对应乾元,蕴含生意。乾元是天道气化生物之本源,仁是心之全德,兼包四德,是人道日用百行之本源。《大学》中说"物有本末,事有终始",强调做人做事都要从根本处用力。因此要想成圣成贤,成就一个具有全德的人,其关键就在于抓住本源——"求仁"。孔孟因此才诲人不倦地在各种场合指点人们"求仁"之方法。关于"求仁"的工夫,朱熹主要继承了程颐"涵养须用敬,进学则在致知"的主敬穷理二元工夫路数,以"主敬"、"求放心"作为求仁之方。[①] 程颐指出:"所谓敬者,主一之谓敬。所谓一者,无适之谓一。"程颐一方面主张格物穷理是体道工夫之始,另一方面又把主敬(主一)的涵养工夫作为致知(格物致知)的前提主体条件,强调"入道莫如敬,未有能致知而不在敬者",认为只有做到心中没有私意邪念的干扰("收其心而不放"),方能穷究事事物物之理。程朱所谓的主敬涵养属于《中庸》所谓"尊德性"的工夫,重点使心有主宰并去除障蔽天理的私意私欲。朱熹认为只要主敬常存养此心,达到纯熟的地步,便可达到仁。[②] 此外,程朱以为爱属于一己之私欲(情欲),而仁属于天下之公理(天理)。因此又强调以"公"作为求仁的方法,在人

---

① 《朱子语类》卷六:"学者须是求仁。所谓求仁者,不放此心。圣人亦只教人求仁。盖仁义礼智四者,仁足以包之。若是存得仁,自然头头做着,不用逐事安排。故曰:'苟志于仁矣,无恶也。'今看大学,亦要识此意,所谓'顾諟天之明命','无他,求其放心而已'。"

② 《朱子语类》卷十二:"程子只教人持敬。孔子告仲弓亦只是说'如见大宾,如承大祭'。此心常存得,便见得仁。"

身上做工夫来践履行仁。① 朱熹认为公是仁的前提条件，因此能体认得公则能体认得仁，反之亦然。② 具体来说，即克去私欲而做到大公无私，则天理不受障蔽，自然流行，这便是仁了。③ 其关键即在于主敬，朱熹认为主敬则心中有主宰而私欲不萌，便可达于仁。总之，朱熹一方面以仁为形而上的性体（天理），是"心之德"，是不可作为某一事物来把捉的，因此不赞成程颢、杨时直到湖湘学派的直截体认仁体（"识仁"）的本体工夫路数；另一方面又以仁为爱（情）之所以然之理（"爱之理"），因此也不赞成程颢、谢良佐的从孝弟情感的知觉方面来体认仁体的路线，而只消极地强调以敬存心，去除私欲的障蔽，则天理自然澄明，也就能达到仁了。

二　黄宗羲、黄百家父子的仁说及其对朱熹仁说的批判

由上述分析不难看出，朱熹的仁说与先秦儒家之仁说多所抵牾，因为朱熹的仁说主要继承的是程颐的体用二元分析的仁性爱情说，其思想根基在于理气、心性、本体工夫的二元论，与直承思孟一系下来的心学的一元论路数格格不入。因此宋元以降朱子学虽被统治者定为官学，但历代以来反对、批评和修正朱子学说者一直不乏其人。特别是到了明末清初，儒家内部出现了批判程朱理学而复归于先秦儒学传统解释之学术思潮（所谓"原典回归运动"），④ 黄宗羲、黄百家父子的仁说及其对

---

① 《朱子语类》卷六："公是仁之方法，人身是仁之材料。"
② 《朱子语类》卷六："仁是爱底道理，公是仁底道理。故公则仁，仁则爱。""公却是仁发处。无公，则仁行不得。""仁，将'公'字体之。及乎脱落了'公'字，其活底是仁。季通语。"
③ 《朱子语类》卷六："公不可谓之仁，但公而无私便是仁。""做到私欲净尽，天理流行，便是仁。""谓之无私欲然后仁，则可；谓无私便是仁，则不可。盖惟无私欲而后仁始见，如无所壅底而后水方行。"
④ "原典回归运动"这一概念出自台湾学者林庆彰，参见林庆彰《明末清初经学研究的回归原典运动》，载《国际孔学会议论文集》，台北：法光文化出版社1988年版，第867—881页。

朱熹仁说的批判就集中反映了这一时代思潮。以下仍然从本体论、心性论、工夫论三个层面来分析黄氏父子之仁说及其对朱熹仁说的批判。

在本体论层面，黄宗羲的老师、明代心学的殿军刘宗周为了纠正阳明后学空谈心性的主观流弊，比起一般的心学学者更加注重对客观理气关系的探讨。作为湛若水的三传弟子，刘宗周继承了唐枢、许孚远的"心即气"思想①，以气为构成天地万物的实体，同时又将气收摄于作为宇宙主体的心当中。黄宗羲继承刘宗周的上述观点，提出"理为气之理，无气则无理"，以理为气之条理，在主张气外无理的理气合一论的同时，又提出"盈天地皆心也"和"人心之理，即天地万物之理"，承认心是天地万物之本源。而对于心和气的相互关系，黄宗羲认为孟子的"万物皆备于我"实际是通过"一气之流通"来实现的，而气则是达到"物我一体"与"心物合一"的不可或缺的中间环节。② 因此黄宗羲的本体论不是彻底的气本论，终究还是属于王学的心本论。黄氏父子进而基于其理气、心性合一论批判了朱熹的理气、性情二元论，认为"理生气"说不能成立，理是依赖气而成立，更具体地说理不过是气之条理罢了。由此，作为理之显现于人心中的性（理）也是依赖此心（"心即气"）而成立，而非如朱熹所说的性是心之本体，从而将心中所具有的性（理）与情（气）合二为一，并将程颐的形而上的心性论比作佛教求先天之人性于后天气质之前，从而予以了批判。③ 这样，黄氏

---

① 关于唐枢、许孚远（提出"心即气"说）与刘宗周的思想关联，可参见张学智《明代哲学史》（修订版），中国人民大学出版社2012年版，第76—78页。

② 黄宗羲在《明儒学案》卷二十二胡直的小传后指出："夫所谓理者，气之流行而不失其则者也。太虚中无处非气，则亦无处非理。孟子言万物皆备于我，言我与天地万物一气流通，无有碍隔，故人心之理，即天地万物之理，非二也。若有我之私未去，堕落形骸，则不能备万物矣。不能备万物，而徒向万物求理，与我了无干涉，故曰理在心，不在天地万物，非谓天地万物竟无理也。"

③ 《宋元学案》卷十五《伊川学案上》："百家谨案：《孟子师说》：'天地间只有一气充周，生人生物。人禀是气以生，心即气之灵处，所谓知气在上也。心体流行，其流行而有条理者即性也……流行而不失其序，是即理也。理不可见，见之于气。性不可见，见之于心。心即气也。心失其养，则狂澜横溢，流行而失其序矣。养气即是养心。然言养心，犹觉难把捉。言养气，则动作威仪、旦昼呼吸，实可持循也。佛氏明心见性，以无能生气，故必推原于生气之本，其所谓"本来面目"、"父母未生前"、"语言道断，心行路绝"，皆是也。至于参话头，则壅遏其气，使不流行。离气以求心性，吾不知所明者何心，所见者何性也。'"

父子就批判了朱熹以仁（性）属理本体的形上仁本体论，而主张从形下之气的层面来把握仁体（性体）。

在心性论层面，主要涉及两个方面的问题，一是仁性爱情说，二是孝弟为仁之本说。关于仁性爱情说，如前所述，程朱以情属喜怒哀乐之已发，以性属喜怒哀乐之未发，将性情割裂成体用二元的对立关系。而黄宗羲则从其理气合一的立场出发主张性情合一，认为情（喜怒哀乐）实际上贯通未发与已发，而喜怒哀乐（情）之未发与已发的中和状态即是性，性情的合一恰如理气合一而非二元对立的关系。① 关于喜怒哀乐与性的关系，黄百家引述刘宗周之语指出"《中庸》言喜怒哀乐专指四德而言，非以七情言也"，即认为喜怒哀乐不属于七情而属于性之德，与仁义礼智同处于超越的层面上，因而认为喜怒哀乐只能就四德来说，而不能就七情（喜怒哀乐爱恶欲）来说。这样喜怒哀乐也属于未发而贯通动静了。这是刘宗周基于其理气合一论得出的结论。即喜怒哀乐是基于一气流行之秩序，七情则是此秩序的错杂，因此喜怒哀乐以天道而言即是元亨利贞，以四时而言则是春夏秋冬。② 黄百家在引述刘宗周的上述论证后进而指出，四端与四德虽名称不同，但本质上是一物，只不过人见四端而命名为四德罢了。性体之中无动静，其间喜怒哀乐之情的未发之中与已发之和皆属于性，情（喜怒哀乐）是性之情而不是性的对立面。③ 这样，黄氏父子便依据性情合一论批判了程朱以四端为情、四德为性的仁性爱情说。

关于孝弟为仁之本的问题。黄百家引述黄宗羲的论述指出，孝弟（爱亲敬长）是人禀气而生下来时所具有的最初情感，是其后人生事业

---

① 《明儒学案》卷十九黄弘纲小传中黄宗羲云："自来儒者以未发为性，已发为情，其实性情二字，无处可容分析。性之于情，犹理之于气，非情亦何从见性？故喜怒哀乐，情也。中和，性也。于未发言喜怒哀乐，是明明言未发有情矣，奈何分析性情。则求性者必求之未发，此归寂之宗所由立也。一时同门与双江辨者，皆从已发见未发，亦仍是析情于发，析性于未发，其情性不能归一同也。"

② 参见东方朔《刘宗周评传》，南京大学出版社1998年版，第129页。

③ 《宋元学案》卷十五《伊川学案上》："百家谨案：……盖子刘子意，以仁义礼智之性，由恻隐、羞恶、辞让、是非而名，故恻隐即仁也。时位有动静，性体无动静，非未发为性，已发为情，中、和尽属性也。情者性之情、不得与性对。此开辟以来之特解，须细心体会。"

行为的基础和本源,所以说孝弟是仁德之本。朱熹在其《论语集注》中以孝弟属心,而以仁属比心(孝弟)高一层次的形上之性(理),性是本,情是末,情由性派生而来,所以认为孝弟不过是践履行仁之基础而非仁之本根。黄氏父子从其心外无性、气外无理的心性、理气合一论出发,认为孟子所谓的四端与四德并非如朱熹所说是已发与未发、用与体截然二分的关系,二者并无本质的区别,只存在同一性质上的程度等差。黄氏父子指出不是先有仁义礼智四德发而为四端,相反是因四端之发而见其为仁义礼智,并且强调朱熹的理生气之说推下来必然会导致性生情、四德规定四端、仁高于孝弟之说,使人产生一味致力于所谓空虚之境而脱离实际的蹈空之弊端。① 这样,黄氏父子便依据其性情合一论批判了朱熹的孝弟仅为行仁之本说,肯定孝弟是仁德(道德)的本源。

在工夫论层面,黄百家上溯至孔子、孟子等先秦原始儒家之仁说,在程颢仁说的基础上,主张人最切近的莫过于由父母所生之身体,性是依存此身体方才得以成立,并不是来自脱离此身的形上本体(程朱所谓天所赋予的理性)。性与身体知觉并非公私对立的关系,而是亦公亦私、心同理同的关系。事实上爱亲之孝心本于天,作为人生来所具有的良知良能之知觉,也即是性之本体(仁)。换句话说,性其实是依存于气质(身体),呈现于作为人之天性的孝弟(爱亲敬长)这种最基本的人伦情感中,而孝弟作为人生来具备的良知良能即是人的本性。黄百家又引述了明代江右王门学者王时槐(号塘南,1522—1605年)及其父黄宗羲的主张,强调性必须依存于气质(身体),有气质方有义理(德性),义理之发源在于生身父母(即生我之天地),人能够事事以父母

---

① 《宋元学案》卷十五《伊川学案》上:"百家尝忆姜定庵先生问孝弟为仁之本,先遗献曰:'凡人气聚成形,无一物带来,而爱亲敬长,最初只有这些子,后来盛德大业,皆原于此,故曰「仁之本」',《集注》:'为仁,犹曰行仁。'谓'性中只有个仁义礼智,曷尝有孝弟来'。盖以孝弟属心,心之上一层方才是性,有性而后有情,故以孝弟为行仁之本,不可为仁之本。李见罗《道性编》皆发此意。愚以为心外无性,气外无理。如孟子曰:'恻隐之心,仁也;羞恶之心,义也;恭敬之心,礼也;是非之心,智也。'盖因恻隐、羞恶、恭敬、是非而后见其为仁义礼智,非是先有仁义礼智而后发之为恻隐、羞恶、恭敬、是非也。人无此心,则性种断灭矣。是故理生气之说,其弊必至于语言道断,心行路绝而后已。程子曰:"'尽性至命,必本于孝弟。'孰谓孝弟不可为仁之本与?"

为心的话，就是天理，也就达到仁了。而所谓"求仁"即是在实践孝弟的过程中体认仁之本源与本根（仁体）的过程。① 总之，黄百家继承刘宗周与黄宗羲的理气（道器）、性情、仁爱合一论，主张于人性之本源（孝弟）处求仁，从而批判了朱熹基于其"性即理"说的形上求仁说。

三 利玛窦的仁说及其与朱熹、黄氏父子仁说的比较

明末来自西方并将天主教教义输入中国的耶稣会士也基于其宗教立场批判了中国传统的仁说（道德观）。以利玛窦为代表的耶稣会士为了更好地向中国人传扬天主教义，采取附会儒学的传教策略（所谓"合儒"、"补儒"以达"超儒"），借用儒家经典中仁爱范畴来陈述天主教的道德观，而通过对儒耶双方思想异同的检讨，可以充分显现出各自的特质与异同。这也可说是思想对话研究的一大功用。

在本体论层面，利玛窦在《天主实义》下卷第七篇"论人性本善，而述天主门士正学"中借用儒家的所谓"仁"、"爱"范畴作了如下论述：

> 夫德之品众矣，不能具论，吾今为子惟揭其纲，则仁其要焉。得其纲，则余者随之……夫仁之说，可约而以二言穷之。曰：爱天主，为天主无以尚，而为天主者，爱人如己也。行斯二者，百行全

---

① 《宋元学案》卷十三《明道学案上》："附百家《求仁篇》：孔门之学，莫大于求仁……总之，后儒谓性生于有生之初，知觉发于既生之后。性，体也；知觉，用也。性，公也；知觉，私也。不可即以知觉为性。爱亲敬长属乎知觉，故谓性中无孝弟，而必推原其上一层。不知性虽为公共之物，而天命于人，必俟有身而后有性。吾身由父母而生，则性亦由父母而有。性由父母而有，似属一人之私，然人人由父母而有，则仍是公共之物。夫公共之物，宜非止以自爱其亲，然人人之所以自爱其亲，正以见一本大同之道。所以孔子曰：'夫孝，天之经也。'谓之天经者，盖以此爱亲之心具自孩提之童，不学不虑，一本乎天，乃吾良知良能之知觉，即性体也。及长而知敬兄者，此也；忠君者，此也；勇战者，此也；仁民爱物者，此也。无二心也。故曰：'孝弟之至，通于神明，光于四海'、'尧、舜之道，孝弟而已矣。'而犹谓孝弟之非仁，乃藐之而他是求邪？……无父母即无此身，父母即天地，我与父母固结而不可解之心，不知其所自来，此天然之至性，乃所谓仁也。"

备矣。然二亦一而已。笃爱一人，则并爱其所爱者矣。天主爱人，吾真爱天主者，有不爱人者乎。此仁之德，所以为尊。其尊非他，乃因上帝。

与朱熹将仁视为兼包和统摄四德之"全德"一样，利玛窦也承认仁为最重要的德目，但基于其天主教神学立场，认为仁德的本源在于作为创造主和万物主宰的"天主"，因此把"爱天主"作为实践仁德的根本。与此相对，朱熹所谓本体层面的仁基于其理本论，即前述"天地生物之心，人之所得以为心"，其仁德的根源在于作为万事万物本源的天（即作为宇宙本体与伦理价值本源的天理）。黄氏父子则基于其气本论，认为仁之根源在于气质，即由父母遗传而来的身体。比较可知，利玛窦、朱熹、黄氏父子对于仁之本体论的观点，呈现由外向内、由形上向形下、由抽象到具体的趋势。具体来说，利玛窦的仁说中作为仁之本源的天主是外在于人心的，是形上而抽象的"他者"，而朱熹仁说中作为仁之本源的天理外在于人心的同时又具于人心之内，是由形上贯通至形下的客观存在，黄氏父子仁说中作为仁之本源的气质则收摄于人心（心即气），是由形下达于形上的主观情感。

在心性论层面，从仁的根源扩充（在事事物物上践履）开来的话，就涉及"仁"（体）与"爱"（用）的关系问题。儒家讲仁者爱人，但这种爱是依亲疏远近而有差等的，即先从最亲近的父母兄弟开始，推广至宗族、民众，最终达到与天地万物为一体（"万物一体之仁"），遵循着"亲亲→仁民→爱物"的次序。与此相反，正如利玛窦所述，天主教教义中的"爱"以"爱天主"为前提，进而推广至"爱人如己"，即对天下所有人一视同仁的无差别的"博爱"。这种"博爱"是建立在人类皆系天主创造而为其子民的创世说和平等观念基础之上的，与中国思想史上富有浓厚宗教色彩的先秦诸子之一派墨家的"兼爱"说比较接近，与儒家的所谓"万物一体之仁"相较则有所不同。儒家的所谓"万物一体"的仁说是立足于内在本心仁体的"体物不遗"与"感通无碍"。本质上是一种天人合一的人生境界（所谓"一天人，合内外"），而非如利玛窦基于西方科学分类学所理解的混淆了主客、物我之区别与界限。①

如前所述，朱熹从其心性情三分的立场出发认为爱只是仁（体）之作用，而仁则是爱之所以然之理，并据以批判了韩愈的博爱说及富有博爱意味的程颢、杨时等人的万物一体之仁说。同样在《天主实义》里中士（朱子学者）针对天主教的"博爱说"提出了"仁道之大，比诸天地无不覆载，今曰一爱已尔，似乎太隘"的质疑。对此利玛窦作了如下论述：

> 天下万事皆由爱作，而天主之爱独可已乎。爱天主者，固奉敬之，必显其功德，扬其声教，传其圣道，辟彼异端者。然爱天主之效，莫诚乎爱人也。所谓"仁者爱人"，不爱人，何以验其诚敬上帝欤。②

一方面将"爱天主"作为"爱他人"的前提和根源（充分条件），另一方面又将"爱他人"作为"爱天主"的保障（必要条件），从而基于其天主教神学信仰反驳了朱子学者的质疑。另外，朱子学与天主教的仁爱观也有其相通之外，依据朱熹基于理气二元论的"仁性爱情"说，仁是爱之理，爱是性之情，孝弟是行仁之方，不可将属于情的孝弟视为仁本身，仁是较爱高一层次的性体。由此可知，朱子学中仁与爱的关系恰似天主作为造物主（根源）位于万物之上一样。其原因在于朱子学中的所谓"天理"虽非作为精神实体的人格神，亦非物质实体，但正如已有中外学者所指出的那样，天理作为位于物质世界之上作为宇

---

① 《天主实义》第四篇："西士曰：前世之儒借万物一体之说，以翼愚民悦从于仁，所谓一体，仅谓一原耳已。如信之为真一体，将反灭仁义之道矣。何为其然耶？仁义相施必待有二；若以众物实为一体，则是以众物实为一物，而但以虚像为之异耳，彼虚像焉能相爱相敬哉？故曰为仁者推己及人也。仁者以己及人也，义者人老老、长长也，俱要人己之殊，除人己之殊，则毕除仁义之理矣。设谓物都是己，则但以爱己、奉己为仁义。将小人惟知有己，不知有人，独得仁义乎？"［意］利玛窦：《利玛窦中文著译集》，复旦大学出版社2001年版，第45页。

② 同上书，第80页。

宙的本体与根源，可说与天主（上帝）之间存在某种程度的相似性。①与朱熹的理本论不同，儒家中主张气本论的黄氏父子从其理气合一论的立场出发，继承先秦儒家的传统观点，将孝弟视作仁之本源，提倡孝弟（用）即是仁（体）的仁爱体用合一论。

在工夫论层面，如前面《仁说图》所述，朱熹认为包括仁在内的四德来源于天而内在于人心。而四德也是人之所以区别于禽兽的至善道德本性，强调通过主敬涵养的工夫去掉后天气质的障蔽，恢复本然之善性，做到"存天理，灭人欲"，即可达到仁了。与朱熹为代表的儒家道德伦理本位立场不同，利玛窦则基于西方的科学理性主义立场，认为人性之所以区别于禽兽在于天主赋予的灵魂所具有的推理判断能力，具体又包括"记含"（记忆）、"明悟"（理智）、"爱欲"（意志），这种判断能力使人具有的趋于"可爱、可欲"的意志行为能力即是本性之善。利玛窦进而区分了"性"与"德"、"良善"与"习善"，指出：

> 性之善，为"良善"；德之善，为"习善"。夫良善者，天主原化性命之德，而我无功焉；我所谓功，止在自习积德之善也。孩提之童爱亲，鸟兽亦爱之；常人不论仁与不仁，乍见孺子将入于井，即皆怵惕；此皆"良善"耳，鸟兽与不仁者何德之有乎？见义而即行之，乃为德耳。彼或有所未能、或有所未暇视义，无以成德也。

利玛窦所说的"性"是由天主所赋予的先天本性，所谓"良善"

---

① 日本学者柴田笃指出："朱子学に即して言えば、道の本原としての天、善なる性の根拠である天、理を支える究極のものとしての天、こういった天の概念に接近する形で、天主の概念を説いていったといえる。こうした利瑪竇の論法を受けて、当時の士大夫たちは朱子学の思想の中から天主教への接近を図ったと考えられる。"（今译：就朱子学而言，作为道之本原的天、作为善性之根据的天、作为支撑理的终极存在之天，可以说所谓天主概念是与上述天的概念相接近的形态。我们认为当时的士大夫们接受利玛窦的这种论述方法，力图从朱子学的思想出发接近天主教）参见柴田笃《天主教と朱子学——『天主実義』第二篇を中心にして一》（稲垣良典教授・増永洋三教授退官記念特輯），日本九州大学《哲学年報》1993 年第 52 期。桑靖宇也指出朱熹思想中作为主宰者的天具有人格神的性质，与天主教中的上帝存在某种程度的相似性。参见桑靖宇《朱熹哲学中的天与上帝——兼评利玛窦的以耶解儒》，《武汉大学学报》2011 年第 64 卷第 2 期。

即本性之善，与人为无关。与此相对，利玛窦所说的"德"是后天学习养成的品德，"习善"即是此后天人为的"自习积德之善"。在利玛窦看来，儒家所谓人生来具备的怵惕恻隐之"四端"是"良善"，而朱子学中作为人性的仁义礼智"四德"在利玛窦看来只是后天之"习善"，而非本性之"良善"。这与朱熹的道德观可谓恰好相反。朱熹认为仁义礼智"四德"才是本性之"良善"，四端是此本性之发用流行。朱熹的求仁工夫强调去除后天气质的障蔽而复归于天命赋予之初的本然之善性（即仁义礼智），即所谓"变化气质"的"复性"说。利玛窦则认为"复性"（复初）说的前提是认为人生来都是不学而能的圣人，那样会减弱后天学习的意义，先天的"良善"人力无所作用，而只有后天的"习善"才是人努力的方向，而不是"复性（初）"。换句话说，儒家所谓的"良善"之性善是人生来就本然自足、不假外求的完全德性，而天主教所谓的"良善"则只是人生来内在的一种潜能，需要后天加以努力才来展现出来。利玛窦认为儒家所谓的仁义礼智之善性只是"习善"，而非本然之"良善"。因为儒家所言的仁义礼智之天理（性即理）是依赖于实体的属性，是后起的社会道德规范，不能作为人之本性。说得更明确一些的话，仁义礼智都是对本性的一种修饰，使之由内而展现于外，即孔子所谓"绘事后素"和子夏所谓"礼后乎"。而道德的根源则在于天主（上帝）所赋予人的灵魂神性。[①] 因此，在利玛窦看来，成就仁德的关键在于后天的修德习善，从而使本性得以充分展现出来，而不是复归于本性。由上可知，利玛窦与朱熹的道德修养工夫路数可谓正好相反，前者强调后天和积极有为（肯定欲望、伸展个性），后者强调先天和消极无为（存理灭欲、恢复本性）。

[①] 《天主实义》第七篇："西士曰：……故谓'人心者'，始生如素简无所书也，又如艳貌女人，其美则可爱，然皆其父母之遗德也，不足以见其本德之巧；若视其衣锦尚绚，而后其德可知也，兹乃女子本德矣。吾性质虽妍，如无德以饰，之何足誉乎？吾两国学者谓德乃神性之宝服，以久习义、念义行生也。谓'服'，则可著、可脱，而得之于忻然为善之念，所谓圣贤者也；不善者反是。但得与罪皆无形之服也，而惟无形之心——即吾所谓神者——衣之耳。中士曰：论性与德，古今众矣，如阐其衷根，则兹始闻焉。夫为非义，犹以汙秽染本性；为义，犹以文锦彰之。故德修而性弥美焉，此诚君子修己之功。然又有勉于'外事'，而不复反本者。"

另外，黄氏父子通过区别"性"与"习"的不同批判了程朱理学所谓"变化气质"以求"复性"的工夫论。黄氏父子所谓的"性"即本性（善性），其所谓的"习"则是后天环境的习染。黄氏父子从其性气合一论出发，批判了程朱分人性为"天命之性"与"气质之性"的性气二元论，认定人性仅指天命之性，是气质之本然，与气质所受后天之习染无关，并指出程朱"变化气质"说失误之关键在于未意识到陷溺人心的其实是外面环境的习染而非气质本身。在黄氏父子看来，性是气质之条理，情才是气质之表现，性（条理、本质）与气质（本体）以及情才（表现）是三位一体的关系，气质之偏由习染而来，性自身并无变化，性之善由气质之善而来，性与气质均为善，而恶的原因实际上来自后天的习染。由此黄氏父子在主张性气合一的性善说的同时，将气质之杂糅归于后天的习染，从而批判了程朱以气质言性的二元人性论。虽然从人性与道德的来源上看，利玛窦的天主赋性立场与黄氏父子的性气合一论立场不同，但黄氏父子在道德修养工夫上与利玛窦一样强调人的本性不会因外面环境的习染而变化，因而反对"复性说"而强调后天的学习修为，其着力点在于矫正由后天习染造成的气质之杂糅偏胜的工夫。

以上，本文从本体论、心性论及工夫论三个层面出发，论述并比较了朱熹、黄氏父子为代表的儒家思想与利玛窦为代表的天主教思想在仁说（道德观）方面的异同。归纳来说，在本体论层面，朱熹从其理本论出发以形上天理作为仁之本源，黄氏父子从其气本论出发以形下气质作为仁之本源（孝弟），而利玛窦则从其天主教神学立场出发以天主赋性作为仁德之本源；在心性论层面，朱熹从其理气、心性二元论出发，主张仁为禀自天理之德性、爱之所以然之理的"仁性爱情"说，黄氏父子从其理气、心性合一论出发，主张性本于气、仁本于孝弟（爱）的仁爱合一说，利玛窦则从其天人二元对立的立场出发，主张博爱为仁，并以爱天主作为爱人的前提依据；在工夫论层面，朱熹从其性气、理欲二元对立的立场出发，主张存理灭欲（"复性"）的形上求仁说，黄氏父子从其性气、理欲合一的立场出发，主张去除后天习染而求仁（性）于孝弟（气质），利玛窦则从其天人、灵肉二元对立的立场出发，主张求仁在于后天的修德习善，使本性得以充分展现出来。比较而言，一方面，黄氏父子从其理气、心性、理欲合一的立场出发，批判了朱熹基于理气、心性、理欲二元论的仁说。而利玛窦则从其天人、灵肉、理欲二元对立的立场出发批判了包括朱子学在内的儒家仁说，其立场与结论与朱熹及黄氏父子互有异同：在本体论层面较近于朱熹，而在心性论与工夫论层面则较近于黄氏父子。从时代先后及黄氏父子的学术思想来看，在某些方面确实对利玛窦为代表的天主教思想有所吸收和借鉴。另一方面，从主客、天人关系的角度来看，黄氏父子的心学道德观（仁说）是根源于人心的自律道德观，利玛窦的神学道德观则是根源于作为他者和造物主之天主的他律道德观，而朱熹的理学道德观则兼具主观与客观、自律与他律两方面的特征。

慧能的自心说及其与耶教思想之比较

徐 弢[①]

摘 要: 慧能所解说的自心与耶教所信仰的上帝,可以看作两个"和而不同"的宗教观念。一方面,"本不生灭"而又"能生万法"的自心,同"自有永有"的上帝一样,都无须依赖任何外物而存在,同时又是万法或宇宙万物的真正本原。另一方面,自心作为没有任何属性的"真空自性",又不像耶教的上帝那样具有各种超越人类之上的"神性"。慧能对自心同"色身"和"万法"之间关系的解说,为"佛向性中作,莫向身外求"的禅宗修行理念提供了主要依据。受其影响,禅宗既没有像耶教一样承认肉身的实在及其在来世的复活和永生,又没有把肉身及其所属的物质世界简单看作一种阻碍修行的罪恶阴暗的实在。

关键词: 慧能 自心 自性 上帝 灵魂

六祖慧能(638—713年)对"自心"及其与"色身"和"万法"之间关系的解说,主要见于中国本土佛学著作中唯一被尊为"经"的《六祖大师法宝坛经》(以下简称"坛经")。[②] 尽管对于《坛经》的真

[①] 徐弢,汉大学哲学学院宗教学系教授。本文获得教育部哲学社会科学研究重大课题攻关项目(14JZD034)资助。

[②] 因为历代的辗转传抄,现存《坛经》版本众多,体裁各异(如惠昕本、敦煌本、德异本、宗宝本、契高本等),而本文采用的为德异本(曹溪原本)。

实作者，胡适等近代学者曾提出过不同意见，但因为胡适所猜想的《坛经》作者——菏泽神会（654—758年）同样是慧能的嫡传弟子，加上胡适用于否定慧能为《坛经》作者的史料（他本人从大英博物馆和巴黎国家图书馆里搜集的敦煌写本）并非学术界一致公认的权威史料，所以对于大多数当代研究者来说，慧能依然是《坛经》思想的主要来源。① 此外，对于慧能所说的"自心"与"自性"是否可以视为同一概念，学术界目前似无定论，但从慧能在《坛经》中发表的相关论述来看，两者显然都指的是人人皆有的佛心佛性。因此，在笔者看来，对两者既不必执着为一，亦不必强分为二，当我们在文中使用"自心"一词时，既不意味着我们把它看作不同于自性的另一概念，亦不意味着我们把两者看作同一概念。作为禅宗的实际创始人，慧能的自心说（或曰自心自性说）充分展示了这一中国化佛教的主要宗派在修行理念上不同于耶教（基督宗教）等其他宗教的理论特征，从而为我们在禅宗思想与耶教思想之间进行求同存异的比较研究提供了思想材料。

一 慧能自心说的思想缘起及理论特征

慧能的自心说是在佛教中国化的历史背景下，对源自印度的各派佛教思想加以选择性继承和创造性发展的产物。按照释迦牟尼所传的原始佛法，一切众生皆随着"五蕴"（色、想、名、实、受）的因缘和合而生，又随着这种关系的解体而灭，所以都没有一个恒常存在的独立本体（灵魂或神我）。从这种立场出发，《阿含经》把"诸行无常、诸法无我、涅槃寂静"当作区分佛教与外道神教的基本标准（三法印）。佛教的这一思想特征与强调灵魂的实在性和不朽性的耶教思想形成了强烈反差。例如，耶教的创始人耶稣曾多次向门徒强调："神是个灵，所以拜他的，必须用心灵和诚实拜他"，"凡活着信我的人，必永远不死"

---

① 印顺：《中国禅宗史》，台北：正闻出版社1995年版，自序，第5页。

(《约翰福音》4：25，11：26）；"那杀身体不能杀灵魂的，不要怕他们"（《马太福音》10：28）。受其影响，后世耶教的教父和神哲学家也大都把人的灵魂设想为一种不会随着肉体之死而消亡的实体性存在。其原因之一正如英国神学家麦奎利（John Macquarrie）所说，是为了通过灵魂的实体性存在来保证"自我"的统一性、稳定性和持久性，以免肉身的死亡这一不容置疑的事实危及灵魂不朽和末日审判等教义的权威。①

无论是慧能开创的禅宗，还是佛教的其他宗派，均没有从正面肯定灵魂和其他"神我"的恒常存在，所以有相当一部分当代研究者认为，佛教在本质上是一个主张"无我"乃至"无神"的宗教，而耶教则是一个未能破除"我执"的有神教。例如，当代佛学大师印顺（1906—2005年）一方面承认耶教的一神信仰"比多神教的神格，高尚得多。依佛法说：贪欲心极微薄"；另一方面又认为耶教与后者一样"不离自我的妄执，都是虚妄的，不彻底的。唯神、唯我、唯心，追根究原，只是同一内容——自性见（我见）的变形"。相反，"佛教是否定了神教，我教，心教；否定了各式各样的天国，而实现为人间正觉的宗教……佛教是无神的宗教，是正觉的宗教，是自力的宗教，而不能以神教的观念来了解它"②。

但必须指出的是，佛教的根本教义不仅包括"诸法无我"和"诸行无常"，还有"因果报应"和"六道轮回"。这意味着，一旦佛教完全取消恒常存在的灵魂或"神我"，则无异于失去因果报应的受体和轮回转世的主体，从而让自身陷入无法克服的矛盾。③ 正因为如此，早在禅宗所属的大乘佛教兴起之前的部派佛教时期，就曾有一些僧众提出疑问说："若我实无，谁能作业，谁能受果？"④ "我若实无，谁于生死轮

---

① 麦奎利：《人的生存》，见《20世纪西方宗教哲学文选》上卷，刘小枫主编，杨德友等译，上海三联书店1991年版，第68—69页。
② 印顺：《我之宗教观》，台北：正闻出版社1992年版，第16—18页。
③ 赖永海：《中国佛性论》，中国青年出版社1999年版，第50页。
④ 《阿毗达摩俱舍论》卷30，见《大正藏》第29册，台北：新文丰出版公司1996年版，第158页。

回诸趣,谁复厌苦求趣涅槃?"① 也正是为了化解这一矛盾,后来小乘佛教中的犊子部才率先在五蕴之外提出"不可说的补特迦罗",以作为因果报应的受体和轮回转世的主体。此后,佛教的诸多其他宗派又纷纷提出类似主张。例如,小乘经量部的"胜义补特迦罗"和大乘唯识宗的"阿赖耶识"等,都常被后世研究者看作灵魂或"神我"的替代品。实际上,大乘佛教的两大基本派别——空宗和有宗的最大分歧便是对"我"的不同看法。前者把包括佛性、涅槃在内的一切法都视为空,主张在缘起性空的虚幻不实中展现万法性空的"实相"。后者则认为"我者,即是如来藏义,一切众生悉有佛性,即是我义","佛法有我,即是佛性"②。可见,就佛教思想发展的连续性和整体性而言,将其定义为一个"无我"和"无神"的宗教似乎有失偏颇。

佛教传入中国之后,其面临的历史处境发生了进一步变化。如果说,早期印度佛教所面临的主要竞争对手是印度婆罗门教,所以有必要通过强调缘起性空的虚幻不实来否定后者鼓吹的神我论或不朽的灵魂,那么当佛教传入中国之后,它所面临的主要竞争对手则转变为当时在中国居于正统地位的儒家思想,所以更需要通过强调因果报应和轮回转世,来对抗儒家的现实主义和更加强烈的入世倾向。事实上,在南北朝时期的佛教和儒家之间发生的"神不灭论"与"神灭论"之争,正是这场对抗的初次反映。受其影响,在慧能及其开创的中国佛教宗派——禅宗的思想发展过程中,来自大乘有宗的真常唯心论和如来藏学说的影响开始与日俱增,而来自大乘空宗的般若空论的影响则日渐衰微,以至于后世的不少中国禅师即便在谈论"空"的时候,也常常会采取"以空显有"或"以有解空"的方式。

在慧能对自心或自性概念的解说中,禅宗思想的这一演变得到了较为集中的体现。按照印顺对禅宗思想发展史的研究,尽管大乘空宗的"性空唯名论"似乎更为合乎释迦牟尼所传佛法的"正见",但在慧能及其弟子对自心或自性概念的解说中,则更多地反映了"真常唯心论"

---

① 《成唯识论》卷1,见《大正藏》第31册,第2页。
② 《大般涅槃经》卷7,见《大正藏》12册,第407页。

一系的佛学理论的影响。在《中国禅宗史》一书中，印顺多次明确提出，慧能在《坛经》中对自心或自性等概念的解说，同《楞伽经》和《不增不减经》中的真常唯心论及如来藏学说是一脉相承的："《坛经》所传的，是原始的如来藏说。但不用如来藏一词，而称为'性'或'自性'。如来藏（'性'）就是众生，就是法身，法身流转于生死，可参读《不增不减经》。"① 从思想根源上看，真常唯心论及如来藏学说之所以能得到慧能及其弟子的青睐并在中国佛教中盛行，一方面，是因为其中某些与印度教神我说相似的言论（如认为众生的法身中本已具足如来相好庄严等）比龙树的一切皆空说更容易得到一般信众的理解和接受；另一方面，则因为它们对传统的烦琐禅法的简化迎合了中国各阶层民众崇尚简易的心理。

正是在这种心理作用下，慧能及其弟子继承并进一步简化如来禅的方便法门（即相信在众生的"法身"中蕴含着所谓的"佛性"和"佛心"，并试图通过体悟真性和自性觉悟来实现解脱），从而发展出一套更加注重方便融摄而非律制经教的"直指人心"的禅法。虽然在《坛经》中不难找到某些来自大乘空宗的般若空学和不落两边的中观方法的影响，但是在对心、性、法身的总体认识上，对其影响更大的显然是真常唯心论及如来藏学说。尽管后世禅宗的主流没有像达摩祖师那样用真常唯心论的重要经典《楞伽经》来印心，但并不等于他们已然放弃了《楞伽经》中的唯心论，而是很可能如印顺所说：因为禅宗在六祖之后"道流南土，多少融摄空宗之方法而已。日子一久，不免数典忘祖而已"②。

在分析慧能自心说的思想源流时，不仅可以追溯到部派佛教时期的"心性本净"说和后来大乘有宗中的"如来藏自性清净"说，还可以看到来自《大乘起信论》中的"一心二门"观念的直接影响。例如，正像《大乘起信论》中的"心"有时可以指"真心"或"如来藏自性清净心"，有时又可以指当下的现实之心一样，慧能所说的"心"也同时

---

① 印顺：《中国禅宗史》，江西人民出版社1999年版，第288页。
② 印顺：《无诤之辩》，台北：正闻出版社1990年版，第171—172页。

具有这两种含义。① 通过对慧能自心说的分析考察，不仅可以展示禅宗对早期印度佛教及佛教其他宗派的思想继承与理论改造，更可以看出它同耶教在一系列重大观念上的和而不同。

二 慧能对自心与"色身"之关系的解说

慧能并没有像耶教神学家那样，使用"灵魂"一词来表述人的精神存在，而常常以心、性、法身等词汇来阐释其核心宗教思想。在《坛经》记载的慧能语录中，"心"字的含义极为复杂，既可以表示慧能及其弟子们努力参悟的自心、本心、佛心、净心，也可以表示他们竭力克服的邪迷心、诳妄心、不善心、嫉妒心、恶毒心等。不过从总体上看，慧能及其弟子所关注的"心"主要是前一种意义上的。在慧能用来解说这种心的词汇中，自性和本性是使用频率最高的两个。它们在《坛经》中常常被当作自心、法身、佛性的同义词使用，并且认为只有悟得此性的人才能得到真正的功德和解脱。如慧能指出："见性是功，平等是德；念念无滞，常见本性真实妙用，名为功德。内心谦下是功，外行于礼是德；自性建立万法是功，心体离念是德；不离自性是功，应用无染是德；若觅功德法身，但依此作，是真功德。"②

慧能及其弟子在强调心、性和法身的重要性的同时，还明确地否定了"色身"的价值乃至其存在的真实性。据《坛经》记载，当慧能听到其师兄神秀所作的偈颂"身是菩提树，心如明镜台，时时勤拂拭，勿使惹尘埃"之后，曾经请求江州别驾张日用为他代写一篇新偈颂来加以批评："菩提本无树，明镜亦非台，本来无一物，何处惹尘埃。"③在这首广为人知的"六祖呈心偈"中，慧能比神秀更彻底地否认了包括"色身"在内的一切外物的实在性，所以有一部分当代研究者曾将

---

① 赖永海：《中国佛性论》，第202页。
② 《六祖坛经》疑问品第三，大众文艺出版社2004年版，第91—92页。
③ 《六祖坛经》自序品第一，第16、25页。

其定义为一种"典型的唯心主义"（也有胡适等一些当代学者提出，这首偈颂的原始文本可能是"菩提本无树，明镜亦非台，佛性常清净，何处有尘埃"或"心是菩提树，身为明镜台，明镜本清净，何处惹尘埃"，但是这种说法始终未能得到学术界和佛教界的一致公认）。① 此外，慧能在广州法性寺参加印宗和尚的法会时，曾有两位僧人因为见到风吹幡动而发生争论，其中一僧说是风动，另一僧则说是幡动。慧能见双方争执不下，便开导他们说："不是风动，不是幡动，仁者心动。"② 此后不久，他又对弟子法海指出："汝等自心是佛，更莫狐疑，外无一物而能建立，皆是本心生万种法。故经云：'心生，种种法生；心灭，种种法灭。'"③ 尽管我们不必像某些当代研究者那样仅凭这几段话就将他定义为一个"典型的唯心主义者"或"主观唯心主义者"，④ 但这些名言至少说明，在慧能等人的思想中，物质性的身体乃至一切外物都没有真实的存在和自性，而无非是心的活动所产生的种种幻象。一旦离开心的造作，身体及其活动都将不复存在。

作为上述思想的反映，慧能一方面从自心、自性、法身等核心概念入手，提出直指人心、见性成佛的成佛之道，从而将佛教改造成一个"心的宗教"；⑤ 另一方面又没有像耶教的神哲学家那样充分肯定"色身"的实在性及其在宗教生活中的价值。按照耶教的正统教义，灵魂虽然比肉身更加接近作为"灵"的上帝甚至可能在肉身死去之后继续存在，但肉身作为"圣灵的殿"和"基督的肢体"，同样是救赎之恩的受体和宗教实践的主体，所以无论在尘世的生活还是来世的拯救中，灵魂和肉身都是不可分离的。受其影响，耶教的神哲学家在探讨灵魂与肉身之间的复杂关系时，常常既需要承认灵魂的非物质性、不朽性及其在宗教生活中的优越性，又需要顾及"肉身复活"的必要性及其与灵魂的统一性。在《圣经》中，得蒙上帝喜悦的人不仅需要拥有灵魂的信

---

① 胡适：《禅宗指归》，陕西师范大学出版社2008年版，第222页。
② 《六祖坛经》自序品第一，第39页。
③ 《六祖坛经》付嘱品第十，第306页。
④ 洪修平：《禅宗思想的形成和发展》，江苏人民出版社2011年版，第226页。
⑤ 吴颖：《〈坛经〉中的心的概念》，《学海》2010年第5期。

心、爱心和盼望，还需要诉诸身体的圣洁、行为和操练，因为"人称义是因着行为，不是单因着信"（《雅各书》2：26），"岂不知你们的身子就是圣灵的殿吗？……因为你们是重价买来的，所以要在你们的身子上荣耀上帝"（《哥林多前书》6：19—20）。受其影响，在耶教思想史上，总是不断有一些神哲学家在提醒人们勿因片面强调"因信称义"和"灵魂不朽"而否定肉身的实在和价值。例如，早期护教士德尔图良（Tertullian，145—220）就指出："不是单有灵魂就能实现拯救，除非相信灵魂在身体中，所以身体确实是拯救的条件和关键。由于灵魂在它获得拯救后选择了事奉上帝，因此是身体使灵魂能够真正地进行事奉。为了使灵魂能够洁净，身体确实经过了洗礼；身体受了膏，灵魂才可以成圣；身体有了印记，灵魂才能坚固；身体行了按手礼，灵魂才能被圣灵照亮。"① 事实上，耶教在拯救论上不同于绝大多数其他宗教的一个独特之处就是，它盼望的拯救不仅仅是灵魂的不朽和解放，而是包括灵魂和肉身的整个人的复活与永生。在源于早期教会并沿用至今的三大信经（《使徒信经》、《尼西亚信经》和《亚达纳西信经》）中，都不约而同地把"肉身复活"或"死人复活"列为每个基督徒必须公开承认的信条。对于耶教来说，肉身不仅同样是救赎的对象，而且在某种意义上，对肉身复活及灵肉统一性的信念至少同灵魂不朽的信念一样重要。对此，当代耶教思想家吉尔松（Etienne Gilson）曾评价说："从长远观点看，一个没有灵魂不朽的基督教并非绝对不可想象。真正不可想象的是一个没有肉身复活的基督教。一个人会死，他的肉身会死，但这不会带来无法挽回的损失，也不会让福音落空，即便灵魂同样会死，只要我们确信肉身与灵魂的复活，则整个人仍可享受永恒的福乐。"②

然而在慧能所开创的禅宗思想中，人的"色身"同真正的皈依、功德和解脱之间并无必然联系。例如，慧能在《坛经》中指出："善知识！法身本具。念念自性自见，即是报身佛。自悟自修自性功德，是真

---

① 德尔图良：《论灵魂和身体的复活》，王晓朝译，香港：道风书社2001年版，第128页。
② Etienne Gilson, *The Spirit of Mediaeval Philosophy*, trans. by A. H. C. Downes, New York: Charles Scribners Sons, 1940, pp. 171 - 172.

皈依；皮肉是色身，色身是宅舍，不言皈依也。但悟自性三身，即识自性佛。"① 意思就是，唯有从蕴含着自心自性的法身来思量，才能实现真正的皈依、功德和解脱；而作为皮肉之体的"色身"则是与这一切无关的外物，所以企图通过身体上的苦修或物质上的慷慨来求取功德和获得解脱是徒劳的。正因为如此，当韶州刺史韦璩对他提出"造寺度僧，布施设斋"这些行为有何功德的疑问时，他答复说："实无功德，勿疑先圣之言。武帝心邪，不知正法，造寺度僧，布施设斋，名为求福，不可将福便为功德。功德在法身中，不在修福。"② 在这段简短的回答中，他进一步说明了人借助"色身"在世上所完成的所有善行都只能用于求取一般的福业，而与真正的皈依、功德和解脱无关。

三 慧能对自心之来源与功能的解说

据《坛经》记载，慧能早年在湖北东山寺的方丈室内听讲《金刚经》时，曾因听到"应无所住而生其心"一句而豁然开朗并对五祖弘忍说："何期自性，本自清净；何期自性，本不生灭；何期自性，本自具足；何期自性，本无动摇；何期自性，能生万法。"五祖由此断定他已悟透本心本性并赞许说："不识本心，学法无益；若识自本心，见自本性，即名丈夫、天人师、佛。"③ 从他对五祖所说的这段话中，我们可归结出两层意思。

首先，人的自心原本就是"自清净"、"不生灭"、"自具足"、"无动摇"的，所以无须借助任何其他东西来净化、产生、完善和护持，也不会被任何其他东西所扰乱、消灭减损和动摇。当唐中宗的内侍薛简向他请教"大乘见解"时，他又进一步解释说："实性者：处凡愚而不

---

① 《六祖坛经》忏悔品第六，第156—157页。
② 《六祖坛经》疑问品第三，第90—91页。
③ 《六祖坛经》自序品第一，第28页。

减,在贤圣而不增,住烦恼而不乱,居禅定而不寂。不断、不常、不来、不去,不在中间及其内外;不生、不灭,性相如如,常住不迁,名之曰道。"由于薛简一时未能明白这一"常住不迁"的实性与"外道"所说的神我有何区别,便追问道:"师曰不生不灭,何异外道?"他则开导薛简说:"外道所说不生不灭者,将灭止生,以生显灭,灭犹不灭,生说不生。我说不生不灭者,本自无生,今亦不灭,所以不同外道。汝若欲知心要,但一切善恶,都莫思量,自然得入清净心体,湛然常寂,妙用恒沙。"① 也就是说,人的自心自性之所以不生不灭,是因为其原本就空无所生,自然也就无从言灭,而绝非像外道认为的那样需要借助灭来终止和显现生,或者借助生来终止和显现灭。

其次,人的自心还具有"能生万法"的功能,即把世界万物的真正本原归结为内在的人心,而非外在的上帝或任何其他神灵。后来,他又多次在《坛经》中向弟子阐明这一见解:"若无世人,一切万法本自不有,故知万法本自人兴;一切经书,因人说有","故知万法尽在自心,何不从自心中顿见真如本性?"② 上述见解不仅为他提出"一念悟时,众生是佛"的顿悟说提供了理论依据,而且对后世宋明儒学中的"陆王心学"产生了深远影响。例如,陆象山所说的"宇宙便是吾心,吾心便是宇宙"以及王阳明所说的"心外无物"、"心外无理"等都是把这一见解推向极致的产物。

从以上分析可以看出,慧能所说的自心作为一个"本不生灭"而又"能生万法"的内在本原,非但不像耶教思想家所说的灵魂那样依赖一个外在的他者来创造自身,而且在一定程度上反映了《圣经》中的造物主上帝所具有的"自有永有"的特征。但与此同时,慧能对自心的解说又与耶教对造物主的解释存在着两大根本区别。其一,耶教常把造物主解释为一个超越人类和世界之外的"至高权能的他者"(sovereign other),③ 而慧能则认为,自心和自性是完全内在于人的法身之

---

① 《六祖坛经》护法品第九,第266—267页。
② 《六祖坛经》般若品第二,第67—69页。
③ Veli-Matti Kärkkäinen, *The Doctrine of God: A Global Introduction*, Grand Rapids: Barker, 2004, p.125.

中:"性在,身心存;性去,身心坏。佛向性中作,莫向身外求。"① 其二,耶教的上帝具有全能、公义、至善、仁爱等诸多神性,而慧能所说的自心则是没有万法的任何属性的"真空",故云:"心量广大,犹如虚空,无有边畔,亦无方圆大小,亦非青黄赤白,亦无上下长短,亦无嗔无喜,无是无非,无善无恶,无有头尾。诸佛刹土,尽同虚空。世人妙性本空,无有一法可得;自性真空,亦复如是。"②

---

① 《六祖坛经》疑问品第三,第102页。
② 《六祖坛经》般若品第二,第50—51页。

利玛窦与智者大师儒化的比较

曹 彦[①]

摘　要：本文认为，利玛窦虽然将天主教思想进行了儒化，但是由于其骨子里是要降低皇权地位，并最终达到政教合一的目的，所以最终是会导致失败的。而相比之下，智者大师的佛教儒化，则尊重了皇权，并且在戒律上保证了佛教与政治的距离，所以使得佛教能够很好地适应中国社会。

关键词：宗教比较　利玛窦　智者大师　儒化

佛教与基督宗教都属于外来异质文化，而中国的本土强势文化是儒家文化，因此外来宗教要想在中国得到生存与发展，都要面对儒家文化、儒家政权的认可的问题。利玛窦是明末清初成功地在中国传播基督宗教的传教士的代表人物，但好景不长，康熙大帝禁止了基督宗教在中国的传播。学者们认为，利玛窦成功的关键是基督宗教思想的儒化，而最终失败也是因为儒化。佛教思想儒化的代表人物是天台宗的智者大师，他也与封建皇帝有较多接触，但他的儒化思想促进了佛教在中国的稳固发展。因此比较两位代表人物的儒化思想的差别，有较大的启发意义。

---

① 曹彦，武汉大学哲学学院讲师。本文获得教育部哲学社会科学研究重大课题攻关项目（14JZD034）资助。

一　利玛窦的儒化

　　1582年利玛窦来到中国后，为了掩饰天主教的身份，他把头面剃得精光，并穿上了僧袍。因为他得知和尚在日本享有较高的社会地位。在肇庆修建的他的住所的门楣上题着"仙花寺"，而在会客厅上，写的是"西来净士"。利玛窦还用佛经的行文方式来翻译天主教的经文。

　　后来，由于发觉和尚在中国社会中的地位不高，在离开韶州后，利玛窦决定改穿儒服。"他进了城（指南昌）就决定采用适度的仪表，穿上正式访问时已成习惯的绸袍，还戴上知识阶层所特有的帽子。"[①] 而且利玛窦还决定"任一神父出外拜客，就坐上轿子，令一名录事、两三名亲随（他们都身穿长袍）随行。还牢牢记住了使用官衔的习俗"[②]。利玛窦遵循中国读书人的习俗和礼仪，受到了官员士人的尊重和欢迎。大学士叶向高在他的《紫桃轩杂缀》中说："（利玛窦）见人膜拜如礼，人亦爱之，信其为善人也。"

　　另外，利玛窦还深入地学习儒家经典。"又闻玛窦初至广下舶……遂徽馆延师读儒书，未一二年，四子五经，皆通大意"[③]，"按图画人物，请人指点，渐晓语音，旁通文字，至于六经子史等编，无不尽畅其意义"[④]。他在《上明神宗疏》中也自我评价道："颇知中国古先圣人之学，于经籍亦能记诵。"[⑤]

　　利玛窦不仅着儒服、行儒礼、钻儒经，而且游儒林，广交儒士名流。在南雄时结交了太守王应麟，在南京时与礼部尚书王忠铭成为好友……到了北京城更是"当时都中缙绅，交许可其说，投刺交欢，倒

---

①　利玛窦：《利玛窦中国札记》，中华书局1983年版，第294页。
②　裴化行：《利玛窦评传》，商务印书馆1993年版，第171页。
③　张尔岐：《蒿庵闲话》，第12页。
④　方豪：《中国天主教史人物传》，中华书局1988年版，第95页。
⑤　萧一山：《清代通史》，中华书局1986年版，第673页。

屣推重，倾一时名流"①。

利玛窦除了在生活方式上儒化，而且为了让基督教的思想易于被中国人接受，他也进一步把天主教的思想儒化。他在《天主实义》中首先将天主教里的"God"译成"天主"和"上帝"，与儒家里的"天"、"上帝"进行比附。如在《天主实义》第二章中，他解释道：

> 吾天主乃古经书所称上帝也。《中庸》引孔子曰："郊社之礼，所以事上帝也"……《周颂》曰："执竞武王，无竞维烈，不显成康，上帝是皇。"又曰："于皇来牟，将受厥明，明昭上帝。"《商颂》曰："圣敬日跻，昭假迟迟，上帝是祗。"《雅》云："维此文王，小心翼翼，昭事上帝。"《易》曰："帝出乎震。"夫帝也者，非天之谓，苍天者抱八方，何能出于一乎？《礼》云："五者备当，上帝其飨。"又云："天子亲耕，粢盛秬鬯，以事上帝。"《汤誓》曰："夏民有罪，予畏上帝，不敢不正。"又曰："惟皇上帝，降衷于下民，若有恒性，克绥厥猷，维后金滕。"周公曰："乃命于帝庭，敷佑四方。"上帝有庭，则不以苍天为上帝可知。历观古书，而知上帝与天主，特异以名也。②

对于以上语焉不详的引文，利玛窦自己承认说，"我处心积虑借用儒家先师孔子来证实我们的见解，因为我把某些含义模糊的文字解释为对我们有利"③。

另外，利玛窦将儒家的仁爱的思想解释为"仁也者，爱天主"。他在《天主实义》中具体解释道：

> 吾今为子定孝之说，欲定孝之说，先定父子之说。凡人在宇内有三父：一谓天主，二谓国君，三谓家君也；逆三父之旨者为不孝

---

① 陈仪：《性学觕述序》，见徐宗泽编著《明清间耶稣会士译著提要》，中华书局1989年版，第212—213页。
② 裴化行：《利玛窦评传》，第225页。
③ 同上书，第277页。

子矣。天下有道，三父之旨无相悖；盖下父者，命己子奉事上父者也，而为子者顺乎，一即兼孝三焉。天下无道，三父之令相反，则下父不顺其上父，而私子以奉己，弗顾其上，其为之子者，听其上命，虽犯其下者，不害其为孝也；若从下者逆其上者，固大为不孝者也。

国主于我相为君臣，家君于我相为父子，若使比乎天主之公父乎，世人虽君臣父子，平为兄弟耳焉，此伦不可不明矣。①

由上可见，利玛窦认为从天父上帝的角度看，君臣关系和父子关系只能算兄弟关系。因此真正应该孝敬的对象是上帝。因此儒家有亲疏差别的仁爱，变成首先是爱上帝，而非先爱亲人。

二　智者大师的儒化

智者大师是中国佛教第一个宗派天台宗的创始人。他不仅推崇"会三归一"、"三谛圆融"的佛教思想，而且在佛儒问题上，也非常注重两者的融通。

佛教从印度传来，最开始提出了沙门不敬王者和不礼拜父母的思想。如我国早期佛教著作《牟子理惑论》，就记载了当时对佛教违反孝道的非难。在当时中国儒者看来，佛教徒的出家，与父母断绝关系，是天诛地灭的不孝之举；僧人剃头，违反了将身体发肤完整归与祖宗的孝道要求；无后是大不孝；不拜父母是违反尊亲的原则；等等。② 这与封建的伦理思想形成了严重的冲突。

面对上述严峻的问题，智者大师很快意识到了问题的严重性，他没有消极地反驳，而是积极地应对，对佛教思想作了儒学化的阐述。

---

① 利玛窦：《天主实义》，载《天学初函》，台湾学生书局影印本1964年版，第618—620页。
② 方立天：《中国佛教伦理的社会意义》，《伦理学研究》2004年第1期。

首先智者大师非常重视孝,他是据《梵网经》解释佛教孝道的第一人。① 他在《菩萨戒义疏》中讲道:

> 二能成胜因,谓孝事等。《宝藏经》云:孝事父母,天主帝释在汝家中;又能行孝,大梵尊天在汝家中;又能尽孝,释迦文佛在汝家中。睒摩菩萨亲服患愈,慈心童子火轮速灭,即其灵应。《尔雅》云:善事父母为孝。孝即顺也,太史叔明,用顺释孝。《孝经钩命决》云:孝字训,究竟是了悉,始终色养也。亦可训度,度是仪法,温清合仪也。三明能得胜果,谓至道之法,四结名字,是制戒也。②

智者大师还是最早引用《提谓波利经》的思想,把佛教的五戒与儒家的"仁、义、礼、智、信"五常相提并论,③ 视为同一伦理范畴,而且还认为五戒与儒家五经有相互对应之妙。如《摩诃止观》卷六上中说:

> 何谓用世间法施?譬如王子从高堕下,父王爱念,积以缯绵,于地接之,令免苦痛;众生亦尔,应堕三途,圣人愍念,以世善法,权接引之,令免恶趣。然施法药,凡愚本自不知,皆是圣人托迹同凡,出无佛世,诱诲童蒙。大经云:一切世间外道经书皆是佛说,非外道说。光明云:一切世间所有善论,皆因此经,若深识世法即是佛法。何以故?束于十善,即是五戒,深知五常、五行,义亦似五戒。仁慈矜养,不害于他,即不杀戒;义让推廉,抽已惠彼,是不盗戒;礼制规矩,结发成亲,即不邪淫戒;智鉴明利,所为秉直,中当道理,即不饮酒戒;信契实录,诚节不欺,是不妄语

---

① 广兴:《"孝名为戒":中国佛教徒对孝道观的发展》,《佛学研究》2013 年总第 22 期。
② 《卍新纂续藏经》,第 9 册,第 608 页中。
③ 圣凯:《论佛儒道三教伦理的交涉——以五戒与无常为中心》,《佛学研究》2004 年总第 13 期。

戒，周孔立此五常，为世间法药，救治人病。又五行似五戒，不杀防木，不盗防金，不淫防水，不妄语防土，不饮酒防火。又五经似五戒，《礼》明搏节，此防饮酒；《乐》和心，防淫；《诗》风刺，防杀；《尚书》明义让，防盗；《易》测阴阳，防妄语，如是等世智之法，精通其极，无能逾无能胜。①

智者大师之所以那么重视《提谓波利经》，不仅是因为该经提出了五戒与无常相配的思想，而且该经还明确表明佛说："先能行忠孝乃能持五戒，不能行忠孝者终不能持五戒，不忠不义不孝不至（智），非佛弟子。"由此可见，与"沙门不敬王者"的思想不同，智者大师是推崇道安的"不依国主，则法事难立"的思想的。

三 两者儒化的比较

利玛窦的儒化传教法虽然吸引了不少儒家士大夫的同情和认可，并使其中的一部分转入天主教阵营中来。而且在多位官员名流的帮助下，他拜见了封建皇帝，并得到默许，可以在中国传教。但最后天主教的传播被康熙大帝禁止了。因此可以说，利玛窦的儒化是失败的。而相比之下，智者大师的天台宗得到了皇权的大力支持，经久不衰。因此智者大师的儒化是成功的。有学者认为，利玛窦失败的原因在于基督宗教文化与儒家文化从根本上说是两种完全不同的文化体系，因而这种表面的比附势必会引发许多内在的矛盾，带来对基督教在华发展不利的后果和影响，这主要有三个方面：造成了信徒的"儒学中心论"的基督教教义观；给中国士大夫中的反对派提供了口实；给基督教内部种下了争执和不和的种子，从而遗祸在华传教事业。②但是作者认为利玛窦的失败主

---

① 《大正藏》，第46卷，第77页中。
② 马春华：《利玛窦传教策略及其效应》（提要），华中师范大学，硕士学位论文，2002年。

要是犯了以下两项错误：

第一，利玛窦降低了皇权的地位。前面提到，利玛窦坚持认为上帝是在皇帝之上的。因为在天主教看来，上帝是一切的创造者。人也是上帝创造的。所以首先应该忠于上帝，而不是忠于皇帝。而佛教实际上是主张"诸法无我"的，所以也就反对有创造一切的主宰者的存在。在佛教看来，所谓的上帝就是大梵天神，他也是受业报控制的六道轮回中的一个众生。只是他第一个在梵界投生，所以他以为自己是初者。而后来在梵界投生的众生则误认为自己是最初的大梵天神创造的。也就是说，上帝是梵界的皇帝，而国王是世间的皇帝，两者没有本质区别。而且《大乘本生心地观经》中强调："国王恩者，福德最胜。"因为国王肩负教化人民、治理天下的重任，对人民的安乐起着至关重要的作用，能使人民避免他国侵逼、自界叛逆、饥馑、疾疫、灾荒等恐怖。只有国家安定，才可安心修道。另外《心地观经》卷二报恩品中说，信众要报答四重恩——父母恩、众生恩、国王恩、三宝恩。因此智者大师把忠孝放在五戒之前，是符合佛义的。

第二，利玛窦所传的天主教是政教合一的宗教。利玛窦对天主教思想进行儒化，并非为了尊重儒家思想，并非为了尊重皇权。他心底里中国理想的天主教应该是在他祖国政教合一的天主教，是受罗马教皇统治的天主教。在《利玛窦中国札记》中他写道："多少世纪以来，上帝表现了不止用一种方法把人们吸引到他身边。垂钓人类的渔人以自己特殊的方法吸引人们的灵魂落入他的网中，也就不足为奇了。"① 在中国传统中，有政治野心的宗教都属于邪教。如《大明会典》就明确谈道："凡师巫假降邪神，书符咒水，扶鸾祷圣，自号端公、太保、师婆，及妄言弥勒佛、白莲社、明尊教、白云宗等会，一应左道乱正之术，或隐藏图象、烧香聚众，夜聚晓散，佯作善事，煽惑人心，为首者绞，为从者各仗一百，流三千里。"可见，邪教的共同特点是"佯作善事，煽惑人心"。因此在当权者看来，利玛窦以儒诠耶的善举，以及传播科学的善举，由于有政治野心，都属于"佯作

---

① 利玛窦：《利玛窦中国札记》，中华书局1983年版，第347页。

善事，煽惑人心"的危险行为。

儒释道的融通是中国古代学者的人生追求，在这种大背景下，利玛窦也试图将儒耶进行融合。但他没有明白，作为个人是可以与儒家思想进行融通，因为"学而优则仕"。但是作为一个组织，引进儒家思想，就意味着该组织有政治诉求。这种诉求，在当权者看来是危险的。如主张三教合一的一贯道就是邪教的典型。而如今的法轮功、被立王、门徒会等也都是有政治野心的。也就是说，在儒化中，与政治保持距离，才是一个宗教的生存之道。

与上不同，佛陀早就结戒规定："尽形寿不得，学习奇技，巫医蛊道，时日卜筮，占相吉凶，仰观历数，推步盈虚，日月薄蚀，星宿变怪，山崩地动，风雨旱涝，岁熟不熟，有疫无疫。一不得知，不得论说，国家政事，平量优劣，出军行师，攻伐胜负。"① 在佛陀看来，以上的行为是非威仪，非沙门法，非净行，非随顺行，是不利于僧众同心、不利于折服高心之人、不利于信众净信增长，不利于解决纠纷，最终不利于正法久住。因此佛陀反对各种蛊惑民心的外道邪教，反对任何形式的政教合一，反对利用宗教信仰的差异来破坏国家统一，反对任何理由的宗教恐怖活动。如有以上行为，便违反了佛教戒律，便要失去出家人的身份。另外《梵网经》中佛言："佛子不得为利养恶心故，通国使命军阵合会。兴师相伐，杀无量众生。而菩萨不得入军中往来，况故作国贼？"② 因此僧人不得为了一己私欲而通敌卖国，不得参与与战争有关的事务。即使历史上有多次的灭佛事件，佛教徒也只是苦口婆心地劝止，从不作武力抵抗，因为这是佛教坚持不杀生的慈悲精神和忍辱的菩萨精神。因此佛教被世界公认为彻底奉行和平的宗教，从不发动宗教战争。佛教的传播方式一直是和平的。"庄严国土，利乐有情"是佛教的口号，故佛教能得到所在国家的欢迎。

---

① 《大正藏》，第 24 册，第 927 页上。
② 同上书，第 1005 页下。

道德相对性、道德相对主义和宽容

李 勇[①]

摘　要：如果两种道德体系，以儒家和道家为例，对道德上好的生活的理解具有实质性的差异，而二者各自的概念和理论体系在很大程度上是融贯的，不存在实质性的概念上的自相矛盾，同时可以充分地指导道德实践，那么这种道德相对性就意味着并不存在唯一正确的道德体系。而这样的结论并不一定导致极端相对主义或者弱的普遍主义，而多元的相对主义更能够解释中国哲学中存在的道德相对性的直觉，而对道德的功能主义理解可以为这种多元性、普遍性和道德宽容提供解释。

关键词：道德相对性　道德相对主义　多元的相对主义　道德宽容

文化相对主义的事实我们无法否认。而与文化相对主义息息相关的描述意义上的道德相对性也是无法否认的。本文基于这样的事实来讨论我们应该如何面对道德相对性的问题。以中国哲学为例。中国哲学受到包括儒家、道家、佛家在内的诸多传统文化的影响。从这些传统各自独立来看，似乎在概念上具有融贯性，同时对于指导道德生活也具有充分性。如果确实如此的话，我们就会得出这样的结论，并不存在唯一正确

[①] 李勇，武汉大学哲学学院副教授。

的道德体系。笔者将论述，这样的结论并不一定导致极端相对主义或者弱的普遍主义。而多元的相对主义更能够解释中国哲学中存在的道德相对性的直觉。

一 中国哲学中的道德相对性

中国哲学受到各种传统的影响。而这些传统具有鲜明的特色，彼此之间存在着明显的区分。下面笔者将以儒家道德思想和道家道德思想为例，解释他们各自的融贯性和充分性。

以孔子为代表的儒家哲学强调家庭在道德生活中的基础性地位。"其为人也孝弟，而好犯上者，鲜矣；不好犯上，而好作乱者，未之有也。君子务本，本立而道生。孝弟也者，其为仁之本舆！"（《论语》1.2）[①] 孝顺父母，敬爱兄长之人，在社会上很难成为一个捣乱分子。

而对父母的孝顺，体现在很多方面。"父母在，不远游，游必有方。"（《论语》4.19）"今之孝者，是谓能养。至于犬马，皆能有养；不敬，何以别乎？"（《论语》2.7）很明显，对父母的孝顺不仅体现在物质上能够赡养，而且体现在态度上的尊敬和情感上的联系。

除了家庭在道德生活中的重要性以外，孔子特别强调礼在道德生活中的塑造作用。论及三年之丧，"女安，则为之！夫君子之居丧，食旨不甘，闻乐不乐，居处不安，故不为也。金女安，则为之！"（《论语》17.21）从孔子对于丧礼的论述来看，礼不仅是一套外在行为的规范，也伴有相应的内在情感。

以孔子为代表的儒家也强调把对家庭之爱推及更大社区中去。不过，家庭在个人道德生活中的基础性或者首要性的地位是无法动摇的。从"吾党之直者异于是：父为子隐，子为父隐。——直在其中矣"（《论语》，13.18）到孟子所给出的在假想的"瞽瞍杀人"案例中，舜应该会选择"窃负而逃，遵海滨而处，终身欣然，乐而忘天下"（《孟

[①] 杨伯峻：《论语译注》，中华书局1980年版。以下《论语》中的引文均出自该书。

子》13.35)。不管对于以上的案例进行何种解读,孔子和孟子认为,家庭在一个人过上道德的生活中所扮演的都是基础性和首要性的角色。在绝大多数情况下,为了维护家庭的紧密联系,我们是可以也应该牺牲掉其他的价值的。

孔子也描述了非常有特点的理想生活,"老者安之,朋友信之,少者怀之"(《论语》5.26)。还提到,"暮春者,春服既成,冠者五六人,童子六七人,浴乎沂,风乎舞雩,咏而归"(《论语》11.26)。家庭、友情等都是理想生活的重要组成部分。

在理论上,孔子所提出的道德概念和理论在很大程度上是融贯的。而在实践上,这些概念和理论影响与塑造了很多人的生活。不过,老子所开创的道家似乎也具有道德概念和理论上的融贯性,同时在实践上对人们也有很大影响。

首先,老子强调,"小国寡民","甘其食,美其服,安其居,乐其俗,邻国相望,鸡犬之声相闻,民至老死,不相往来"(《老子》八十章)①。如果对以上的解读不仅是作为一种政治治理方案,而且还是理想的道德生活的安排的话,老子的理想生活似乎与孔子的不一样。

其次,老子对礼及其作用也有自己的理解。"失道而后德,失德而后仁,失仁而后义,失义而后礼。夫礼者,忠信之薄,而乱之首"(《老子》三十八章)。而老子对情感、欲望的理解也比较独特,"为无事,事无事,味无味"(《老子》六十三章)。而庄子对情感的理解在庄子妻死,庄子鼓盆而歌的案例中得到充分的解释。惠子的评论是,"与人居、长子、老、身死,不哭,亦足矣,又鼓盆而歌,不亦甚乎!"而庄子所提出的"变而有气,气变而有形,形变而有生,今又变而之死,是相与为春秋冬夏四时行也"(《庄子·致乐篇》)②,给予了形而上学的解释。

很明显,以老子为代表的道家所持的道德概念和理论不同于孔子和儒家。首先,二者对道德上好的生活的理解具有实质性的差异。同时,

---

① 陈鼓应:《老子今注今译》,商务印书馆2006年版。以下《老子》引文均来自该书。
② 陈鼓应:《庄子今注今译》,中华书局1983年版。

二者的诸多差异也并不是某一种具体的统一的道德价值，诸如仁爱，在不同境遇下的体现。其次，二者的差异也不能被还原为对某一个单一价值的争议，比如对家庭的争议。再次，二者各自的概念和理论体系在很大程度上是融贯的，不存在实质性的概念上的自相矛盾。最后，二者都可以为一个理性的行为主体提供道德上的实践指导。①

二 道德相对性和道德争议

如果你同意以上关于儒家和道家的一般描述以及二者存在差异的一般结论的话，那么，不幸的消息是，你已经成为一个道德相对主义者。道德相对主义的基本观点是，不存在唯一的、绝对的、真的道德理论。而这里只是列举了儒家和道家这两个在中国道德传统实践中占主流的道德理论体系。我们可以想象，在整个世界文化传统中，存在诸多融贯而充分的道德体系。

很明显，意识到如上事实，在某种程度上迫使我们，在面对道德争议，我们要尝试去理解争议的另外一方的观点。这种理解不仅仅是去发现对方所持观点的原因，其中包括历史的、心理的、文化的、经济的等形成的原因，还包括去思考对方所持观点的理由，包括其概念框架、逻辑推理、基本的价值构成等。

但是，当我们一旦理解了争议的另外一方的观点形成的原因以及理由之后，我们或多或少会去反思甚至怀疑自己观点的合理性或者真理性。比如当一个基督徒尝试理解了一个无神论者的自然科学理论背景，对恶的问题的困扰进行论证等之后，这些理论背景和困扰将成为自己信念和推理的一部分，而这个部分将会对自己之前形成的信念构成挑战。用认识论上的术语来说，它们将会以反驳证据的方式出现，可能会降低自己原先所持观点的证据力度。而当这种证据力度降低到一定程度的时

---

① 笔者认为，以上列出的四个方面的要件：实质性差异、差异的非还原性、融贯性、充分性是刻画道德相对性的重要条件。至于是否必要或者充分条件，本文不作论述。

候，一个人可能就会认为自己原先的信念是缺乏足够证据的，是不合理的，最终有可能放弃原先的信念，进而转变自己的信念。①

不管在面对不同的道德概念和理论的时候，我们的心理过程是如何的，只要承认存在融贯的和充分的，并且和自己所持的不一样的道德概念和理论的时候，我们可以做出如下几种选择：认为所有的道德概念和理论没有任何优劣之分，不存在普遍适用的道德体系；认为还是存在普遍的价值，这些价值是所有的道德概念和理论共同分享的；不存在普遍适用的道德体系，但是并不是所有的道德概念和价值都是可以的。②

三 道德相对性和道德相对主义

认为所有的道德概念和理论没有优劣之分的理论，可以称为极端道德相对主义。当然，这里对道德概念和理论还是要进行基本的区分。首先，那些概念明晰、理论融贯的道德体系似乎更容易被人接受。当然，这条标准并不能排除掉很多在历史上出现过的道德体系，比如那些包含种族主义、性别歧视等价值的体系。其次，如果极端相对主义确实成立的话，只要一个人相信自己的道德体系，只要这个道德体系能够给其行动提供指导和动力的话，似乎我们就应该尊重他的选择。③

不过，这种极端道德相对主义至少面临如下两个问题：首先，如果极端相对主义是对的话，当持一种道德体系的人张三，碰到持有不同道德体系的人李四，尤其是二者就某个问题有不同意见的时候，张三不会

---

① *Disagreement*, edited by Richard Feldman and Ted A. Warfield, New York: Oxford University Press, 2010.

② 当然，以上的三种选择似乎并没有穷尽所有的可能性；关于这三种之间的组合问题，以及三种选择是否具有排他性的问题，本文也不作讨论。

③ 笔者认为 Gilbert Harman (*Explaining Value and Other Essays in Moral Philosophy*, New York: Oxford University Press, 2000) 持有该观点。

有之前我们所描述的认识论意义上对李四的观点的原因和理由产生兴趣，同时发生认识论上证据和信念支持度的转移和变化。为什么？由于我们对食物口味的选择通常持极端相对主义，让我们以此作个类比。如果张三喜欢吃甜的，而李四喜欢吃辣的，当二人就哪里的食物最好吃这个问题产生争议的时候，我们不会认为这里的争议有任何意义，也不会认为当张三了解了李四的口味后，张三会对自己的口味产生怀疑。如果对道德概念和理论的喜好与对食物口味的喜好是一样的话，我们是不会因为碰到和自己持不同观点的人而对自己的观点产生怀疑和动摇的。而这是不符合我们的经验和直觉的。

其次，极端道德相对主义和我们的另外一个直觉也是冲突的。不管一个人持何种道德概念和理论，当他遇到某些道德实践或者道德理念的时候，他可能认为自己没有任何好的理由来宽容这些实践或者理念。比如，假设我们在沙漠旅行的时候碰到这样一个家庭，这个家庭里面，父母以无理由地殴打、折磨自己的孩子为乐，我们很可能认为这样的实践是不能容忍的，不管这个实践背后的道德理论是什么。这样的直觉至少告诉我们，在道德考量上，我们并不是认为道德选择和口味的选择是一样的，不是什么东西都行。

当然，这里还涉及一些比较棘手的问题。比如，以上涉及的两种直觉是否合理，以及即使是合理的直觉，我们该如何界定哪些道德理论和实践是极端的，不可容忍的。很显然，我们不能仅仅依靠个体的直觉来界定。本文后续会进行一些讨论。

除了极端道德相对主义之外，另外一种处理道德相对性现象的路径是承认这种相对性，但是仍然坚持存在普遍的道德价值。我们可以把这种观点称为弱的普遍主义。[1] 那么根据这种弱的普遍主义，描述意义上的道德的相对性是无可争议的，确实存在着各种不同的道德概念和理论，而这些概念和理论不仅是融贯的，而且在指导道德实践上具有充分性。不过，根据这种弱的普遍主义，这些存在差异的道德理论都分享一

---

[1] 笔者认为 Michael Walzer (*Moral Argument at Home and Abroad*, South Bend, IN: University of Notre Dame Press, 1994) 所提出的 Moral Minimalism 持有类似的观点。

些基本的价值，且这些价值具有普遍性。①

弱的普遍主义确实具有一些说服力。比如儒家和道家之间，二者虽然存在很多差异，但是二者都承认生命的价值，都崇尚和平，或者希望建立一个和平而不是动荡的社区。实际上我们似乎可以在很多不同的道德体系中找到类似的价值。当然，这里涉及一个相关的问题，为什么在不同的道德体系中存在类似的价值？哲学家对此有各种解释，诸如我们分享共同的人性，或者更具体，我们的共通的理性要求这些基本价值的存在。当然，也有求助于自然进化或者社会选择理论来解释这些共同的价值。

不管这些共同的价值的来源是什么，弱的普遍主义面临的难题是，因为这些基本的价值是如此的基本，同时数量是如此的少，它们没有办法具体指导我们的道德实践。② 比如，承认生命的价值，在同样的境遇中，不同的道德理论在解释和运用这个价值的时候千差万别。以堕胎为例，支持和赞成堕胎的双方在论述自己的观点的时候，都可以认为自己是在承认生命的价值，比如承认胚胎的生命的价值，或者怀孕女子的生命的价值。作个类比，不同口味的烹饪都在强调健康的价值，没有哪个菜系认为自己的菜是对身体有害的，只是享用者需要克制自己的欲望，适可而止。③

因为极端相对主义和弱的普遍主义面临的各种问题，而且这些问题似乎极大地降低了它们理论的吸引力，剩下的选项是：不存在普遍适用

---

① 这里涉及一个复杂的问题，即这些基本的价值对于一个合理的道德理论是否是必要的。如果不是必要的话，弱的普遍主义就沦陷为极端相对主义；如果是必要的话，就排除了一些道德理论。这就有可能变成了下文讨论的多元的相对主义。当然，这里涉及解释这些基本的价值为什么是基本的。下文会给出相关论述。

② 对这个批评的一种可能的回应是：弱的普遍主义只是揭示各种道德理论的一般特征，并不是作为具体的行为指导原则的。不过，极端相对主义虽然也只是揭示各种道德理论的一般特征，但是它蕴含了处理道德争议的态度，即漠视的原则，就像我们处理关于口味的争议一样，并不是基于口味的正确与否来做出决定，而是取决于和口味无关的一些因素来决定，比如餐馆的价格、环境、服务员的长相等。所以这个反驳更准确的表述是，弱的普遍主义无助于我们面对和解决道德争议，即使面对争议的两个或多个道德理论分享某个（些）基本的价值。

③ 这里的类比预设了不同菜系对于健康概念的解释可以是一致的，正如不同道德体系中存在的极少数价值是一致的一样。而这个预设和弱的普遍主义是相容的。

的道德体系，但是也并不是所有的体系都是好的。我们可以称之为多元的相对主义。① 当然，乍听起来，经过前面的一系列论证，这个结论水到渠成。但是，这个观点面临的最大问题是，排除某些道德体系的标准是什么。换句话说，为什么纳粹的道德体系，或者种族主义的道德体系应该排除在这个多元的范畴之外？另外一个相关的问题是，如果道德是多元但不是普遍的，道德的属性是什么？

四　多元的道德相对主义

把哪些理论排除在道德体系之外是一个非常复杂的问题。一个简单的方法是定义道德的功能。那么，如果一个道德理论没有办法实现既定的功能的话，我们就可以把它排除在道德体系之外。②

很明显，道德是不同于法律或者习俗的。违背了道德，通常情况下，我们并不会受到法律的惩罚。比如，张三对自己的朋友撒谎，这违背了道德上诚信的原则，但是我们通常情况下不会对其进行法律上的惩罚。而违背了习俗，我们通常也不会对其进行道德上的谴责，比如，李四在一个英国人家中吃饭，把汤端起来喝，动静很大，并发出吸溜吸溜的响声。

---

① 这个观点无须对是否存在普遍的价值作出任何承诺。因为普遍价值的存在可能并不是因为存在某种客观的、普遍的道德实在，可能完全是偶然的。换句话说，那些规范意义上允许的道德体系之间可能分享某些共同的价值，但是这可能是偶然的结果。笔者倾向于认为，这些共同的价值并不是这些道德体系被允许的原因。它们之所以被允许，更多的可能是结构性的（以及与之相关的功能性的）原因。下文有所讨论。

② 这里涉及另外一个复杂的问题：这些功能和之前弱的普遍主义中涉及的基本价值之间存在何种关系。这些价值是这些功能的目的还是结果？这些价值是不是比这些功能更基本？到底是功能定义了某个道德体系是可允许的还是某（些）基本价值定义了某个道德体系是可允许的？笔者倾向于认为，功能是首要的。某个道德体系实现了其功能并不是因为某个特定的价值，可能不同的价值都可以实现这一既定的功能。以和谐处理家庭关系为例：中国传统儒家强调的孝敬父母和北美现代社会强调的家庭成员的独立都和谐处理了家庭关系，实现了道德所要求的人际层面的功能。大家所持的基本价值不同，但是都实现了道德的功能。所以，功能是首要的。当然，这里由于篇幅限制，讨论有所局限。

通常情况下，我们认为道德首先是具有社会协作的功用。① 而这里的社会协作不仅仅是限制在陌生人之间的。比如，在家庭中，家庭道德有助于维护家庭成员之间的协作，父母照顾子女，子女赡养父母，兄弟姐妹之间的互助。而在一个社区中，邻里互助、相互尊重等有助于维护社区的和平与稳定。目前进化心理学试图使用亲族选择、互助、群体选择、甚至博弈论来解释道德的产生和演进。不管具体的演化机制是什么，这些演化所解释的最终目的是，道德有助于维护人与人之间的互助与合作，帮助我们处理人与人之间的关系。②

但是我们发现很多道德理论不仅处理人与人之间该如何相处，还讨论个体自我层面上该如何修身，以及个体生命的完善和追求。我们可以想象，一个选择在深山中修行的人，他仍然可以在某种道德理论的指导下，过上自己认为是道德的生活。而在这种生活中，他并没有在传统意义上和一个社群中的人打交道。他更多的是在反思自己的心性，自己和自然、天地或者是神灵的关系。

道德理论在指导个人生活层面还具有更多的功能。比如一个大学毕业生在面临职业选择的时候，他可以选择继续攻读自己喜爱的专业，成为一个学者，也可以选择去边远山区支教，可以选择去公司工作或者下海创业，还可以选择去政府工作。广义上来讲的道德理论，如果这个人有这样的道德理论的话，会帮助他做出选择。而这样的选择是取决于这个理论对于各种价值的排序，哪种价值对行为主体更重要。

当然，道德理论在个人生活中的指导作用不仅仅局限于就业，在情感、婚姻、家庭生活中都有所体现。道德理论为个体描绘一个美好生活的图景，而个体依据这个图景建构自己理想的心性，在各种价值之间做

---

① 这里讨论的道德所具有的社会协作的功用和个人层面的功用，在 David Schmidtz, *Personal Polis, Planet*, New York: Oxford University Press, 2008, pp. 117 – 145, "Moral Dualism" 一章中有所论述，同时，David Wong (*Natural Moralities*, New York: Oxford University Press, 2006, pp. 43 – 51) 也讨论了道德在人际层面和个人关注层面的功用。

② 参见 Richard Joyce, *The Evolution of Morality*, Cambridge, MA: MIT Press, 2006, pp. 13 – 44, "The Natural Selection of Helping" 一章。

出选择。比如，一个接受共产主义信仰的人，可能会按照共产主义的理念来安排自己的人生，他可以牺牲很多价值，诸如家庭、婚姻等，来追求人类的最终解放。而一个接受道家理论的人，可以放弃很多世俗的价值，追求个体内心的宁静。当然，这里的道德理论已经是在很广义的层面上使用了。

很明显，这里讨论的道德的功用主要是集中在人与人的层面以及个体自我的层面。① 那么，思考一个理论体系是否应该被纳入多元的道德体系中，就可以看这个理论是否在这两个层面实现其功能。以纳粹为代表的种族主义为例。很明显，这一理论在处理人和人之间的关系上，尤其是在处理与犹太人的关系上，通过歧视和消除犹太人的方式来处理，似乎是不可取的。当然，这里涉及如何定义"可取"或者"功能"。我们似乎已经潜在地接受了诸如"和平"这样的价值。类似的，我们可能认为性别歧视这样的理论也无法很好地处理男性与女性之间的关系。

当然，"功能"本身似乎不是一个自然的概念。比如，如果张三得了癌症，当然我们可以说他的癌细胞在发挥正常的功能，但是我们仍然认为他的身体的功能出了问题。同样的，当人与人之间处于相互仇恨和伤害的关系的时候，比如纳粹对犹太人迫害的时候，我们可以说纳粹思想或者纳粹在发挥正常的功能，但是我们仍然认为人和人之间的关系在功能上出了问题。②

类似的，如果一个道德理论不能很好地处理个体自我层面的问题，不能在个体自我层面很好地起作用的话，在功能上也是出了问题。比如，一个理论如果不在任何终极价值之间给出排序，那么一个信奉这样理论的行为主体就没有办法运用这个理论来指导自己的

---

① 当然，道德讨论不一定非得局限在这两个层面，也可以讨论人和自然，比如人和动物，以及人和超自然等关系。不过，人与人的层面以及个体自我的层面似乎是传统道德理论所关注的核心的层面。

② 很难在非目的论的意义上定义功能。不过这里的论述是否成功并不取决于如何定义功能。不管功能的定义如何，任何有意义的定义肯定会区分出成功的功能和不成功的功能，而这就会排除一些道德理论。

生活。比如，如果一个理论不能指导行为主体在事业、家庭、社会服务等之间给出排序的话，该理论对于这个行为主体就没有太多价值。

如果以上对道德功能的理解有一定的合理性的话，接下来一个相关的问题是，根据以上理解，那么道德的本性到底是什么？很明显，这里并不认为道德是超自然的产物，并不是由一个超自然的有意识的主体创造出来，用来指导受造物人类行为的。道德是社会的产物，是一个从无到有、不断变化的产物。

如果道德作为一个社会的产物，如何理解特定的道德判断？比如一个儒者所作的论断，"一个不孝顺父母的人，猪狗不如！"这个论断纯粹是一种情绪表达，没有任何真值可言吗？换句话说，这个判断有没有真值，如果有真值的话，我们如何判断这句话的真值？

即使道德作为一个社会的产物，不管是否表达了某种情绪，仍然是有真值的，我们仍然可以对道德判断进行真假判断。那么基于多元道德相对主义，对道德判断的真假只能取决于该道德判断的参照系。比如，前面儒者的判断，"一个不孝顺的人，猪狗不如！"这个判断的真假就取决于儒家的道德体系。如果根据儒家的道德体系，该论断符合该道德体系的要求，那么该判断就是真的。此时，儒家的道德体系就成为某种独立于行为主体的外部实在，可以用来判定特定道德判断的真假。

毫无疑问，这种对道德的理解的结果是，同一个道德判断的真假，是完全取决于不同的参考系的。那么可能会出现这样的结果，一个道德判断对于信奉儒家的张三是真的，而对于信奉道家的李四确是假的，因为张三和李四所接受的道德体系不同。

那么接下来一个非常自然的反驳就是，这样对道德的理解，怎么还会具有任何规范性？首先，这种对道德的理解，道德判断仍然是具有规范性的，而这种规范性也是外在于行为主体的。当一个儒者作出，"一个不孝顺的人，猪狗不如！"这样一个论断的时候，这个论断的真值来自整个儒家道德体系。同样的，这个论断的规范性也来自整个儒家道德体系。如果一个人接受儒家的道德体系，这个人也就自然接受该论断的规范性。①

不过，这里的规范性虽然是外在的，但并不是普遍的。如果张三不接受儒家的道德体系，那么在张三那里，这个判断的规范性也就不存在了。当然，这会自然地导致在一个群体中，某个或者某些道德判断对有些人具有规范性，对另外一些人不具有规范性。这听起来似乎降低了道德的规范性，不过，这是对人类道德生活，尤其是当代道德生活的准确描述。在一个城市里，一个社区中，有些人接受有神论所要求的道德规范，有些人接受无神论的道德规范；有些人接受伊斯兰教的道德规范，有些人接受基督教的道德规范；有些人接受儒家、佛家、道家的道德规范，有些人接受人本主义的道德规范。

五 道德相对性和宽容

在一个社区中如果人们接受不同的道德规范，对于哲学家来说，这是否是一个很棘手的问题？首先，大部分道德规范在处理人与人之间协作的方面所给出的行动指南是类似的，没有哪个成熟的道德规范要求行为主体通过欺诈、伤害来获得自己的既得利益。其次，虽然不同的道德规范在个人修养和价值序列排序中给出的答案不是很相同，但这在很大程度上并不影响人与人之间的协作和相处。

不过，不可否认，当遵守某一道德体系的行为主体面对遵守另外一个道德体系的行为主体时，有时仍然会面临冲突和挑战。当然，有些是表层的冲突。比如张三和李四是室友，张三是一个穆斯林，而李四是个无神论者。张三每天一大早在房间的祷告可能会影响到李四睡觉。面对这样表层的冲突，我们可以通过各种方式规避。但是如果张三认为婚前性行为是道德上有问题的，而李四和自己的女朋友同居，这个时候，张三该如何面对李四？

---

① 这也是符合我们直觉的。如果张三从一个儒家变成了一个基督徒，那么之前的一些关于祭祀礼仪的道德规范性就消失了。而这也是跨文化和跨宗教冲突的一个来源。

在西方哲学传统中，关于持不同信念的人之间在正常情况下相互尊重，互不干扰，但是在特殊情况下可以干预给出了两个辩护原则。第一个原则是，张三干预李四，只有当张三可以合理地解释这种干预，并且李四会接受。① 当然，这里的前提是李四是理性的，而且如果给予李四所有相关的信息，李四会接受这样的干预。比如，通常情况下，我们去干预一个性别歧视的社区，为那里的女性提供受教育和工作机会的时候，我们认为这些女性在了解相关信息后会接受我们的干预。另外一个原则是，张三干预李四，只有当这种干预是去避免对李四或者相关的其他人产生伤害的时候。② 比如，我们认为有理由去阻止邪教徒的集体自杀，因为这种干预可以避免这些信徒伤害自己。

很明显，在张三运用这两个原则来干预李四的生活的时候，都会产生相应的问题。首先，可以想象，张三很难说服李四去接受这种干预。张三关于婚前性行为的信念是和他的整个道德体系相关的，而李四可能很难接受这整个道德体系以及这个体系所要求的具体行为。其次，张三很难以婚前性行为会对李四产生心理上、情感上或者灵魂上的伤害为由来干预李四的行为。而如果这两个原则都无法辩护张三对李四生活的干预的话，是否张三就不应该干预李四的生活？

假设，张三确实缺乏充分的理由来干预李四的生活，那么张三应该如何面对李四和李四的选择？首先，如果张三坚定地认为李四的行为在道德上是错误的，张三肯定不会也不应该对李四的选择持漠视的态度。这也是道德选择和口味选择的一个重要区别。如果张三喜欢吃甜的东西，而李四喜欢吃辣的东西，张三可以对李四的选择持漠视的态度。但是在道德选择上，我们一般不会对我们自认为是道德上错误的行为持漠视的态度。当然这并不意味着我们一定会在行为上表达出来。我们的态度可能因为各种原因和现实的考虑没有在行为上表达出来，但这并不意

---

① 广义的康德主义者会认同这个原则。
② 广义的功利主义者会认同这一原则。

味着我们不应该具有相关的态度。① 其次，如果张三关注到李四错误的道德行为之后，张三没有充分的理由去干预的话，张三可能会思考李四选择的理由和动机，进而理解李四的整个价值取向。而这样的反思过程，如前所述，可能会动摇张三本人的价值选择，但是这样的反思过程对于张三的价值选择是有益的，因为张三的选择是反思之后的，并不是盲目的，或者被动的。在这种意义上，面对不同的道德体系的时候，个人的反思对自己原有的道德体系是起到互补作用的。

---

① 这里预设了，对于多元相对主义者来说，张三对李四行为的判断是根据张三的道德体系来进行的。那么，这里涉及一个复杂的问题：多元相对主义者到底是应该用行为者的道德体系来判断，还是应该用判断者（旁观者）的道德体系来判断，本文对此问题不做探讨。

学术新人

比较哲学:一个观察与评论

王强伟[①]

摘 要:比较哲学近年来得到迅速发展,但是同时也不断受到质疑甚至反对。通过考察比较哲学研究领域最新的研究成果,本文从理论上的合法性和实践上的可行性两个层面,来反思整个比较研究领域面临的困境并提出辩护。并通过盘点国内外比较哲学研究领域的学者在方法论问题上的最新进展,试图揭示比较哲学的发展趋势。文章还探讨了比较哲学乃至整个比较研究领域的学术立场问题,指出比较哲学的发展将为其他比较研究领域的学科提供更加有力的理论支持。

关键词:比较哲学 合法性 可行性 方法论 学术立场

比较哲学作为一个研究方向日益引起学者们的关注,而相对于哲学这个人类古老的思想传统而言,比较哲学是非常晚近才出现的学科领域。西方哲学界一般公推法国学者保罗·马松—欧尔塞勒(Paul Masson-Oursel, 1882—1956)于 1923 年出版的法文版《比较哲学》一书为比较哲学正式诞生的标志。实际上,该书直到 1926 年被译成

[①] 王强伟,山东大学哲学与社会发展学院博士研究生。本文为国家留学基金管理委员会"国家建设高水平大学公派研究生项目"(编号:201406220004)阶段性成果。

英文出版后，才在国际哲学界引起实质性反响。① 中文语境的比较哲学主要是指中国哲学与世界上其他哲学传统，尤其是西方哲学之间的比较研究。中国学术界第一部比较哲学研究专著的出版还要稍早几年，即梁漱溟先生于1922年结集出版的演讲稿《东西文化及其哲学》②，可以说正是此书开创了中国学者进行比较哲学、比较思想研究的先河。从问世时间上来看，我国的比较哲学研究甚至走在了世界同行的前列。

然而，从草创至今90多年的时间里，伴随着自身的艰难发展，人们对比较哲学的质疑也从未停止过，这似乎成为学术界对于"比较哲学"的一种难以消除的成见。虽然不断有学者积极从事理论和实践上的探索以为其正名，但是，总体来看评论界的悲观论调始终占据着主流。毕竟比较哲学的研究者需要同时面对两个或两个以上的哲学传统，很多人也正是因此而心生畏惧，进而质疑：研究者是否具备了同时处理多个哲学传统的能力？不同哲学传统之间是否可以进行比较？比较哲学的目的和意义是什么？诸如此类，不一而足。

但是，不可否认，近年来比较哲学作为一个研究方向在学者们的坚持和推动之下确实得到了比较迅速的发展。尤其得益于一批海外华人学者的努力，以及国内部分学者的呼应和互动，目前来看，中西比较哲学研究已然形成了一股不容忽视的学术潮流，同时也为中国哲学跻身世界学术舞台表达自我提供了一种比较有效的形式。这些成就或许可以在一定程度上回应人们长期以来对于比较哲学的质疑。

学术的进步离不开扎实的研究积累和认真的批判反思。本文的主要意图在于反思整个比较研究领域面临的困境并为其辩护，盘点近年来比较哲学研究领域所取得的成绩，以反映比较哲学的发展趋势，并尝试在此基础上做出一些评论，希望能够为日后比较哲学的深入发展提供一些参考和借鉴。

---

① 参见 Ralph Weber, "'How to Compare?'-On the Methodological State of Comparative Philosophy", *Philosophy Compass*, Vol. 8, No. 7, 2013: pp. 593 – 603。

② 梁漱溟：《东西文化及其哲学》，陈政、罗常培编录，商务印书馆1922年版。

一 比较研究的"合法性"

针对"'比较'的可能性"这个追问"为什么"的问题，我们一般会从不同的两个方向和层次去讨论，可以简单地概括为理论上的合法性和实践中的可行性。先来看理论上的合法性。比较研究这种方法之所以能够存在的合法性，即为什么"可以"存在，这是一个追根溯源的倒推方向，关注追寻其存在的先天基础；其次是实践中的可行性。这是一个面向现实的问题，指"比较"研究的理论如何实践出来及其"意义"何在，这是一种假设推演的顺推方向，即假拟接受了其理论上的合法性，要求进而求证其现实可操作性及其对现实生活可能产生哪些积极方面的影响，也就是我们常说的"价值"问题。这两个思考方向之间存在着递进联系。理论上的合法性是最根本的，如果合法性都不能成立，那么我们就没有做进一步探讨的必要了；然而，仅仅符合合法性标准是不够的，我们的研究不能局限和停留在理论层次，而要切实地在研究实践中执行出来，并对现实生活产生影响，从而彰显其自身的价值，所以，实践中的可行性是探讨"可能性"的一个较高级的层次。下面我们将从两方面分别讨论这个问题，以回应和解决人们对于比较研究的可能性的疑惑。

不可否认，合法性问题是所有的比较研究开展之前，必须直面的第一个问题。为什么可以对两个东西进行比较？其中存在一种什么样的取舍标准？然而，对于比较研究进行理论合法性的质疑，实际上是一种舍本逐末的视角偏差。这个质疑忽视了人类认知活动的一个基本现实，即"比较"作为一种认知手段，从来是人类进行认知活动的一个重要环节，这一点得到了包括洛克、康德在内的许多哲学家的认可。[①] 这可以

---

① Ralph Weber, "Comparative Philosophy and the Tertium: Comparing What in What, and in What Respect?", *Dao: A Journal of Comparative Philosophy*, Vol. 13, No. 2, 2014, pp. 151–171.

从个人认知和社会认知两个层次去分析。个人认知方面，人无时无刻不在思考和认知，但是人都是生活在自己所处的文化传统之中的，他所做出的任何认知和理解行为，无一不带有时代文化背景和传统的烙印，没有人能够如"一块白板"那样进行思考。既然这样，人在接受新事物、新知识的时候，就不可避免地要与自身既有的或本来熟悉的事物或知识进行"比较"，以便从自己已经形成的认知结构中去容纳和消化这些新事物、新知识。这个过程如果上升到一个更高的层次就是社会认知。当一个社会整体遭遇异质文明或文化时，这种感觉会更加明显和强烈，而此时经过"比较"做出的抉择，会引发民众观念的反转或颠覆甚至社会生活的变革或动荡。综合这两个层次的分析，我们认同这样一种认识，即"比较是辨认的前提，也就是任何意义、意识、认知的前提"[①]，只要人要思考、学习，社会要发展、进步，就不可能离开比较，"比较"具有普遍性，甚至有学者干脆把哲学视为一种"比较哲学"[②]。从"比较"作为个人和社会的认知方式这一角度而言，没有不可以进行比较的两种事物，虽然其有效性不能最终保证。这些可供比较的事物，既包括现实中的实物，也包括存在于人的理念中的概念、命题等抽象物。由此来看，比较研究的理论合法性是不存在任何问题的，我们不应该单纯为了追问而追问，以致忽视了"比较"作为认知活动重要环节这种人类基本经验中的常识；我们也不应该把研究的合法性与有效性混为一谈，因为前者的存在域远比后者要大得多。

具体到我们所谓的"中国哲学"，实际上本身就是中西比较的产物，或者干脆就是一种"比较哲学"。我们知道，近代以来"中国哲学"作为一门学科的建立，实际上是借用了西方哲学的框架和一些概念。从胡适和冯友兰等学者撰写出版现代意义的《中国哲学史》著作

[①] 张祥龙：《比较悖论与比较情境——哲学比较的方法论反思》，《社会科学战线》2008年第9期。

[②] 参见 Paul Masson-Ourse, "True Philosophy is Comparative Philosophy", *Philosophy East and West*, Vol.1, No.1, 1951: 6–9. 爱莲心（Robert Allinson）也曾明确指出"哲学从来就是比较哲学"，参见 Robert E. Allinson, "The Myth of Comparative Philosophy or the Comparative Philosophy *Malgre Lui*", in *Two Roads to Wisdom? Chinese and Analytic Philosophical Traditions*, ed. by Mo Bo, Chicago: Open Court, 2001, p.270。

以来，输入西方哲学的先进"学理"，整理中国传统本有的"国故"，便被新式学者奉为从事哲学研究之圭臬。中国哲学由此走上了一条实质上的"比较研究"之路，虽然这种"比较"不是我们当下所指的公平意义上的。

正是因为这桩参照西方哲学的历史"原罪"，导致了中国哲学的身份合法性问题至今仍然是一桩公案，这里无意卷入争论。好在比较哲学研究者也并没有过多地纠结于这个问题，他们更多的是径直把中国哲学作为一种"哲学"接受下来，并以此为默认共守的常识，不断地确证、彰显中国哲学的这种性质，由此来获得比较研究得以进行的一个前提。[①] 在比较哲学研究者看来，比较哲学本质上是哲学大家庭中的一员，它应该具备一般哲学的基本特质，如追问根本问题，坚持反思批判，包含不同层次和范围的研究指向，等等。也正是在这个意义上，我们建议搁置关于"中国哲学合法性"的无谓论争。

二　比较研究的可行性

接下来讨论比较研究的实践可行性，这主要包括理论的实践和现实意义两个方面。理论的实践通过比较研究的内容和形式表现出来。归根结底，无论哪种比较，最基本和首要的内容都是要回答比较项之间的"同"、"异"问题。比较的结果最终要落实到同和异上来，不论提出多么深邃的哲学反思，也不论比较的结果最终有多么启示现实的指向，对于比较项之间的同和异的判断、描述、评论总是不可避免的。关于同和异在研究中的区别，中文"比较"一词并没有直观的表达，而一般用来对应"比较"的两个英文单词：compare 和 contrast 或许能够恰当地展示出这种内在的区别，compare 侧重于"异中求同"，而 contrast 则侧

[①] 参见张志伟《跨文化哲学对话如何可能——关于比较哲学的几个理论问题》，《学术月刊》2008 年第 5 期；牟博《论比较哲学中的建设性交锋—交融的方法论策略》，《社会科学战线》2008 年第 9 期。

重"同中求异"。①

如此一来,比较研究以辨析同异作为主要内容,就决定了最根本的研究形式或曰进路分为两类:异中求同和同中求异。正如同和异是一对永远存在的范畴,我们在进行比较研究时,这两种相对应的形式也是一直存在的,通过这两种不同的进路可以得出不同的结果,而这些结果不是互斥而是可能共存的,对于不同进路的取舍完全决定于研究者的个人偏好。例如,著名汉学家葛瑞汉(Angus C. Graham)和史华慈(Benjamin I. Schwartz)在研究中西方思想史的过程中,所采用的不同方法以及他们之间发生的论争②,正可以作为两种思路的例证。

葛瑞汉自况为"同中求异"。他在给史华慈写的书评中,指出这种进路是"从各种相似性里面,找出诸种关键的差异,这些差异和汉语与印欧语系语言之间的文化的概念系统、结构差异等有关",同时,他指出史华慈的研究进路是一种"异中求同",即"把中国思想看作是经由跨文化和语言差异而进行的对于普遍性问题的探讨"③。史华慈坦然承认这种区别④,他甚至明确表示,"'比较文化'意味着我一直确信有一些跨越文化的、普遍的人类关怀。我并不低估跨文化观念迻译的困难,或者文化限制和时间限制的问题,但认为文化差异最终是可以理解的"⑤。在我们看来,葛瑞汉对于差异的强调,是为了凸显中国思想的特性;而史华慈对于普遍性的追求,意在诠释中国思想所具有的人类共性。我们并不能就此对这两种立场和论断给出价值评判,因为这种共性与特性之争,显然是可以共存的、见仁见智的不同研究路径。

---

① *Webster's Dictionary of Synonyms*, 1st Edition, Springfield, Mass: G. & C. Merriam, 1951, pp. 175-176.

② 对于两位学者的这种分歧的分析评论,参见刘玉宇《差异与类同:论比较哲学中的概念互诠》,重庆大学出版社2010年版,第15—17页。

③ 参见葛瑞汉在 *Times Literary Supplement* (July, 18, 1986)中对史华慈《古代中国的思想世界》一书的书评。

④ 参见史华慈对葛瑞汉《论道者:中国古代哲学论辩》一书的评论,见 Benjamin I. Schwartz, "A Review of Disputers of the Tao: Philosophical Argument in Ancient China by A. C. Graham", *Philosophy East and West*, Vol. 42, No. 1, 1992, pp. 3-15.

⑤ 史华慈:《全球主义意识形态和比较文化研究》,林立伟译,载《二十一世纪》1999年第2期。

总之，同和异是比较研究中最具张力的一对范畴，一定程度的"同"和"异"并存，是开展比较的必要前提，完全相同或者相异都难以建立有效的比较模型；同时，在比较过程中，过分夸大比较双方之间的差异或者不正当地将二者趋同化，都属于比较研究的严重失误（sins）。① 因此，如何把握并处理好二者之间张力的"度"，是从事比较研究最具有挑战性的一个环节。

三 中国学者的方法论反思

比较哲学作为比较研究的重要分支，较之其他比较研究，存在一些天然的优势。如果说涉及两个（或更多）不同的现实存在物的比较，如比较一个苹果和一个核桃，这在直观上更难接受的话，那么，抽象存在的哲学概念、命题等或许可以缓解这种感觉，因为抽象概念的边界是相对柔性的，不像现实存在物那么明确，这就使得哲学形态的存在与现实存在物相比，具有更多发散联系的可能性，这种可能性的多样化，为"比较哲学"的成立提供了优于其他比较形式的基础。比较哲学的这种优势是天然的，仰赖哲学存在的独特形式，这也成为为什么比较哲学、比较文学不断走向繁荣，而比较历史学②基本难以成立的原因。

伴随着比较哲学研究的良性发展，学者们的关注焦点开始从早期简单的描述性分析，逐渐转向从元哲学、方法论的视角来审视比较哲学。在既有研究成果的基础上，学者们开始有了方法论意识的自觉，并致力于在这个方向上赋予比较哲学更加精密的哲学特性，从而使比较哲学能够真正地被接纳为哲学大家族之一员。无疑，从方法论的角度讨论比较

---

① David Wong, "Comparative Philosophy: Chinese and Western", *The Stanford Encyclopedia of Philosophy* (Winter 2014 Edition), Edward N. Zalta (ed.), URL = < http://plato.stanford.edu/archives/win2014/entries/comparphil-chiwes/ >.

② 此处的"历史"是指本真的历史事件，而非历史学家笔下的"历史学"。本真的历史事件，其边界是刚性的，与现实存在物别无二致，而与哲学存在不是同一范畴。对于本真历史事件即"历史"的比较，没有太大的现实意义，这种"比较历史学"自然不会引起人们太大的兴趣；或许，历史学家笔下的"历史学"，可以存在书写形式、著述立场等方面的比较。

哲学，是学者们对于该研究进行的历史反思和为该研究将来进深发展的奠基，许多学者在这方面做出了贡献，本文主要评述几位有代表性的学者及其方法论观点。

就中西比较哲学而言，目前在海外的华人研究群体是当下该研究领域最具影响力的学术力量。他们身处世界哲学研究的前沿，与最新潮的西方哲学思想有着及时、深入的接触和交流，这为他们从事比较哲学研究提供了极大的便利和优势。其中，在美国任教的牟博，他的观点以及从事的学术组织工作产生了比较大的影响。

近年来，牟博致力于比较哲学的方法论反思和建构，他把自己所倡导的比较哲学方法论命名为"建设性交锋—交融"（constructive engagement），并发表大量论著进行阐述。① 他对这种方法有一个概括性的描述：

> 就一系列双方（主观上或有意识地）共同关注的哲学问题或者是双方（客观上或无意识地、潜意识地）不得不共同涉及的哲学问题，通过反思性批判和自身批判而探索双方如何在方法上和在实质性观点见解和视野上互相学习、取长补短而为共同哲学事业（或一系列哲学上的共同问题和关切）携手作出创造性贡献。②

总体来看，牟博的研究体现出一种强烈的自觉意识和哲学关怀，突出比较哲学面对的是人类共同问题，强调其实践应用的普遍价值，致力于经由这种以方法论反思为主题的元哲学研究，来论证比较哲学是真哲学，要突破狭义理解而走向世界哲学。从牟博的研究努力中我们可以看

---

① 参见 Bo Mou, "On Constructive-Engagement Methodological Strategy in Comparative Philosophy: A Journal Theme Introduction", *Comparative Philosophy*, Vol. 1, No. 1, 2010: pp. 1 - 32。以及牟博《论比较哲学中的建设性交锋—交融的方法论策略》，《社会科学战线》2008 年第 9 期一文中的注释 1 中所列出的相关论文信息。

② 牟博：《论比较哲学中的建设性交锋—交融的方法论策略》，《社会科学战线》2008 年第 9 期。

出，他眼中的"比较哲学"，更加强调"哲学"这种内在的本质属性①，而非"比较"这个外在的研究形式。

在牟博的主导下，2002年成立了"国际中西哲学比较研究学会"（ISCWP），并把他的方法论主张写入了该学会章程；2010年他创办了 Comparative Philosophy 英文国际网络期刊，并担任主编。② 该刊物刊发了大量中西哲学比较论题的文章，并始终贯彻着哲学趣味、方法论反思的研究立场。他希望通过这些努力，把"建设性交锋—交融"战略推动并落实成为一个更大范围、更具影响力的学术运动。

牟博的这种哲学化的研究立场，在中国大陆学界多有响应，其中以张志伟的主张最具代表性。从研究对象的角度出发，张志伟区分了"比较哲学"和"哲学比较"。他指出，"比较哲学不仅关注不同文化背景下哲学形态之间的同一与差异，更关注哲学本身"，即"比较哲学"属于哲学的众多分支之中的一种，而非简单地把两种不同的哲学体系放到一起，寻找异同，他认为这"不过是经验性的归纳和描述"③。当然，这种哲学化的进路也有反对者，张祥龙在一篇文章中指出，自柏拉图以来的西方哲学传统主张"通过构造概念来解答根本性的问题，寻找和设立一切存在者所共同遵守的普遍标准、基础或前提"，而他论证了这种追求概念化的进路在比较哲学研究中的不可行性，称其为"比较悖论"，并提出以现象学的方法来化解。④ 实际上，反对概念化是张祥龙

---

① 牟博的这种努力与20世纪西方学界反思比较哲学发展前景时，一些眼光敏锐的学者的意见是一致的。比较哲学创立和发展初期，受到比较宗教学的影响，具体的比较研究工作还停留在表面上的不同文化现象之间的比较描述。有学者反思指出"比较哲学的关键并非不同文化之比较，毋宁是不同的基本哲学态度或哲学类型之比较"，并将其视为比较哲学的唯一研究进路。参见 Laurence J. Rosan, "A Key to Comparative Philosophy", Philosophy East and West, Vol. 2, No. 1, 1952, pp. 56 – 65。

② 牟博：《比较哲学：推动不同研究进路开展建设性交锋—交融》，《中国社会科学报》2010年9月14日第17版。该刊物在线网址为 http://scholarworks.sjsu.edu/comparativephilosophy/，每年出版1卷（含两期），截至2015年已经出版了6卷（共12期）。

③ 张志伟：《跨文化哲学对话如何可能——关于比较哲学的几个理论问题》，《学术月刊》2008年第5期。

④ 张祥龙：《比较悖论与比较情境——哲学比较的方法论反思》，《社会科学战线》2008年第9期。

一直以来所主张和贯彻的比较哲学研究立场。①

与牟博侧重于从理论方面探讨比较哲学方法论不同，有学者更加关注从实际可操作性的维度来反思和完善比较哲学的方法论。这种成果一般是从自己多年的研究经验中提炼而出，其突出特点是不满足于分析比较对象之间显而易见的外在同、异，而是致力于进一步发掘出隐藏于其背后的古今之间、中西之间这两对张力。下面就学者们对于这两对张力的处理方式，分别评述两位学者的研究。

关于古今之间的张力问题，信广来通过反思"文本分析"和"哲学解释"这个两个经常对立的研究进路，在操作过程中总是难以避免的"厚古薄今"、"厚今薄古"偏颇，融汇二者之长处而提出了"关联"（articulation）这一综合的方法。所谓关联，就是要在古代文本与当前经验，也就是古今之间不断往还、验证，先客观地厘清古代思想本义，再以之揆诸当前生活以判断是否有借鉴或指导意义，如果有，就以之为指导建立起系统的解释。具体过程是，选取可以反映思想家的伦理思想并与当下我们的生活可能有影响的古代文本中的某个观念，以之作为出发点；继而弄清楚文本作者的生活处境和经历，以及我们当前的生存关注和体验，并通过后者去观照前者，运用我们自己的概念去提取古代文本中的洞见，以确保古代观点与现实关注和经验之间建立起有效的联系。这个过程不是一蹴而就的，而是需要不断地往返回复，并且他十分强调研究者的个人参与在理解过程中起到的作用。②

针对中西之间的张力问题，余纪元提出一种"平等的比较"策略来应对。这种"平等的比较"方法借鉴于他本来从事的亚里士多德哲学研究，被他形象地概括为"朋友如镜论"③。第一，他指出，按照亚

---

① 参见张祥龙《海德格尔思想与中国天道：终极视域的开启与融合》，生活·读书·新知三联书店1996年版，第191、196页。
② Shun Kwong-Loi, "Studying Confucian and Comparative Ethics: Methodological Reflections", *Journal of Chinese Philosophy*, Vol. 36, No. 3, 2009, pp. 455–478.
③ 余纪元：《德性之镜——孔子与亚里士多德的伦理学》，林航译，中国人民大学出版社2009年版，第5、13页。

里士多德的观点（《尼各马可伦理学》1169b33—1170a2），朋友就像一面镜子，人可以通过朋友这面镜子来观察自己，从而更好地认识自己。放大到不同的哲学传统之间，也是这样，即可以通过与异质的哲学传统进行比较，从而更加清晰地认识到自身传统的独特之处，进而在此基础上对自身的传统做出一个相对理性的评估。第二，"对等的比较"将平等地对待比较对象双方，并且共同的目标是通过比较而发展出一套全新的解释双方自身的新方法。"对等的比较"中，没有任何一方被预设为已经完善的模本，而是双方被平等地视为待研究的对象（即不存在以 A 观 B，或者以 B 观 A 的立场偏袒问题），通过交互研究比较，可以发现仅在自身传统中容易被忽视或者不易被发现的问题。具体的比较研究过程是，从表面观察 A 与 B 之间明显的重叠、差异或理论上存在关联的地方入手；将 A 与 B 互相作为镜子，通过仔细的文本探讨、往复思辨来交互照鉴，弄清楚 A 与 B 各自的意思（注意二者的地位是平等的，不存在将 A 或者 B 作为模本的问题）；分析得出仅通过自身传统难以获得的理解或自身特性。可见，这种方法起步便是将 A 与 B 平等视之，无所偏袒或偏见。因此，建立在"照镜子"方法基础上的"对等的比较"，或将有效地消解"西方中心论"或"中国本位主义"所存在的偏颇（不对等）。

信广来提出的"关联"方法和余纪元主张的"朋友如镜论"都是在借鉴既有的比较哲学研究方法（信广来）或西方哲学研究方法（余纪元）的基础上，做出的一种综合、超越和发挥。这两种方法的相同之处在于，都不是致力于使用抽象概念去构建精密的方法论，而是从丰富的个案研究经验中总结、提炼出来的，直面我们当下的生存现实和中国哲学学科处境的研究方法。从他们对这些方法的描述和具体运用中我们可以发现，这些方法的施行，对于研究者的个人经验和判断能力有较高的要求，这种高标准的"准入"无疑会使一部分准备进入比较哲学研究的初学者畏而止步，而且不可避免地将与已经处在该领域的某些强调立场客观性的学者产生观点上的冲突。

四　西方学者的方法论研究

从比较哲学正式登上世界学术舞台开始，中西比较哲学就作为一个重要的分支不断发展壮大起来。值得注意的是，不只是中国学者或华人学者对这个议题感兴趣，近年来，越来越多的西方学者加入中西比较哲学研究的学术圈子中来。研究者文化背景的多元化，既提升了比较研究的国际化水平，又保证了比较研究日益显现出一种动态性的平衡。尤其是西方学者对于比较研究方法和方法论的重视，极大地推动了比较哲学在这一方面的发展。[1] 这里主要撷取两位较有代表性的西方学者，介绍并评述他们不同于华人学者的比较研究方法论。

安乐哲（Roger T. Ames）可以说是目前最具代表性和影响力的从事比较哲学研究的西方学者，他的许多研究论著已经被译作中文出版，且这些年来一直活跃于中国大陆学术界，有学者认为其成果"将中西比较哲学推广到前所未有的理论高度"[2]。这个评价是否允当尚且不论，但是安乐哲对于中西比较哲学研究的贡献绝对不容忽视，他所坚持的中国哲学"翻译+研究"的进路，在中西比较哲学研究领域可谓独树一帜。从学术传承脉络来看，安乐哲在英国接受训练，曾受教于刘殿爵和葛瑞汉，以汉学起家，并将葛瑞汉停留在"观察"层面的强调中西文化之间差异性的主张，通过重新翻译中国哲学经典的实践而大大向前推进了。[3] 他提倡尊重中国哲学的特殊性，用中国本有的思维逻辑和概念

---

[1] 从事中国哲学和比较哲学研究的美国学者 Tim Connolly 于 2015 年出版的新著，是目前英语学界可见到的对于"比较哲学"最新且最为系统的研究，参见 Tim Connolly, *Doing Philosophy Comparatively*, Bloomsbury Publishing, 2015。作者在书中以三部分共 11 章的篇幅，依次考察了"比较哲学"的形态，反思了其存在的问题，并盘点了目前可见的各种进路，可以预期此书将在今后一段时间内对于"比较哲学"研究产生影响。

[2] 温海明：《安乐哲比较哲学方法论简论》，《云南大学学报》（社会科学版）2009 年第 1 期。

[3] 安乐哲等在著作中曾明确提出："在比较哲学中，异比同更有意义。"参见〔美〕郝大维、安乐哲《孔子哲学思维》，蒋弋为、李志林译，江苏人民出版社 1996 年版，第 2 页。

来理解中哲本身。由此可见他对葛瑞汉"同中求异"主张的一脉相承，同时这也是他的比较研究的主旨和特色。具体来看，安乐哲的比较研究理论可以从两个方面来探讨，其一是他从事中国哲学研究的西方背景。从他的著作名称中，我们找不到明确的中国哲学与西方哲学之间的比较研究的痕迹①，但是他的翻译和研究中表现出明显的西方哲学倾向，尤其是美国实用主义和过程哲学的痕迹。例如，他以 creativity 来翻译《中庸》中"诚"、以 human-becoming 来翻译儒家的"人"，都是他的西方哲学背景的体现。一位西方学者在其著作中，明确地将安乐哲（及郝大维，David Hall）列为美国实用主义和过程哲学传统中从事比较哲学研究的关键一代学者。② 其二是他毫不讳言的比较研究方法意识。他与合作者在著作中明确提出：

> 本书应用的比较方法可以叫做"问题法"。我们努力从西方文化的背景中找出一些特殊的问题，然后用孔子的思想作为一种工具，精确地阐明这些问题的关键所在，提出解决这些问题的途径。③

这个"问题法"就是我们今天极为推重的"问题意识"，这个方法论声明，说明了其研究进路的问题导向，这与一般的现象描述、泛泛而谈是不同的。这两个方面正是我们将安乐哲列入比较哲学研究者阵营的主要依据。安乐哲为中国哲学在西方的正确翻译、传播所做的贡献，值得我们钦佩；但是，他以既有的哲学背景去理解中国哲学，以及重新翻译推广的某些中国哲学的概念，尤其是他所倡导的使用中哲思想去回应

---

① 除去他翻译的《道德经》、《中庸》等中国哲学经典之外，他与郝大维合作撰写的《孔子哲学思微》（也译作《通过孔子而思》）、《汉哲学思维的文化探源》和《期待中国》三部著作，标题都是指向中国，但其中也讨论了西方和中国思想、文化之间的差别，在导论部分一般都有比较方法的交代。我们认为，这实质上就是一种比较研究。

② Robert W. Smid, *Comparative Philosophy: The Pragmatist and Process Traditions*, Albany: SUNY Press, 2009, pp. 7 – 8.

③ ［美］郝大维、安乐哲：《孔子哲学思微》，蒋弋为、李志林译，江苏人民出版社1996年版，第3页。

一些在西方背景下选取的西方的问题,能否与他所拟定的"用中国本有的思维逻辑和概念来理解中哲本身"宗旨相符合,还有进一步讨论的余地。

韦宁(Ralph Weber)是最近几年来活跃在比较哲学方法论研究领域中的一位年轻一代西方学者,他在这个方面的著述尚未被中文学界广泛了解。[1] 他最近发表一系列文章反复阐明的一个概念是"第三方标准"(tertium comparationis)[2],并且以此为据点,从宏观上重新梳理了比较哲学的发展历史,以论证"第三方标准"在比较哲学中的普遍存在。与此前的学者们普遍纠结并致力于消解两种传统之间的古与今、中与西的张力的研究进路不同,韦宁采取更加微观的方式,分别考察了此前学者们一般不关注的构成比较研究的四个要件,即比较者、比较项(至少两个)、比较的基点、比较的结果。他认为比较的基点,也就是比较项之间的某些共性(commonality)是超越了两个比较项之外的第三方,其在整体的比较行为之中占据着独特的重要地位,他将其单独拈出,命名为"第三方标准"。这个"第三者标准"的重要性体现在,它是两个比较项进行比较研究的前提,并且其所体现的共性能够不偏不倚地、平等地同时兼顾两个比较项。韦宁明确指出,"第三方标准是比较项之间的共同点,无此则比较研究不可能进行"[3]。他认为对于这种

---

[1] 韦宁于2014年底任瑞士巴塞尔大学欧洲全球化研究所助理教授,此前曾任职于瑞士苏黎世大学。他的研究领域是比较哲学和中国哲学,多次来华参加会议和学术讲座,但内容多为中国哲学研究,未涉及本文所涉及的他近来关注的比较哲学方法论问题。目前他的著作可以见到的中文版本只有两篇,分别是韦宁《"经"之局限与理性之局限——谈儒家文化与"经文辨读"》,南宫梅芳译,载《基督教文化学刊:传教士与中国经典》(第26辑·2011秋),以及有关《"于连"之论争——在哲学意义上,中国何谓?中国何在?》,载《世界汉学》第13卷。

[2] 韦宁在2013年、2014年连续发表三篇英文文章来阐释这个概念,分别是Ralph Weber, "'How to Compare?'-On the Methodological State of Comparative Philosophy", *Philosophy Compass*, Vol. 8, No. 7, 2013, pp. 593–603. Ralph Weber, "Comparative Philosophy and the Tertium: Comparing What in What, and in What Respect?", *Dao: A Journal of Comparative Philosophy*, Vol. 13, No. 2, 2014, pp. 151–171. Ralph Weber, "On Comparative Approaches to Rhetoric in Ancient China", *Asiatische Studien/Études Asiatiques*, Vol. 68, No. 4, 2014, pp. 925–935。

[3] Ralph Weber, "Comparative Philosophy and the Tertium: Comparing What in What, and in What Respect?", *Dao: A Journal of Comparative Philosophy*, Vol. 13, No. 2, 2014, pp. 151–171.

"第三方标准"的研究，不同于简单的不同传统之间的比较，而是探讨比较行为的"逻辑的运作"（logical operation），因而更具有根本性。他还通过梳理一般可见的几种比较研究模式，如求相似性、家庭相似、类比等，论证了所有的比较研究都离不开"第三方标准"，并且这个"第三方标准"是前在于比较研究这个行为的（pre-comparative），这个关涉比较项双方的"前在项"，甚至决定了比较项的选取，一定程度上影响了比较的最终结果。① 因此他认为我们应该格外重视比较研究中"第三方标准"的选取，在另一篇文章中，他以坊间流行的以"文化"作为"第三方标准"（即以文化不同作为比较研究前提）的比较哲学研究为例，揭示了这种进路终究难以摆脱历史—政治—文化意识形态和沙文主义的影响，必将导致得到的比较结果不过是文化间相同或差异的简单化复制，同时还严重阻碍比较研究方法论的创新，实在是比较哲学研究的不利因素。②

韦宁选取了一个独特的视角对比较哲学方法论进行了系统的批判性反思，一改比较哲学研究中喜欢从文化层面进行"宏观叙事"的偏好，无疑这将有利于避开比较研究（包括哲学、宗教、文化）中容易遭遇的所谓比较研究无视"不可公度性"（incommensurability）的指责。这种方法采用一种微观的处理形式，转向聚焦于比较研究的要件，论证令人信服。这无疑是一种"武器的批判"的进路，值得引起我们的重视。

五 学术立场：价值中立如何可能？

综观前文论及的有关比较研究、比较哲学研究的几个方面和有代表

---

① Ralph Weber, "Comparative Philosophy and the Tertium: Comparing What in What, and in What Respect?", Dao: A Journal of Comparative Philosophy, Vol. 13, No. 2, 2014, pp. 151 – 171.

② Ralph Weber, "'How to Compare?'-On the Methodological State of Comparative Philosophy", Philosophy Compass, Vol. 8, No. 7, 2013, pp. 593 – 603.

性的方法，我们发现所有研究者始终被一个若隐若现的问题所困扰，那就是学术立场问题。学术立场大致可以析分为两个层次：外在的政治—文化立场，也就是我们常说的意识形态；内在的个人学术背景，这因研究者个人情况而有所差异。研究者所持的学术立场，将影响到研究成果最终的价值取向。自从韦伯（Max Weber）大力鼓吹社会科学研究中的"价值中立"（value free）以来，追求完全中立的学术立场，便成为学者们的努力方向，并且跨越出社会科学的边界，而影响了人文学术研究。

学术摆脱政治意识形态和文化民族主义的影响，已经得到严肃的学术研究团体的共识，并且基本得到了落实。但是，关于个人因素对于学术立场的影响，依然存在不同的情况。我们应该认识到人文学科与社会科学在学科性质方面的巨大差异，即社会科学更多地依赖量化研究，可以经由合理的研究程序设计而有效规避研究者的个人主观因素对于最终结果的影响；而人文学科主要依赖研究者基于个人知识经验和观察所进行的抽象思辨，在这个过程中，个人价值诉求极易或者难免进入研究成果之中，从而对于研究的客观性造成一定的影响。这个问题同样困扰着比较哲学研究，学者们在研究过程中进行了反思并提出了自己的观点。

因为人文学科具有无法无视研究者主观意识的特点，所以有学者明确表示完全的价值中立在比较哲学中不可能存在。安乐哲的表达最为明确，他与合作者在论述中指出，"在我们看来，人总是不可避免地从自己所处立场出发思考问题，声称能够找到对不同文化感受性进行比较的中立立场，或者认为我们很容易采取客观诠释立场处身于另一种文化传统中，其实不过不由自主依附种种所谓客观学术的外在虚饰，这种天真的设想只能导致对外来思想家的最肤浅、变形的认识"①。无疑这是一种严厉的反思批判，决然扯掉了某些学者遮遮掩掩的虚饰，公开亮明了自己的学术立场。同样观点的还有 Steven Burik，他认为虽然今天的比较哲学研究的立场没有萨义德（Edward Said）所指的"东方主义"那

---

① [美]郝大维、安乐哲：《通过孔子而思》，何金俐译，北京大学出版社 2005 年版，第 13 页。

么明显和严重,但是完全中立的立场还是不存在的,因此他主张一种"文化际"(intercultural)的视角,即立足于文化之"间"而不是偏向任何一方。[1] 韦宁也通过对先在于比较行为的"第三方标准"的研究指出,比较研究普遍是有意向在先性的,"没有哪种比较是孤立地进行的,都是受到了特殊机缘的刺激,而去寻求特定的目标"[2]。这种摒弃客观立场的观点,尤其在西方学者中流行。

相较而言,中国学者对于学术立场的反思没有这么直接,仍然集中于关注中西之间的张力方面,这是一个杂糅了文化民族主义情感和个人学术背景的综合性问题。刘笑敢近年来通过个案研究提炼出的"反向格义"概念,极为恰切地道出了当前中国哲学研究与西方哲学之间的实际关系,对于中西比较哲学研究具有很大启发。他把"自觉以西方哲学的理论方法和思维框架来研究中国哲学的方法称为'反向格义',将自觉地用现成的西方哲学概念来对应、定义中国哲学概念、术语的方法称为狭义的反向格义"[3]。"格义"一词借用自中国古代翻译和消化外来佛教文化过程中使用的"格义"方法,即以本土概念理解外来概念。刘笑敢观察到今天我们的中国哲学和中西比较哲学研究实际上采用了一种与此相反的路径和方法,即或者径直使用西方的方法整理中国"哲学"和思想,或者干脆借用西方哲学概念来理解和表达自身的过程。他把二者分别视为广义和狭义的"反向格义"。他特别指出,我们从开始至今对"反向格义"缺少足够的反思和探索,尤其是狭义的反向格义严重影响了对于中国哲学本身的准确理解,他以自己的研究个案给出了论证,并主张严格限定概念讨论边界,尽量拒绝使用西方特有而中国没有的概念来研究,从而有意识地避开反向格义。[4] 我们认为,这个综合的学术立场问题,关乎中国哲学的存在形态和发展前景,其讨论应该

---

[1] Steven Burik, *The End of Comparative Philosophy and the Task of Comparative Thinking*, Albany: SUNY Press, 2009, p. 2.
[2] Ralph Weber, "'How to Compare?'-On the Methodological State of Comparative Philosophy", *Philosophy Compass*, Vol. 8, No. 7, 2013, pp. 593–603.
[3] 刘笑敢:《反向格义与中国哲学方法论反思》,《哲学研究》2006年第4期。
[4] 同上。

向前推进，而不是绕一圈又回到讨论所谓的"中国哲学合法性"这种无谓的争论上去。

六 结语

比较哲学如同一般的哲学相较于其他学科一样具有理论上的优势，在这个意义上，比较哲学的方法论对于其他比较研究方向具有特别的启发性和借鉴意义，这也是方法论研究尤其引起学者们关注的重要原因。本文依次讨论了比较哲学成立的可能性、比较哲学方法论研究新动态，以及比较哲学研究中的学术立场问题，着重突出了中西方学者在比较哲学方法论研究领域的最新进展，大致勾勒出了一个比较哲学的发展图景。从中我们可以感受到比较哲学研究群体内部多样化的观点、立场及其争论，同时，这种多样性也正是比较哲学不断进步、走向繁荣的不竭动力。相信在今后一段时间里，比较哲学研究一定会取得更大的成就，并继续为其他比较研究学科提供理论支持。

《比较哲学与比较文化论丛》
征稿启事

由武汉大学哲学学院主办、中国社会科学出版社出版发行的学术丛刊《比较哲学与比较文化论丛》，以倡导和推动比较哲学与比较文化研究、促进中西文化对话与融通为宗旨，至今已出版9辑。为加快这一事业的发展，现竭诚向各界征稿。欢迎各位道友惠赐大作。

从第8辑起，本论丛将特设"学术新人"栏目，欢迎广大博士研究生踊跃投稿。

来稿选题以比较哲学与比较文化研究为主，参考栏目如下：

1. 中外比较哲学与比较文化历史回顾与总结；
2. 比较哲学与比较文化研究方法论；
3. 中外哲学和文化中的重要概念、命题、理论、思潮或事件的比较研究；
4. 借鉴西方理论与方法，对中国传统思想展开新的阐释；
5. 中外哲学史上哲学家的比较思想与学术成就研究；
6. 比较哲学与比较文化研究动态研究；
7. 其他与比较相关的研究。

来稿请附300字以内的内容提要、关键词及作者简介与通信地址，邮箱与手机号或 QQ 号；采用页下注；以 Word 文档提交至 hbphhs@126.com。来稿一经采用，将支付薄酬。

武汉大学哲学学院

《比较哲学与比较文化论丛》编委会

2016 年 3 月 30 日